디지털 커먼즈

디지털 커먼즈
AI 시대의 생존법

1판 1쇄 발행 2024년 4월 25일

지은이 문종만, 박승억 외
펴낸이 김미정
편집 박기효, 김미정
디자인 표지 엄혜리, 본문 김명선

펴낸곳 마농지
등록 2019년 3월 5일 제2022-000014호
주소 (10904) 경기도 파주시 미래로 310번길 46, 103동 402호
전화 010-3169-4309
팩스 0504-036-4309
이메일 shbird2@empas.com

ISBN 979-11-978701-9-4 93100

디지털 커먼즈

AI 시대의 생존법

문종만, 박승억 외 지음

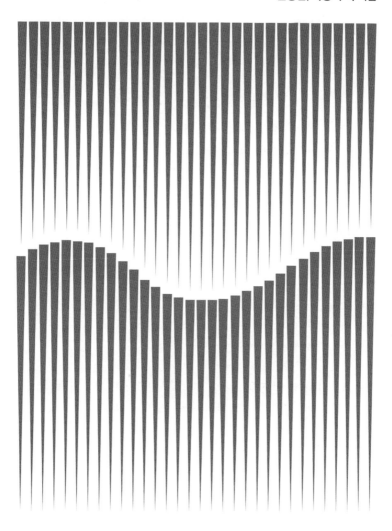

하이브리드미래문화연구소 총서

마음조

차례

프레드리크 슈포어Fredric Spohr
프리드리히 나우만 재단Friedrich Naumann Foundation 한국 사무소 대표

우리는 현재 전례 없는 기술 발전의 시대를 살고 있습니다. 이러한 시대에 디지털 전환은 모두에게 포용적이고 풍요로운 미래의 방향과 가능성을 보여줍니다. 자유주의 시민교육 재단인 저희 '프리드리히 나우만 재단'은, 디지털 전환이 경제 성장을 촉진하고 민주적 참여를 증진하며 사회적 진보를 끌어낼 수 있는 혁신적 잠재력을 가지고 있다고 생각합니다. 하지만 디지털 전환 과정에서 발생하는 여러 문제와 불평등에 주목하고 있으며, 이 같은 문제들이 시급하게 해결되어야 한다는 점을 깊이 인식하고 있습니다. 오늘날 디지털 기술의 빠른 발전 속도는 경제적, 사회적 격차를 확대하고 정보 격차를 심화하고 있습니다. 정보 격차와 디지털 문해력 차이에서 비롯된 여러 불평등은 기존에 개발에서 소외된 사람들을 더욱 배제하고 있습니다.

이러한 문제에 대처하기 위해, 저희 재단은 기술과 관련된 의사 결정 과정에서의 시민 참여 강화 및 시민을 위한 디지털 문해력 교육 증진

을 중요 과제로 생각합니다. 이를 통해 시민들이 디지털 기술의 잠재적 이점과 위험성을 더 잘 이해하고, 성숙한 책임 의식을 바탕으로 기술을 활용할 수 있게 돕는 것이 재단의 목표입니다. 기술 발전의 중심에 반드시 '사람'이 있어야 한다고 생각합니다.

이러한 배경에서 프리드리히 나우만 재단은 하이브리드미래문화연구소와 함께 이 책을 발간하게 되었습니다. '디지털 커먼즈'를 다양한 영역에서 접근함으로써, 디지털 기술과 혁신의 결실이 모두에게 공정하게 돌아가야 함을 함께 고민하고 싶었습니다. 이를 통해서 협력, 개방성, 포용성을 장려하는 생태계를 조성하고, 디지털 기술이 배제의 도구가 아니라 시민의 권한을 강화하는 수단으로 작동할 수 있을 것입니다.

디지털 기술이 모두에게 평등한 기회와 자유를 제공하고, 공정하고 민주적인 미래를 위해 활용되기를 기원하며, 이 책의 발간이 작은 밑거름이 되기를 소망합니다.

설민 _하이브리드미래문화연구소 소장

우리가 살아가는 세계는 디지털화되었다. 유럽의 누군가에게 이메일을 보내고, 온라인으로 화상 회의에 참석하거나 화상 강의를 듣고, 가상화폐로 물건을 결제하고, 생성형 AI의 도움을 받아 업무를 보고, SNS와 '쇼츠'로 여가를 채운다. 디지털 세계는 엄연히 현실 세계를 구성하는 실재이다. 우리의 삶 구석구석에 디지털이 스며들어 있다. 그것을 단순히 가상과 허구로 여기는 사람은 자신의 삶이 지금 여기에서 어떻게 구현되고 있는지에 무감각한 사람이다. 이제 우리의 생활세계는 디지털을 매개로 움직인다. 아니 어쩌면 디지털이 우리의 환경과 세계를 구축한다고 말하는 편이 나을 수도 있겠다.

관념은 비물질적이어서 시공간의 제한을 받지 않고, 무한히 재생산되고 전파될 수 있는 만큼 사적인 소유의 대상이 될 수 없다. 한 권의 책은 물질적이어서 시간이 지나면 닳고, 한정된 공간에 위치하며, 누군가가 돈을 주고 사서 점유한다. 하지만 그 책에 담긴 사상은 책이 닳아

없어지더라도 존속할 수 있고, 특정한 공간에 국한되지 않으며, 독점적 소유의 대상일 수도 없다.

마찬가지로 디지털 세계는 비물질적이다. 그래서 시간과 공간의 제약으로부터 자유롭고 또한 무한 복제 및 재현 가능성에 따라 독점적 소유를 거부한다. 예컨대 우리가 보는 쇼츠나 강의 동영상은 수백, 수천 년의 시간도 견딜 수 있고, 어디에서나 재생 가능하며, 특히 인터넷 망에 접속되어 있을 때 원칙적으로 누구에게나 접근성이 열려 있다. 생성형 AI든, 앱이든, 게임이든 그렇다.

디지털 대상은 원칙적으로, 그 존재론적 속성상 특정인의 소유에 따른 배타성이 발생하지 않는다. 즉, 공유재 또는 커먼즈로서의 속성을 배태하고 있다. 이것은 생활세계의 디지털적 전환에서 축복과도 같은 일이다. 누구든지 저명 학자의 강연을 자기 집에서 들을 수 있고, 똑똑한 AI를 개인 비서로 둘 수 있으며, 환상적인 게임으로 여가를 즐길 수 있다는 뜻이기 때문이다. 그러나 시간과 노력을 기울여 빚어낸 생산물은 상품이 되어 원작자의 이익에 기여해야 하지 않겠는가? 그렇지 않다면 누가 애써 디지털 대상을 만들겠는가? 자본주의적 시장 체제가 공고한 가운데 이러한 업적주의적 신념은 쉽게 설득력을 얻는다. 그래서 디지털 대상의 보편적 공유 가능성을 차단하기 위해 여러 제재 장치를 사전에 덧입힌다. 파일은 암호화되어 복제가 불가능해지고, 앱이나 소프트웨어는 시장에서 거래되며, 디지털 서비스의 접속 권한은 유료 회원에게만 제한된다.

이러한 디지털 세계의 상품화는 자본주의의 부조리를 배가한다. 물질적 부의 소유 격차는 디지털 격차로 이어진다. 우리의 생활세계가 디지털화할수록 디지털 격차는 누군가에게 노동과 향유를 비롯한 모든 인간적 생활의 측면에서의 상대적인 질적 하락을 의미하게 된다. 나아가, 디지털 격차는 정보와 지식 격차를 동반하여 다시 물질적 부의 격차를 낳는다. 그렇게 악순환의 고리가 만들어진다.

여기에 담긴 열 편의 글은 자본주의와 업적주의의 공조를 넘어서서 '디지털 커먼즈'를 제시하려는 각양각색의 시도를 담고 있다. 여기서 전개되는 사유에 독자는 때로 수긍하고, 때로 의문을 제기할 것이다. 그 과정에서 디지털 전환이라는 새로운 시대가 요청하는 새로운 사유를 자극받게 될 것이다.

위기의 시대, 새로운 선택

문종만

다중 위기의 시대, 인류의 미래를 묻다

위기의 시대다. 위기를 과거의 질서가 무너졌으나 아직 새로운 질서가 형성되지 않은 상태로 규정한다면, 두 가지 이유에서 지금 우리는 커다란 혼란과 곤경에 처해 있다. 하나는 현재의 위기가 그 폭과 깊이를 가늠할 수 없을 정도로 심각한 위기라는 점이다. 2008년 금융 위기의 결과가 보여주듯이, 우리가 알고 있는 형태의 자본주의는 이제 막을 내렸다. 미래는 우리가 경험한 적이 없는 자본주의, 어쩌면 자본주의 이후의 질서일 수도 있다. 견고해 보였던 모든 것이 점증하는 불확실성 속에서 녹아 사라지고 있다.

다른 하나는 현재의 위기가 기후 위기, 생태 위기, 경제 위기, 재생산 위기, 불평등 위기 등 여러 위기가 한데 겹친 다중 위기라는 점이다. 상호 중첩된 위기의 결과들과 새롭게 나타나는 징후들은 오늘날의 세계가 급격한 대전환의 목전에 와 있음을 다시 한번 실감케 한다. 이 대전환은 산업자본주의라는 독특한 정치경제 체계가 형성되는 과정에서 근대 초기 유럽이 경험했던 것에 비견할 만한 거대한 전환이다. 이런 전환 국면에서 위기의 양태는 서로 긴밀하게 교차되는 세 가지 계기가 뒤엉켜 복잡하게 펼쳐지고 있다.

첫째, 생태 위기는 자본주의의 근본 이데올로기, 즉 유한한 행성에서 무한한 성장 추구라는 관념에 정면으로 도전장을 내밀고 있다. 지난 세기는 경제 성장의 욕망이 경제와 정치 영역 전반에서 상식으로 자리 잡은 세기였다. 20세기 내내 인류는 더 많은 소득과 더 많은 소비를 추구하는 영속적 경제 성장이라는 단일 궤도에 붙박여 있었고, 기업, 은행, 각국 정부는 이윤 극대화와 GDP 증가에 사활을 건 경제 운영 전략을 추진했다. 그러나 경제 성장률을 연간 3퍼센트로만 가정하더라도 경제 규모는 24년마다 2배, 48년마다 4배, 100년 안에 16배로 늘어난다. 이 가정은 현재 세계 경제의 규모와 지구의 유한성을 고려할 때 지극히 비상식적이다. 사람들이 보통 알고 있거나 알아야 하는 지식을 뜻하는 상식은 종종 현재의 삶을 논리적이고 자연스러운 것으로 보이게 함으로써 기존 질서를 옹호하는 데 기여한다. 생태 위기는 바로 영속적 경제 성장이라는 상식의 비상식성을 여실히 폭로한다. 생태 위기는 자본주의 위기의 다른 이름이다.

최근 등장한 '인류세Anthropocene'라는 신조어는 생태 위기의 실상을 오롯이 함축한 개념이다. 인류세는 인간이 생태계의 알파종에 등극하면서 만들어낸 문명의 부산물과 쓰레기로 지구 생태계 전체가 뒤바뀐 지질학적 시대를 이르는 비공식 용어다. 이제 과학자들은 인류가 홀로세

간빙기의 조건을 이탈했고 인간 활동이 진화에 중대한 영향을 끼친다는 데 일반적으로 동의한다. 인간 활동이 지구 생태계에 미치는 영향은 생각보다 더 대단하다. 전 세계적으로 매년 인간의 활동은 자연 과정에서 발생하는 변화를 다 합친 것보다 많은 양의 토양, 침전물, 암석을 이동시키고 우주 쓰레기를 비롯한 엄청난 양의 쓰레기를 양산하고 있다. 콘크리트 총량은 지구 표면을 2밀리미터 두께로 뒤덮을 정도이고, 생산된 지 100년이 갓 넘은 플라스틱 양은 너무나 많아 대부분의 식수에서 미세플라스틱 섬유가 발견될 정도다. 농경이 시작될 무렵 6조 그루 정도였으리라고 추정되는 나무는 현재 절반 수준으로 줄었고, 산업혁명 이후 인류는 2.2톤에 달하는 이산화탄소를 대기 중에 방출해 그 비중을 44퍼센트 증가시켰다.[1] 그뿐만 아니라 생물 다양성도 아주 빠르게 감소하고 있다. 근대 이래로 포유류 80종과 조류 182종이 멸종된 것으로 보고됐으며 지구 생태계 유지에 지대한 영향을 미치는 곤충 생물량의 감소 추세도 아주 뚜렷하다. 일례로 독일 자연보전구역에서 실시된 조사에 따르면 1989년부터 2016년까지 곤충의 4분의 3이 사라진 것으로 확인됐다.[2] 이처럼 인간 활동이 지구 생태계에 미치는 악영향이 그 어느 때보다도 폭증하고 있다는 사실을 입증하는 과학적 증거는 부지기수다.

이러한 사실은 우리에게 인류 전체의 안녕 및 생존과 관련된 근본적인 질문들을 제기한다. 인류가 지금까지 일궈온 거대 문명은 지속될 수 있는가? 현재 대략 79억 명으로 추산되는 세계 인구가 건강하게 오래

1 사이먼 L. 루이스·마크 A. 매슬린, 『사피엔스가 장악한 행성』, 김아림 옮김, 세종서적, 2020, 8쪽.

2 데이브 굴슨, 『침묵의 지구』, 이한음 옮김, 까치, 2022, 65-88쪽.

살 수 있는 지구 생태계를 계속 유지할 수 있는가? 이처럼 피할 수 없는 질문들에 답하는 첫걸음은 생태 환경이 처한 위기의 현실을 직시하고 이전과는 다른 방식으로 사고하고 행동하는 일이다. 그리고 이를 통해서만 인류의 더 나은 미래를 위한 실질적 방안도 찾을 수 있을 것이다.

둘째, 급격한 테크놀로지의 발전은 전 세계적으로 사회·경제적 위기와 갈등을 더욱더 증폭시키고 있다. 역사적으로 15세기 후반 지리상의 발견이 물리적 경계를 크게 확장함으로써 근대 세계와 자본주의 발전 방향을 결정지었듯이, 새로운 가상공간의 기술적 구축은 인류를 새로운 기회와 위협의 시험대 위에 올려놓았다. 1950년대 이래로 컴퓨터 공학, 정보통신테크놀로지ICT, 사이버네틱스Cybernetics, 인공지능AI의 눈부신 발전은 인간 존재뿐만 아니라 인간과 세계의 관계를 근본적으로 바꿔놓았다. 인간은 더 이상 과거처럼 독립적이고 자율적인 존재로 인식되지 않고 정보로 이루어진 총체적 환경을 뜻하는 '인포스피어infor-sphere'의 일부, 즉 정보 유기체적 존재로 간주되고 있다.[3] 인간과 기계를 비롯한 다양한 정보 행위자들의 속성과 상호작용을 포괄하는 인포스피어의 세계에서 인류는 점점 더 시간적으로 동시적이고, 공간적으로 특정한 위치에 얽매이지 않으며, 촘촘한 사이버 연결망 위에서 상호작용하는 삶을 영위하게 될 것이다.

문제는, 믿을 수 없을 만큼 빠른 테크놀로지의 발전을 토대로 출현한 디지털 영토에서 새로운 유형의 차별이 양산되고 격차가 확대되고 있다는 사실이다. 새로운 디지털 세계가 처음 출현했을 때 수많은 전문

---

3 루치아노 플로리디, 『정보철학 입문』 석기용 옮김, 필로소픽, 2022, 24쪽.

가들은 이 기술적으로 구축된 신세계에서 인류의 삶이 더 풍요롭고 윤택해질 것이라는 전망을 내놓았다. 정보 자원이라는 디지털 커먼즈digital commons의 효율성, 유용성, 사회적 이점을 생각했을 때 이는 너무나 자명해 보였다. 그렇지만 '플랫폼 자본주의', '공유경제' 등의 이름으로 불리는 새로운 흐름이 자본주의의 또 다른 변종에 불과하며 국가 간, 계층 간, 개인 간에 디지털 격차를 확대하고 있다는 사실이 속속 드러나고 있다. 그 결과 디지털 플랫폼의 내부자와 외부자 구분, 정보 부자와 정보 빈자의 차별과 같은 디지털 격차는 전 세계적으로 사회·경제적 격차뿐만 아니라 지리·문화적 격차도 벌려놓고 있다. 죽었던 과거의 자본주의의 망령이 디지털 세계에서 재현되고 있는 것이다.

이러한 상황에서 우리 앞에 놓인 긴급한 과제는 새로운 인포스피어의 세계를 더 많은 이윤 획득을 위한 기업들의 이전투구의 장이 아니라 인류 전체의 이익과 공존을 위한 건강한 공유의 상으로 거듭나게 하는 것이다. 즉 디지털 전환의 시대에 우리에게 요구되는 긴급한 과제는 디지털 커먼즈의 세계에서 기업의 독점적, 특권적 힘이 강화되는 것을 저지하고 공공선과 공동의 이익을 추구하는 방향으로 커먼즈의 영역을 회복시키는 일이다. 기업들은 커먼즈를 통해 수익 창출이 가능할 때만 커먼즈를 지지한다. 이런 기업의 논리는 공공선과 공동의 이익을 추구하는 커먼즈와 근본적으로 다르다는 사실을 명심해야 한다.

셋째, 공적 권력과 사유재산 사이의 전례 없는 권력 불균형이 공동체의 지속과 안정적인 운영을 위태롭게 하고 있다. 한국을 포함한 민주주의 국가에서는 사유재산에 대한 통제권이 기업에 지나치게 집중돼 있어서 공적 권력과 시민 사회가 개입할 여지가 갈수록 줄어들고 있다. 20

세기 중엽, 소위 '파이 키우기'라는 경제 성장 전략은 많은 국가에서 중산층 확대와 소득 불평등 감소를 동반했다. 그렇지만 1980년대부터 전 세계와 국가 단위에서 파이의 경이로운 성장은 국가 내부뿐만 아니라 국가 간 자산·소득 분배의 불평등 악화로 직결됐다. 또 자본주의의 병폐 중 하나인 승자독식주의 경향이 한층 강화됐다. 예를 들어 2002년에서 2007년 사이에 미국 경제의 소득 상위 1퍼센트가 성장에 따른 이윤 중 3분의 2를 독식했다.[4] 그뿐만 아니라 「2022년 세계불평등 보고서」에 따르면, 전 세계 인구 중 가장 부유한 10퍼센트가 전 세계 소득의 52퍼센트를 차지하고 있는 반면에 가장 빈곤한 절반의 인구는 고작 8.5퍼센트를 차지할 뿐이다.[5] 이러한 부의 집중과 불평등 확대는 선거 '민주주의'라는 정치체제로 조직된 공적 권력이 이 흐름을 효과적으로 저지하는 데 역부족임을 여실히 보여준다. 유례없는 승자독식주의의 확대는 번갈아가며 시장 실패와 정책 실패의 민낯을 드러내고 있으며 점점 더 불확실성의 심연 속으로 공동체 전체의 운명을 밀어 넣고 있다.

역사적으로 정치철학자들은 공동체의 공동 기반이 무엇이어야 하는지를 두고 논쟁을 벌여왔다. 특히 이 문제는 중세에 공동체 구성원들을 결속시켰던 신 개념 같은 절대적인 기초가 약화된 근대 이후에는 언제나 논란의 중심이었다. 과거로 돌아갈 수 없는 상황에서 이제 우리는 과거보다 느슨한 방식으로 공동체를 결속시키는 새로운 원리와 규칙을 찾아야 한다. 달리 말하면 우리는 공동체의 공동 기반이 과거처럼 절대

---

4 에릭 브린욜프슨·앤드루 맥아피, 『제2의 기계시대』 이한음 옮김, 청림출판, 2014, 189쪽.

5 Lucas Chancel et al., *Wold Inequality Report 2022*, World Inequality Lab.

적인 것이 아님을 인정하는 동시에 새롭고 혁신적인 원리에 입각해 공동체를 새롭게 창조해야 하는 상황에 직면해 있는 것이다.

이처럼 오늘날 우리는 총체적 위기 국면에 있다. 다중 위기의 시대, 우리는 새로운 선택과 행동의 갈림길에 위태롭게 서 있다. 위기의 시대가 주는 한 가지 위안이 있다면 그것은 기존 질서와 진리에 의문을 제기하고 새로운 전환의 가능성을 모색할 수 있다는 점이다. 오로지 경제 성장을 중심으로 설계하는 데서 벗어나 인류의 '더 좋은 삶'을 일궈내려면 과거와는 질적으로 다른 유형의 인간과 인간의 관계, 인간과 자연의 관계를 확립하는 것이 절실히 요구된다. 이 과정에서 인류의 공동 자원을 관리하고 공유하는 네트워크 시스템인 커먼즈가 어느 때보다도 중요한 역할을 할 것이다. 모든 것을 사유화·상품화하려는 경향과 과도한 권력 집중에 대항하는 커먼즈를 현재의 필요에 맞게 복원하는 일은 공동체에게 더 많은 통제력을 가져다주며, 이는 새로운 대안을 설계하는 데 밑거름이 될 것이다.

디지털 커먼즈의 딜레마

어원학적으로 노르만어 '코뮌commun'에서 온 것으로 추정되는 커먼즈commons는 '선물'과 '답례' 두 가지 뜻을 지닌 '무누스munus'의 파생어다.[6] 이 단어는 서로 친교 활동을 통해 공통성을 나누는 것을 의미하는

---

6 데이비드 볼리어, 『공유인으로 사고하라』, 배수현 옮김, 갈무리, 2015, 251쪽.

라틴어 '콤무니스communis'와 직접 연결된다. 학자들 사이의 폭넓은 합의에 따르면 커먼즈는 사私적인 것도 공公적인 것도 아니다. 커먼즈는 공共적인 것이다. 일부 학자들은 커먼즈를 협의로 집단을 통해 더 잘 관리되는 자원으로 규정하는 반면에 다른 학자들은 광의로 자기 이익뿐 아니라 후속 세대의 이익을 위해 공동체가 관리와 돌봄의 대상으로 인식하는 모든 것으로 이해한다.[7] 여기서 중요한 것은 커먼즈가 사적 소유의 적도 정부의 적도 아니라는 점이다. 오히려 커먼즈는 과잉 축적이나 과도한 권력 집중을 저지하는 공동체의 집단적 노력으로 볼 수 있다. 이 경우 커먼즈의 궁극적 목적은 이반 일리치Ivan Illich가 산업문명의 대안으로 제시한 '공생공락共生共樂, conviviality'의 삶과 일맥상통한다.[8] 일리치가 희망했던 공생공락의 세계는 공동체 전체의 이익과 공공선을 위해 사람들이 자발적으로 사귀고 삶을 풍요롭게 하는 세계다.

이러한 맥락에서 커먼즈의 유형은 다종다양하다. 커먼즈는 산림, 어장, 청정수, 비옥한 토양, 도시 공간, 디지털 도구, 지식, 테크놀로지, 음악을 비롯한 다양한 문화적 자원뿐만 아니라 연합체, 협동조합, 미래 세대를 위한 신탁 제도, 마을 경제, 물 공유 장치, 그 밖의 모든 과거와 현재의 제도적 장치와 조직을 포괄한다. 시장 체제의 외부에서 공동체가 승인한, 기본적이고 실제적인 인간의 필요를 충족할 수 있는 것이면 무엇이든 커먼즈가 될 수 있다. 즉 커먼즈는 공동체 전체의 이익을 위해 인간과 인간을 둘러싼 세계를 재생산하고 관리하는 모든 방식의 사회문

---

7   Ugo Mattei·Alessandra Quarta, *The Turning Point in Private Law*, Cheltenham: Edward Elgar Publishing, 2019, p. 48.

8   Ivan Illich, *Tools for Conviviality*, Glasgow: Fontana/Collins, 1975, pp. 23-27.

화 시스템이다.

　모든 인간 사회는 상호작용하는 여러 부분으로 구성된 복잡한 적응 시스템을 형성한다. 인간 행동은 물리적 세계와 사회문화적 세계가 어떻게 변모하는지에 따라 달라지며 적응을 통해 공진화한다. 따라서 인간 행동이 타인의 행동을 포함한 더 넓은 환경 세계를 변화시키는 것은 끊임없는 상호작용의 과정이며, 이로써 인간 사회는 더 넓은 세계를 형성해간다. 이때 인간만의 고유한 장점은 협력과 네트워크를 통해 사회문화 시스템을 재생산하고 유지, 변용할 수 있게 하는 상징적 사고와 의사소통 능력이다.

　또한 커먼즈는 '커머닝commoning'을 통해서만 실현 가능하다. 커머닝이란 사람들이 의사소통, 상호 지원, 갈등 조정, 규제, 실험을 통해서 서로 협력하며 공동체의 공유 자원을 창출하고 유지하며 향유하는 실천을 말한다. 즉 커머닝은 협력과 갈등 해결의 실행이자 전통과 규제의 유지 및 변용이다. 커머닝의 지향점은 공동체의 상황과 조건에 따라 달라질 수 있다. 즉 성장을 지향하는 것일 수도, 반대로 성장을 지양하는 것일 수도 있다. 또한 기존 질서를 보호하는 것일 수도, 반대로 상식을 전복해 변혁을 구현하는 것일 수도 있다. 그래서인지 커머닝은 항상 모순에 노출돼 있다. 사적 소유와 경쟁을 옹호하는 자본주의 제도의 환경에서 협력적 참여 네트워크를 구축하고 사업을 일궈나가는 데는 항상 갈등과 의심이 동반되기 때문이다. 더욱이 배제성의 원리에 기초한 사적 재산과 달리 공共적 차원에서 비배제성의 원리에 기초한 커먼즈는 이기적인 합리적 주체가 커먼즈를 남용하거나 파괴하는 경합성의 문제를 갖는다. 비배제성과 경합성이 빚어낸 딜레마는 역사적으로 커머닝을 모호하다고 여기거나 의심의 눈초리로 바라보는 원인이었고 커머닝의 확산을 가로막는 걸림돌이었다.

이런 딜레마에서 디지털 테크놀로지의 비약적 발전으로 새롭게 출현한 정보 사회는 커먼즈 운동에 새로운 활력을 불어넣은 변곡점이었다. 기본적으로 비배제성과 비경합성을 갖는 디지털 자원과 새로운 공간의 출현은 디지털 커먼즈의 가능성을 활짝 열어놓았다. 전문가들은 공동체 전체의 이익을 고려하지 않는 공유 자원 남용과 파괴 문제를 방지하면서도 디지털 자원을 폭넓게 사용할 수 있는 새로운 환경이 공동체의 전체 이익을 증대시킬 것으로 예상했다. 실제로 인터넷으로 연결된 오픈 디지털 플랫폼 기반 자유 소프트웨어의 출현은 디지털 커먼즈의 가능성과 위력을 여실히 증명해 보였다. 프로그램 언어 펄Perl, 메일 프로그램 센드메일Sendmail, 서버 프로그램으로 백엔드 기능을 지원하는 아파치Apache, 그리고 윈도와 경쟁하는 컴퓨터 운영체제 리눅스Linux가 대표적인 오픈 소스 프로그램이다. 그리고 이러한 흐름은 자연스럽게 오픈 액세스 학술 출판, 환경 감시, 기술 지원 등 우리가 상상할 수 없었던 다양한 영역에서 커머닝 활동가들의 다양한 시도와 실험으로 확대됐다. 이러한 디지털 커먼즈의 혁신을 불러온 밑절미에는 디지털 자원의 사적 전용과 상업화를 저지하고 이를 공유 가능한 콘텐츠로 구축하는 데 기여한 크리에이티브 커먼즈 라이선스Creative Commons Licenses(CCL)가 있었다. 사적 통제라는 지적재산권의 기본 원칙을 내려놓고 합법적 공유를 허용하는 CCL이 없었다면 다양한 디지털 커먼즈 운동의 확산은 아예 불가능했을 것이다.[9]

그러나 영리 목적의 기업들은 새로운 디지털 영토가 돈이 되는 새로운 자본 축적의 장이라는 사실을 잽싸게 알아챘다. 디지털 테크놀로지로 무장한 기업들이 속속 모여들면서 디지털 영토는 커먼즈의 사유화와 상품화를 위한 복마전을 이루었다. 페이스북, 유튜브, 트위터 등의 소셜네트워크 플랫폼은 CCL을 사용하지 않으면서 수많은 콘텐츠를 상업적으로 공유하고 있다. 문제는 이러한 오픈 플랫폼들이 폭넓은 협력적 관계를 만들어주기는 하지만 사용자 참여, 열린 커먼즈, 장기적인 사용자 중심 거버넌스를 보장하지는 않는다는 점이다. 더 많은 수익을 추구하는 기업 경영진에 모든 결정권이 있기 때문이다. 이런 이유로 흔히 영리 목적의 소셜네트워크 플랫폼에서 이루어지는 공유는 기업형 농장의 '디지털 소작'에 비유되곤 한다. 또한 2000년대 후반 우버, 타다(주문형 택시), 에어비앤비(숙박 임대), 리프트(차량 공유 서비스)로 대표되는 P2P 디지털 플랫폼peer to peer digital platform 기반 기업들의 등장은 혁신과 미래의 대명사로 환영받았다.[10] 하지만 시간이 지나면서 이러한 플랫폼 기업들이 소유권과 계약에 기초한 기존 제도와 결코 다르지 않으며, 플랫폼과 데이터에 의한 간접 지배가 기존의 기업 조직에 의한 지배 못지않다는 사실이 확인되고 있다. 플랫폼 경제는 시장 논리와는 무관한 것으로 여겨지던 무상 증여, 상호 부조, 호혜, 선물 경제 같은 전통을 무차별적으로 흡입해 플랫폼 시장으로 포섭하고 있다. 그 결과 디지털 격차, 경제적 불평등, 노동자의 가치 하락 등 다양한 사회적, 경제적, 법적 문제가 불거지고 있다.

9　데이비드 볼리어, 2015, 170-171쪽.

10　에어비앤비는 2008년, 우버는 2009년, 리프트는 2012년에 각각 설립됐다.

더욱이 오픈 AI가 개발한 대화 전문 인공지능 챗봇인 챗GPT가 출시되면서 디지털 세계에 새로운 바람을 불러일으키고 있다. 챗GPT는 어려운 이론이나 고도의 알고리즘을 바탕으로 개발된 것이 아니라 기존의 머신러닝 모델을 극단적으로 확장한 것이다. 따라서 챗GPT는 인공지능의 혁신을 불러올 새로운 테크놀로지라기보다는 상업적 도구라는 의미가 더 크다. 인공지능 분야에서 처음으로 커다란 수익을 내는 성공 모델인 것이다. 하지만 인류가 역사 이래로 온축해온 공유 자산을 학습함으로써 양산된 AI는 그 탄생에서부터 이미 인류의 공유물이다. 게다가 AI는 인간과 흡사한 사유와 감성을 기반으로 하는 새로운 개체이기에 AI 자체와 그 사용에는 윤리적, 철학적 문제가 뒤따를 수밖에 없다.

　이 책은 기본적으로 디지털 정보와 AI를 인류의 공共적 커먼즈로 이해하고 디지털 커먼즈의 영역 확대와 새로운 거버넌스 구축이 AI 시대를 헤쳐 나가는 인류의 유일한 생존법이라는 공동의 확신에서 기획됐다. 커먼즈는 시장이라는 사적 영역이나 국가라는 공적 영역에 의존하지 않고 두 영역과 항시 공존하고 경쟁하며 공동체 전체의 균형을 창출해가는 일종의 자기조직적 시스템이다. 상향식 참여, 개인적 책임, 투명성, 협력과 호혜의 원리에 기초한 커먼즈는 다양한 유형의 커머닝을 통해 구체적으로 실현된다. 새로운 디지털 정보를 사유화·상품화하고 커먼즈 기반 거버넌스를 화폐 기반 시장 질서로 편입시키는 모든 시도를 저지하는 디지털 커먼즈는 오늘날의 다중 위기를 극복할 수 있는 새로운 대안적 가능성을 우리에게 제시할 것이다.

이 책의 구성

이 책은 크게 세 부분으로 구성되었다. "1부 디지털 커먼즈 사회의 새로운 쟁점과 예비적 분석"에서는 다중 위기의 시대를 돌파할 디지털 커먼즈의 대안적 가능성을 사상적, 기술적, 법적 차원에서 포괄적으로 검토한다. "2부 디지털 테크놀로지와 커먼즈 운동의 현재"에서는 다양한 영역에서 벌어지고 있는 디지털 커머닝의 현재를 리빙랩, 블록체인, 게임과의 관련 속에서 구체적으로 살펴봄으로써 디지털 커머닝의 현주소와 가능성을 진단한다. 마지막으로 "3부 AI 시대와 디지털 커먼즈"에서는 AI 시대의 신화적 기원과 문학·음악 분야에서의 디지털 커먼즈의 의미와 가능성을 살펴본다.

1부에서 먼저 박승억은 커먼즈 논의를 관통하는 몇몇 쟁점을 중심으로 오늘날 논의되는 디지털 커먼즈를 어떻게 바라볼 것인지 그 관점의 문제를 제기한다. 논의를 이끌어갈 소실점은 '관계적 정체성'과 '소유 패러다임의 전환'이다. 박승억에 따르면 네트워크로 연결된 디지털 세계에 더욱 잘 들어맞는, 우리가 서로 연결되어 있고 의존한다는 생각은 오늘날의 다중 위기를 풀어낼 실마리다. 이렇게 '관계의 문제'가 정체성 담론의 핵심이라면 사회적 권리의 분배 문제처럼 우리 사회의 핵심 의제는 소유 문제로 변화돼야 하며, 커먼즈를 어떻게 관리해야 하는가 하는 거버넌스 문제 역시 중요하게 검토돼야 한다. 이 세 가지 측면에 대한 논의를 바탕으로 박승억은 디지털 커먼즈 시대를 살아가는 우리에게 필요한 지혜와 태도를 환기하고 있다.

다음으로 김화자는 모리스 메를로퐁티Maurice Merleau-Ponty와 질베르 시몽동Gilbert Simondon의 철학을 바탕으로 생성형 AI와 디지털 커먼즈의 기술적 측면을 사유한다. 우선 김화자는 메를로퐁티의 몸도식 schéma corporel, 살chair 존재에 근거해서 AI가 인간 피드백을 통해 쏟아내는 자기생성적 맞춤형 정보 서비스의 신드롬에 가려진 생성형 AI 기술의 준자율적 정보가 지닌 특징과 폐해를 분석한다. 생성형 AI의 확률적 알고리즘에는 정념적, 성찰적 판단력이 부재하는데, 디지털 커먼즈가 생성형 AI 기술과 인간의 상호 균제적 공존의 가치를 확장하는 문화적 공통장이 될 수 있는가? 김화자는 이 문제를 시몽동의 정신적-집단적인 '개체초월적' 차원의 상징적 의미와 메를로퐁티의 살적 차원이 지닌 공감의 의미를 통해 살펴본다.

1부의 마지막에는 디지털 커먼즈와 법의 관계를 다룬 두 편의 글을 수록했다. 먼저 문종만은 '커먼즈 대 재산'이라는 프리즘을 통해서 과학적 패러다임의 전환과 맞물려 있는 서양 법체계의 진화 과정을 역사적 관점에서 살펴본다. 문종만에 따르면 근대의 기계적 세계관에서 유기체적 세계관으로의 전환이라는 과학적 패러다임의 전환은 법체계의 진화과정, 즉 기계적 법질서에서 유기체적·생태적 법질서로의 전환과 정확히 조응한다. 이런 과학과 법 사이의 관계를 바탕으로 문종만은 재산과 커먼즈의 겯고틀기의 역사를 짚어보고 디지털 커먼즈 시대의 새로운 법질서의 조건과 재구성의 방향성을 제시하고 있다.

한편 오관후는 생성형 AI를 저작권법의 관점에서 살펴보면서 디지털 커먼즈 시대 생성형 AI를 대하는 법 개정의 올바른 방향성을 보여준다. 2023년에 가장 두드러진 사건 중 하나는 생성형 AI의 상업적 성공이었다. 그 결과 생성형 AI에 대한 대중의 관심이 폭증했고 많은 논란이 뒤따랐다. 오관후에 따르면, 현행 저작권법으로는 생성형 AI가 생성한 결과물을 보호할 방법이 거의 없는데, 특정인에게 그 권리를 부여해 보호하는 가치보다는 디지털 커먼즈라는 공공의 재산으로 활용할 때 사회적 효용 가치가 더 클 수 있다. 이러한 이유에서 오관후는 향후 법과 제도를 정비할 때 디지털 커먼즈에 대한 고려가 필요하다고 강조한다.

2부 첫 글에서 오민정은『파우스트』의 문학적 상상력과 독일 베를린시의 시민 참여형 거버넌스 플랫폼인 디지털 커먼즈 기반 리빙랩 사례를 접목해 디지털 혁신의 가능성을 분석한다. 베를린의 시민 주도 리빙랩 프로젝트는 독일 시민의 협력 문화를 기반으로 도시 문제를 해결한 사례이다. 오민정은 이 프로젝트가 어떻게 디지털 생태계 혁신을 통해 지속 가능한 통합 도시를 이루고 있는지를 고찰한다. 이를 바탕으로 개인의 욕망이 아닌 공동체의 연대를 통한 디지털 전환을 추구하며, 욕망이 들끓는 파우스트적 거래를 끝내기 위해 노력하는 베를린의 실험을 통해 우리 사회에 필요한 시사점을 도출하고 있다.

다음으로 최윤지는 기업의 성장을 위한 새로운 지평으로 자유를 향한 투쟁을 인지해야 하는 중요성과 가치를 구체적으로 다룬다. 최윤지에 따르면 우리의 역사는 불평등한 환경에서 벗어나기 위한 크고 작은 무수한 자유 투쟁의 과정이었으며 이러한 과정에서 기업들 역시 흥망성쇠를 겪어왔다. 이는 과거에 국한된 것이 아니라 현재 진행형이므로 확대되고 있는 디지털 생태계에서, 그리고 온-오프라인의 경계가 허물어진 지금 우리 터전에서 사회를 이루는 주체들이 어떠한 자유를 갈망하고 있는지, 그 목소리에 귀 기울이는 기업들은 지속 가능할 수 있으리라 보고 있다. 이러한 관점에서 최윤지는 기업이 사회 전체의 자유를 위해 강력한 영향력을 미칠 수 있는 구체적인 방향성을 제시한다.

2부 마지막 글에서 양재성은 여가, 놀이, 게임 플레이의 관계를 중심으로 플레이노동 담론을 분석하고 디지털 커먼즈 시대에 요구되는 게임 플레이 모델을 제시한다. 양재성에 따르면 현재 디지털 커먼즈적 활동이 가장 잘 일어나고 있는 분야가 게임 플레이다. 전통적으로 게임 플레이 같은 활동은 여가로 분류되었지만 현재 게임 산업 전반에서 게임을 향유하는 다양한 경로로부터 가치가 생산되는 활동이 발견되고 있기 때문이다. 이러한 게임 플레이의 노동적 측면을 파악하기 위해 도입된 개념이 플레이노동이다. 플레이노동에 대한 담론 분석을 바탕으로 양재성은 노동과 여가를 이분법으로 나누는 교설을 비판하고 새로운 게임 플레이 모델의 조건을 보여준다.

3부 첫 글에서 김연순은 AI의 신화적 기원과 현대적 가치를 다룬다. 김연순에 따르면 인공지능은 21세기 인간이 실현하려는 자기 창조 욕망의 표현이며, 그 기원을 서양 고대의 피그말리온 신화에서 찾을 수 있다. 김연순은 피그말리온 신화를 인공지능 로봇의 고전적 밑그림으로 보고 그 신화적 기원을 현대적 시각에서 분석, 재해석한다. 이를 통해 현대의 인간을 21세기 피그말리온으로, 인공지능 로봇을 21세기 갈라테이아로 간주하며, 피그말리온 신화에서 현대까지 관통하는 창조자와 피조물의 파생 관계, 즉 '태어난 자'와 '만들어진 자'의 관계를 통해 AI 시대의 미래상을 조망한다.

다음으로 임형택은 오늘날 핵심 의제로 부상한 AI의 창작력(예술)에 대하여 그 본질과 커먼즈(공공재)화의 필요성을 네 단계에 걸쳐 논의한다. 첫째, 지금까지의 AI 창작력 논의가 현실적 문제에 경도돼 있었음을 지적한 후 본질적 변화의 시각에서 방향을 바로잡고 보완해야 한다고 주장한다. 둘째, AI 창작력의 목적과 대상에 대한 논의를 통하여 AI 창작력의 본질적인 수혜자가 일반 대중임을 드러낸다. 셋째, AI 창작력의 본질과 가치는 AI의 창작력을 이용하는 일반 대중이 '수용적 향유'에서 '창작적 향유'로 나아가는 데 있음을 논증한다. 넷째, 테크놀로지가 인간(성)에 육박하며 인간 사회를 잠식해가는 현실에 대응하기 위하여 모두가 예술(가)을 지향해야 하는 오늘날, AI의 창작력은 커먼즈로서 모두에게 충분히 공유되고 적극적으로 활용돼야 한다고 결론짓는다.

3부 마지막 글에서 이소담은 AI로 인한 음악 산업의 변화를 구체적으로 다룸으로써 이 산업에서 생성형 AI가 가져올 미래와 공존 방향을 제시한다. 현재 생성형 AI는 죽은 비틀스 멤버를 대신해 노래하고 살아 있는 멤버들과 함께 연주하며 뮤직비디오에 출연한다. 작곡 분야에서도 동영상 등에 사용되는 배경음악은 이미 AI의 작곡 품질과 작업 속도가 인간을 뛰어넘었다. 또 챗GTP4를 활용하여 원하는 노래의 분위기와 내용을 입력하면 가사까지 만들어져서 K-팝 스타일의 곡이 바로 완성된다. 이러한 현실을 바탕으로 이소담은 AI 시대 디지털 커먼즈의 가치와 양자의 공존 가능성을 진단하고 있다.

1부

디지털 커먼즈 사회의
새로운 쟁점과 예비적 분석

1장
전환의 시대, 커먼즈 문제와 시민 거버넌스

박승억

전환의 시대, 커먼즈 문제 바라보기

1976년 서우언라이와 마오쩌둥이 사망하고 중국에서 커다란 변화가 시작될 무렵, 에리히 프롬Erich Fromm은 독자에게 '소유하는 삶'과 '존재하는 삶' 중에서 어느 쪽을 선택하겠느냐고 물었다.[1] 그의 물음은 근대 이후 인간의 삶의 양식을 겨냥한 것이었지만, 디지털 전환의 시대라고 일컬어지는 오늘날에도 여전히 유효해 보인다. 프롬이 물음을 던진 시기는 급진적이었던 68혁명의 여진으로 시장자본주의와 공산주의 간 냉전의 벽이 물러지기 시작할 때였다. 세계 각국이 이념보다는 경제적 실리를 챙기던 시절이기도 했다. 덩샤오핑은 고양이의 색깔은 문제가 되지 않는다며 사회주의 중국에 시장주의 원리를 들이기 시작했고, 1970

---

[1] 에리히 프롬, 『소유냐 존재냐』, 차경아 옮김, 까치, 2020.

년대 후반과 1980년대 초반에 영국 수상 마거릿 대처Margaret Thatcher와 미국 대통령 로널드 레이건Ronald Reagan은 자국의 경제 위기를 극복하기 위해 신자유주의라는 강력한 시장주의 원리를 밀어붙였다. 그때도 말하자면 전환의 시대였다. 결과적으로 에리히 프롬의 진정성 어린 물음에 대부분의 나라가 내놓은 대답은 '소유의 삶'이었다.

소유에 대한 욕망은 풍요로운 삶과 행복을 지향하는 사람들에게는 거부할 수 없는 것이다. 양차 세계대전 이후 생산성의 혁신과 그에 따른 물질주의 문화는 그런 욕망을 더욱 부채질했다. 1970년 장 보드리야르 Jean Baudrillard는 '소비사회'라는 이름으로 시장자본주의 사회체제가 사람들의 삶을 어떻게 변화시켰는지를 그려냈다.[2] 소비 행위는 욕망을 부채질하는 물건들(혹은 기호와 상징들)이 넘쳐나는 세상에서 내가 행복하기 위한 조건이 무엇인지를 체감하게 해주는, 그래서 자신이 마치 능력 있는 주체인 것처럼 느끼게 만드는 일종의 착시다. 물론 이렇게 자신을 과시하는 소비가 가능하려면 부자여야 한다. 그래서 행복을 추구하는 일의 현실적인 물음은 어떻게 하면 더 많은 돈을 소유할 것인가라는 질문으로 치환된다. 더 좋은 삶, 혹은 그런 삶을 가능하게 하는 터전으로서 사회의 조건에 대한 물음들은 현실의 당면한 요청 뒤로 숨고 말았다.

프롬과 보드리야르의 분석은 포스트모던 사회로 이행하고 있던 전환기 사회에서 개인들에 대한 사회심리학적 분석이면서 동시에 인간의 본성에 관한 인간학적 성찰이기도 했다. 인간 본성에 대한 물음은 사회가 빠르게 변화해 갈 때 되물어질 수밖에 없는 일종의 철학적 클리셰다.

---

2 장 보드리야르, 『소비의 사회』, 이상률 옮김, 문예출판사, 1992.

하지만 이러한 분석이 철학 혹은 인문학의 전유물은 아니다. 1968년, 보드리야르와 프롬이 시장자본주의 속 삶을 성찰하게 하는 물음을 제기하기 몇 해 전, 생태학자 개릿 하딘Garret Hardin은 아주 짧은 논문[3]으로 사람들의 상상력을 한껏 자극했다. 하딘은 본래 아마추어 수학자였던 윌리엄 로이드William Forster Lloyd가 애덤 스미스Adam Smith의 '보이지 않는 손'을 논박하기 위해 고안한 사고 실험을 활용해서 인간의 '자연스러운' 욕망을 전제로 할 때 인류가 공동으로 이용해야 하는 사회적 자산의 운명이 어떻게 될 것인지를 예측했다. 하딘의 질문은 이렇다. 평범한 사람들에게 그 누구도 배제하지 않고 공동의 토지를 자유롭게 향유하게 할 때, 그 공유지의 운명은 어떻게 될 것인가?

하딘의 물음은 우리가 일상의 경험을 통해 쉽게 이해할 수 있는 내용이었다. 그 물음에 대한 하딘 자신의 대답 역시 매우 직관적이었다. 인간의 본성이 적당히 이기적이라면(혹은 적당히 순화된 표현으로 자기 자신을 가장 우선시한다면), 문제의 공유지는 다른 사적 소유보다 빨리 황폐해지는 비극을 피할 수 없다. 하딘의 예측이 당대 사회학자들과 경제학자들의 관심을 끌고 수많은 논의를 촉발한 까닭은 때마침 사람들의 관심이 환경이나 사회적 자산의 분배 문제로 향해 있던 시절이기 때문이다. 게다가 하딘의 추리는 일견 자명해 보였다. 인간이 적당히 이기적이라는 하딘의 가정은 우리의 생각과 별반 다르지 않았다. 그런 상황에서 자신이 소유한 것을 더 늘리고 더 편하게 살고자 애쓰는 사람이라면, 자신

3 Garret Hardin, "The Tragedy of Commens", *Science*, Vol. 162, No. 3859, Dec. 1968, https://pages.mtu.edu/~asmayer/rural_sustain/governance/Hardin%201968.pdf.

의 것보다는 공동의 것을 먼저 소진하려는 욕망은 너무나 자연스러워 보인다. 하딘의 비극('공유지의 비극')은 당시 불거지기 시작한 자원과 환경 문제로 인해 더욱 비관적으로 보였다. 하딘의 예측으로부터 약 두 세대가 지난 지금은 어떨까?

2023년 초 세계경제포럼WEF은 인류의 운명을 '다중 위기polycrisis'라는 말로 표현한다.[4] 위기의 목록을 채우는 일은 어렵지 않다. 전 지구적인 기후 위기와 환경 위기부터 나라마다 사정은 다르지만 식량과 자원 위기, 인플레이션과 그로부터 파생된 경제 위기, 분쟁이나 전쟁으로 인한 지정학적 위기 그리고 이런 위기들에 대응하는 과정에서 불거지는 정치적 위기에 이르기까지 위기는 전면적이면서도 일상화되어 있다. 문제는 이런 위기의 파장이 어떨지 예측하기 쉽지 않다는 것, 게다가 각각의 위기가 상호작용을 통해 미처 예측하지 못한 파국을 낳을 수도 있다는 것이다. 이러한 상황은 전 지구적인, 그리고 모두의 협력이 필요하다는 생각을 상수로 만들지만, 그 뻔한 요청을 현실에 구현하는 일은 녹록하지 않아 보인다. 게다가 코비드COVID-19 팬데믹은 인류에게 그런 위기들에 슬기롭게 대처할 능력이 있는지 되묻게 만들었다.

그래서 한 단체는 이렇게 진단한다. "줄어든 공공 자원, 사람보다 이익을 우선시하는 문화, 개개인에 집중하도록 하는 사회·정치적 분위기는 민주주의를 발전시키는 데 필요한 공동체적 결속을 도모하기가 훨씬 어려워졌음을 의미한다."[5] 그 결과, "우리는 오랫동안 낯선 사람들이

4　세계경제포럼World Economy Forum에서 발간한 「세계위기보고 2023」 3.1 참고. WEF, "Global Risk Report 2023", 11 Jan. 2023, https://www3.weforum.org/docs/WEF_Global_Risks_Report_2023.pdf. 2023. 7. 24 검색.

나 우리와 거리가 먼 사람들을 돌보지 않아도 된다고 여기도록 부추김을 받으면서, 가장 친밀한 관계에 있는 사람들을 돌볼 수 있는 역량마저 위축되었다".[6] 고도로 개인화된 사회에서 위기는 고립을 심화하고 그 결과 타자에 대한 관심은 부차적인 것이 되었다는 것이다. 그래서 이 단체는 문제의 해법으로 '보편적 돌봄care'을 요청한다. 이때 보편적 돌봄은

> 돌봄을 삶의 모든 수준에서 우선시하며 중심에 놓고, 직접적인 대인 돌봄뿐 아니라 공동체를 유지하고 지구 자체를 유지하는 데 필요한 모든 종류의 돌봄에 대해 모두가 공동의 책임을 지는 사회적 이상을 말한다.[7]

이상적인 지향을 말하는 선언이기 때문에 추상성을 피하기는 어렵지만, 이 추상성은 문제가 되는 현실을 우회적으로 구체화한다. 그 현실은 인간 삶의 위기이자 지구 생태계 전체의 위기다. 그래서 돌봄의 대상은 단지 사람만이 아니다. 삶이 펼쳐지는 공간인 사회적 시스템, 나아가 전체 생명 공동체로서 지구 생태계 모두가 포함되어야 한다. 보편적 돌봄의 요청은 전면적인 시선의 전환을 요구한다.

비슷한 결의 논의를 낸시 프레이저Nancy Frazer는 '제 살을 깎아먹는 시스템'이라는 의미의 '식인 자본주의cannibal capitalism'라는 개념으로 담아낸다.[8] 프레이저는 자본주의라는 시스템을 단지 경제 문제에만 국한

---

5 더 케어 컬렉티브, 『돌봄 선언』, 정소영 옮김, 니케북스, 2021, 36쪽.

6 더 케어 컬렉티브, 2021, 15쪽.

7 더 케어 컬렉티브, 2021, 55쪽.

8 낸시 프레이저, 『좌파의 길: 식인 자본주의에 반대한다』, 장석준 옮김, 서해문집, 2023.

된 시스템이 아니라 인간 삶의 모든 영역에 침윤해 있는 사회적 시스템으로 보아야 하며, 그 부작용에 적극적으로 대처해야 한다고 말한다. 핵심은 문제를 바라보는 시선을 전환해야 하며 새로운 해법 마련을 위한 시민 협력적 정치가 필요하다는 것이다. 보편적 돌봄을 요청하는 비판자들의 시선에서 현재 인류가 부딪친 다중 위기의 이면에 자리 잡은 공통 원인은 바로 신자유주의적 시스템이다.

현재 우리를 둘러싼 사회 시스템에 대한 비판과 전환을 요구하는 목소리의 크기와 선명성은 직면한 위기의 크기와 깊이에 비례한다. 지난 몇십 년 동안 우리는 불평등의 심화와 양극화 문제에 대한 문제의식을 키워왔다. 문제는 분명한데 해법을 찾는 일은 쉽지 않다. 곳곳에서 처방과 대안이 제시되었지만, 사정이 그리 나아진 것 같지는 않다. 도리어 문제가 심화하고 있다는 목소리가 더 크다. 시선을 전환해야 한다는 근본적인 요청은 문제 해결이 쉽지 않은 까닭에 문제를 다시 정의할 필요가 있다는 뜻이기도 하다. 무엇보다 포기와 무관심이야말로 문제를 심화하는 가장 큰 원동력이기 때문이다.

당장 해법을 찾아내지는 못하더라도 문제 상황을 이해하는 시민들이 많아진다면 그것이야말로 해법을 마련하는 상상력의 원천이 될 것이다. 중첩된 진단을 통해 해법의 방향성만큼은 분명해 보인다. 그것은 낡은 패러다임을 대체할 새로운 패러다임을 조직하는 일이다. 낡은 패러다임의 기저에는 인간 본성을 전제로 사회적 생산성을 가속화하는 방법으로서 '소유'의 관념이 있다. 21세기가 시작하면서 커먼즈의 문제와 공유의 관념이 새롭게 주목받은 이유이기도 하다.

문제 맥락 (재)구성하기

1968년 하딘이 커먼즈commons[9]의 운명을 비극적으로 전망하자, 사람들은 어떤 해법이 가능한지를 모색했다. 언제나 그렇듯이 답을 찾기 위한 사전 작업은 해당 질문을 어떻게 이해하느냐와 관련이 있다. 많은 이가 하딘의 물음을 합리적인 계산 능력을 가진 사람들이 소유권이 지정되지 않은 커먼즈를 어떻게 관리할 수 있느냐의 문제로 이해했다. 따라서 해법의 방향은 분명했다. 커먼즈를 관리할 수 있는 역량, 최근의 개념적 표현을 사용하자면 거버넌스governance의 문제를 해결하는 것이다. 다시 말해 커먼즈의 비극은 소유가 불분명하다는 사실에서 발생하므로 그 소유를 분명히 하는 것에서 해법이 마련될 수 있다. 길은 둘 중 하나일 것이다. 공동체 혹은 국가가 그 소유를 분명히 하거나, 아니면 커먼즈를 잘 관리해줄 주체를 지정하는 것, 즉 사적 소유로 전환하는 것이다. 두 선택지 중에서 자유주의 진영의 사람들은 사적 소유(혹은 민영화)로 전환해야 한다는 쪽에 힘을 실었다. 공동체나 권위적인 국가에 커먼즈의 운영을 맡기면 결국 비효율로 끝날 것이라는 비관적인 전망 때문이었다. 물론 그 이면에는 인간 본성에 대한 막연한 불신도 있었다.

사실 대처리즘과 레이거노믹스로 가시화된 신자유주의의 핵심은 2차 세계대전 이후 서유럽 사회를 중심으로 추진된 복지 정책의 후퇴였

---

9 사적 소유에 대칭되는 표현으로서 공동 소유의 재화를 어떻게 표현해야 하는지에 대해서는 아직 약간의 논란이 있다. 공동재common goods나 공공재public goods라는 표현처럼 다루어지는 맥락에 따라 개념적 표현들이 다르게 쓰이고 있기 때문이다. 여기서는 느슨한 의미로 '커먼즈'라는 표현을 쓰기로 한다.

다. 사회적 자산과 자원을 어떻게 효율적으로 관리하는가의 문제는 근대국가가 성립한 이래 어느 정부에서나 최우선으로 고민해야 하는 문제였다. '보이지 않는 손'을 신봉한 시장주의자들은 개인의 적당한 자애심(혹은 이기심selfishness)이야말로 생산성을 높이는 동력이라고 믿어 의심치 않았다. 분배와 관리의 어려움은 나누어줄 것이 부족할 때 가중된다. 따라서 생산성을 높이면 많은 문제가 자연스럽게 해결될 것이다. 자기 것이라고 생각할 때 사람들은 아끼고 가꾸는 일을 주저하지 않는다. 자신의 소유를 늘려가려는 개인의 욕망이야말로 사회 전체의 생산성을 높이는 동력이 될 것이다. 커먼즈를 국가나 공동체의 관리 아래 둘 것이 아니라 민영화해야 한다는 주장에는 그런 믿음이 깔려 있다. 더 나아가 생산의 효율성을 높이는 효과적이고 저렴한 방법은 비슷한 이해관계를 가진 사람들을 자유롭게 경쟁하게 하는 것이다. 적당한 경쟁이 새롭고 혁신적인 방법을 찾아내는 창의성을 고무할 것이기 때문이다.

물론 커먼즈를 국가의 소유 아래 관리하게 하는 다른 선택지도 있다. 시장주의자들이 보기에 이러한 생각은 현실적이지 않았다. 모두의 것은 누구의 것도 아니기 때문이다. 게다가 국가와 같은 강력한 권위의 개입은 시장을 왜곡하기 쉽다. 영국의 '스피넘랜드법'의 실패는 시장주의를 신봉한 자유주의자들에게 좋은 역사적 참조 자료였다. 그들은 스피넘랜드법의 실패를 '과도한 복지'는 도리어 사람들의 노동 동기를 위축시킴으로써 사회적 생산성을 떨어뜨리고 마침내 사회 전체의 거대한 비효율성을 낳는다고 해석했다.[10] 더욱이 1980년대 말 동독과 소련의 붕

10　스피넘랜드법Speenhamland System은 18세기 말 영국에서 시행된 빈민 구호 제도로 일자리를 잃은

괴가 증언한 사회주의 실험의 퇴조는 자유주의 이념 아래 시장자본주의를 가장 현실적인 방법이라고 여기는 사람들의 생각을 강화했다.

1980년대에 영국과 미국을 중심으로 확산해서 1990년대부터 전 세계적인 영향력을 미치게 된 신자유주의적 전환이 어떤 결과를 낳았는지를 캐나다의 사회운동가인 존 레스타키스John Restakis는 미국 아칸소주에 사는 하든이라는 여성의 사례를 들어, '국가의 배신treason of the state'이라는 말로 압축한다.[11] 1996년 미국 대통령 빌 클린턴Bill Clinton은 빈곤 모자를 보호하는 '부양자녀가족 지원제도Aid to Families with Dependent Children program(AFDC)'를 '빈곤가정 한시지원제도Temporary Aid to Needy Families program(TANF)'로 전환하는 정책에 서명한다. 레스타키스의 평가에 따르면 이 전환은 1935년 이래 시행되어온 미국의 사회복지 정책에서 가장 중요한 변화였다. 변화의 핵심은 빈곤 가정에 대한 정부의 직접 지원을 축소하고 대신 일자리를 제공하는 것이었다. "개인의 책임과 근면이 체계적인 빈곤에 대한 해답으로 제시"[12]된 것이다. 레스타키스는 변화의 결과를 이렇게 평가한다. "요컨대, 다른 수백만 흑인 빈곤 여성과 마찬가지로 하든은 일자리가 자신과 가족들에게 혜택을 줄 것이

사람들이나 저임금 노동자에게 정부가 최소한의 생계를 유지할 수 있게 보조금을 지원하는 방식이었다. 이 '좋은' 제도는 결과적으로 실패한 것으로 보였다. 고용주들이 이 법안을 영악하게 이용해서 노동자들에게 스피넘랜드법을 통해 지원받는 것보다 아주 조금 더 나은 대우를 해주었기 때문이다. 열심히 일하나, 그렇지 않고 정부 지원을 받는 것이나 큰 차이가 없었다. 결국 노동자들의 노동 의욕은 꺾이고 생산성도 떨어지는 결과로 이어졌다. 칼 폴라니, 『거대한 전환』, 홍기빈 옮김, 길, 2009, 제2부의 7장과 8장 참고.

11 존 레스타키스, 『시민권력은 어떻게 세상을 바꾸는가』, 번역협동조합 옮김, 착한책가게, 2022, 22쪽 이하 참고.

12 레스타키스, 2022, 23쪽.

라는 약속을 대가로 과거의 복지제도가 제공하던 허약한 보호를 상실했다. 고통스러운 12년을 보낸 후 그녀는 세 자녀를 남기고 가난 속에서 59세를 일기로 죽음을 맞이했다."[13] 노동을 통해 빈곤을 벗어나야 한다는 생각에서 변화를 환영했던 하든은 결국 빈곤을 벗어나지 못했다.

이 사례는 1990년대 소련의 붕괴와 함께 선언된 자유주의 진영의 승리가 빚어낸 파생 효과이자 오늘날 전 세계적 골칫거리인 불평등 문제를 압축적으로 보여준다. 개인의 노력만으로는 한계에 봉착할 때, 우리는 사회의 구조적 문제를 이야기한다. 한동안 우리 사회를 지배했던 수저 계급의 우화도 마찬가지다. 신자유주의의 구조적 문제는, 개인의 능력에 따라 성과를 보상한다는 능력주의meritocracy의 공정성이 사회체제가 정의롭지 못할 때는 도리어 격차를 심화하는 양극화를 낳는다는 것이었다.

능력주의는 존 로크John Locke가 사적 소유권을 불가침의 권리로 개념화한 이래 시장자본주의를 지탱하는 분배의 원리였다. 원칙은 매우 직관적이고 간단하다. 능력이 있는 사람이, 혹은 더 많이 그리고 더 열심히 노력한 사람이 더 많은 과실을 차지해야 한다. 이러한 능력주의는 공정하고 또 정의로워 보인다. 하지만 문제의 핵심은 그 공정성이 현실에서 제대로 작동할 수 있느냐다. 수저 계급 논쟁이 함축하고 있는 출발선의 문제가 그 예다. 출발선이 다르다면 동등한 능력을 갖추고 동일한 수준의 노력을 했더라도 가져갈 수 있는 과실의 양에 현격한 차이가 날 수밖에 없다. 이는 개인의 능력 문제가 아니라 사회의 구조적 문제다. 레

---

13 레스타키스, 2022, 24-25쪽.

스타키스가 캐나다의 저널리스트 앤드루 니키포룩Andrew Nikiforuk의 표현을 빌려 '국가의 배신'이라고 말한 것은 이런 사정을 꼬집은 것이다. 폭풍우가 칠 때 각자 능력껏 살아남으라고 요청하는 것은 얼핏 모두에게 공평한 요청으로 보이지만, 튼튼한 철근 콘크리트 집을 가진 사람과 골판지로 얼기설기 만든 집에 사는 사람에게는 다른 의미일 수밖에 없다.

2008년 미국의 서브프라임 모기지 사태로 촉발된 경제 위기의 여파는 마침내 2011년과 2012년에 걸쳐 전 세계적인 체제 저항 운동을 불러일으켰다. 당시 슬로건은 "1 대 99"였다. 1퍼센트의 소수가 가진 것이 99퍼센트의 사람들이 가진 것보다 많은 현실을 가리킨 것이다. 이른바 '월가 점령 시위'가 불붙인 저항 운동의 의미와 파장은 작지 않았다. 그래서 많은 사람이 경제 위기라는 두려움 속에서도 희망 섞인 변화를 기대하기도 했다. 하지만 분노의 불길은 빠르게 사그라지고 말았다. 악셀 호네트Axel Honneth는 그때를 이렇게 회상한다.

아마도 2차 대전 이래로 이렇게 많은 사람들이 전 지구적으로 확산된 자본주의적 시장경제의 사회적, 정치적 결과에 대해 동시에 분노한 적은 없었을 것이다. 그러나 다른 한편으로 이런 대중적 분노는 이들이 제기한 비판의 목적이 될 수 있는 규범적 방향이나 이에 대한 역사적 직감을 결여하고 있기 때문에 결국 자신의 말을 잃고, 내부로 침잠하는 것처럼 보인다. 다시 말해 오늘날 확산된 불만에는 기존의 상태를 넘어서서 생각하려 하고 자본주의 이외의 사회적 상태를 상상해 보려는 능력이 결여되어 있다.[14]

---

14 악셀 호네트, 『사회주의 재발명』, 문성훈 옮김, 사월의책, 2016, 29쪽.

호네트는 불평등하고 불공정한 현실에 대해서는 누구나 동의하고 함께 분노할 수 있었지만, 분노 이후에 우리가 어떤 사회를 지향해야 하는지를 생각하지 못한 것이 문제였다고 분석한다. 앞서 살펴본 보편적 돌봄에 대한 요청이나 새로운 사회주의적 대안을 마련해야 한다고 말한 프레이저의 요청도 같은 맥락에 서 있다고 해야 할 것이다.

물론 최근의 보편적 돌봄의 요청이나 프레이저가 제안한 새로운 사회주의적 이념은 오랫동안 노정되어온 신자유주의의 구조적 문제에 덧대 기후 위기와 생태 위기, 그리고 무엇보다 코비드-19 팬데믹 기간의 보건 의료 위기라는 다중 위기 국면에서 말해진 것들이다. 달리 말하면 기존 사회체제의 문제에 끊임없이 덧보태지고 심화되고 있는 구조적 문제들에 대한 비판적 성찰이다. 이들 비판의 요지는 능력주의와 효율성의 신화에 매몰되어 사회의 혁신을 생각하지 못하는, 대안적 상상력의 부재를 극복해야 한다는 것이다. 신자유주의의 구조적 문제는 앞서 레스타키스가 지적한 것처럼 사회적 안전망이라는 공공의 과제를 개인이 해결해야 하는 문제로 환원하고 있다는 점에 있다.

이러한 논의 맥락은 사실상 커먼즈 관리를 어떻게 해야 하는지 묻는 하딘의 물음에 이어져 있다고 보아야 한다. 하딘의 문제 제기 이후 신자유주의적 해법 외에 다른 대안은 없었을까? 신자유주의를 상징하는 금융 산업이 파산 위기에 직면했던 2008년의 경제 위기를 고려한다면 그 의미를 다시 새겨보게 되는 해인 2009년 여성으로서는 최초로 노벨경제학상을 수상한 엘리너 오스트롬Elinor Ostrom은 이미 1990년에 하딘의 문제와 관련하여 신자유주의 노선과는 다른 답을 내놓았다. 오스트롬은 먼저 시장 아니면 국가라는 이분법적 도식에서 벗어나야 한다고 제안한다. 다시 말해 하딘의 비극을 해결하기 위한 해법으로서 제안되는 "중앙 집권화와 사유화라는 두 가지 입장 다 지나친 일반화를 하고 있다"는 것이다.[15] 오스트롬은 중앙의 제도 권력이 빚어낼 비효율성을 극복하면서도 공적 자원을 사적 소유로 넘기지 않는 해법이 '실제로' 가능하다는 것을 보여주고자 했다.

공유 자원을 성공적으로 관리한 전통적인 공동체들에 대한 광범위한 자료 조사 후 그는 "오랫동안 지속되어온 공유 자원 제도에서 확인된 디자인 원리"를 45쪽 표와 같이 요약한다.[16]

물론 오스트롬이 발견한 성공 사례들은 상대적으로 소규모인 전통적인 공동체들이다. 따라서 국가적 문제나 기후 위기의 사례처럼 지구적 협력이 필요한 상황에서도 유용한 분석 틀인지는 여전히 문제다. 그러나 분명한 것은 사적 소유와 경쟁에 기초한 시장 원리에 따른 해법 외에 다른 해법의 모색이 불가능하지는 않다는 것이다. 아울러 그런 해법마련에서 중요한 것은 어떤 외적 강제에 의해서가 아니라 공동체 내부에서 자발적으로 끌어낸 합의라는 점이다.

오스트롬의 제안으로부터 20여 년이 지난 후 레스타키스는 지난 팬데믹 상황에서 국가의 역할에 대한 사람들의 성찰 경험을 이렇게 요약한다.

한 국가에 효과적인 공중보건 체계가 없을 때, 음식과 생필품이 지구 반대

---

15 엘리너 오스트롬, 『공유의 비극을 넘어』, 윤홍근·안도경 옮김, 랜덤하우스코리아, 2010, 42쪽.
16 오스트롬, 2010, 170쪽 이하 참조.

디자인 원리	내용
① 명확하게 정의된 경계	공유 자원 체계로부터 자원 유량을 인출해 갈 수 있는 권리를 가진 개인과 가계가 명확히 정의되어야 하며, 공유 자원 자체의 경계 또한 명확하게 정의되어야 한다.
② 사용 및 제공 규칙의 현지 조건과의 부합성	자원 유량의 시간, 공간, 기술, 수량 등을 제한하는 사용 규칙은 현지 조건과 연계되어야 하며, 노동력과 물자, 금전 등을 요구하는 제공 규칙과도 맞아야 한다.
③ 집합적 선택 장치	실행 규칙에 의해 영향을 받는 대부분의 사람들은 그 실행 규칙을 수정하는 과정에 참여할 수 있어야 한다.
④ 감시 활동	공유 자원 체제의 현황 및 사용 활동을 적극적으로 감시하는 단속 요원은 그 사용자들 중에서 선발되거나 사용자들에 대해 책임을 지고 있어야 한다.
⑤ 점증적 제재 조치	실행 규칙을 위반하는 사용자는 다른 사용자들이나 이들을 책임지는 관리, 또는 양자 모두에 의해서 위반 행위의 경중과 맥락에 따른 점증적 제재 조치를 받게 된다.
⑥ 갈등 해결 장치	사용자들 간의 혹은 사용자와 관리들 사이의 분쟁을 해결하기 위해 지방 차원의 갈등 해결 장치가 있으며, 분쟁 당사자들은 저렴한 비용으로 이를 이용할 수 있어야 한다.
⑦ 최소한의 자치 조직권 보장	스스로 제도를 디자인할 수 있는 사용자들의 권리가 외부 권위체에 의해 도전받지 않아야 한다.
⑧ (공유 자원 체계가 대규모 체계의 부분으로 있는 경우) 중층의 정합적 사업 단위nested enterprises	사용, 제공, 감시 활동, 집행, 분쟁 해결, 운영 활동은 중층의 정합적 사업 단위로 조직화된다.

편에서 수입될 때, 광범위하게 늘어나는 프레카리아트를 자양분 삼아 성장하는 경제가 억만장자 계급에 의해 관리될 때 그것이 무엇을 의미하는지 모두가 직시하고 있다. 고장 난 체제의 실패가 완연히 시야에 들어오면서 근본적으로 무언가가 바뀌어야 한다는 느낌이 만연해 있다. 이전에는 결코 체감되지 못했지만 이제야 대중들의 의식에 들어온 또 다른 것은 세계의 상호 연결성이다.[17]

---

17 레스타키스, 2022, 15쪽.

이러한 문제의식에서 레스타키스는 묻는다. "실로 근본적 변화가 가능하다면 그 변화에는 어떤 것들이 포함되어야 할까?" 그리고 '기업 권력과 국가의 융합에서 비롯된 경제적·사회적·환경적 피해의 흐름을 바꿀 최소한의 요구 사항'으로 다음을 제안한다.[18]

① 경제의 민주화: 각급 경제로의 민주적 원칙 확장.

② 정부의 민주화: 국가, 국가 목적, 국가 운영의 근본적 재구조화.

③ 공유재의 회복: 공동 재산의 회복과 보호.

④ 환경의 복원: 생태적 피해의 역전.

⑤ 사회의 복원: 상생, 사회적 신뢰, 인간적 연결의 재구축.

⑥ 기술의 인간화: 사회를 위한 기술의 재설계.

⑦ 세계적 협력: 지역적 자율성과 세계적 책임성의 조화.

레스타키스의 제안을 오스트롬의 원리들과 비교하면 커먼즈를 바라보는 시선이 좀 더 확대되었다는 것을 알 수 있다. 그리고 두 논의의 공통점은 문제 해결을 위해서는 함께 삶을 영위하는 시민들의 자발적 참여가 필수적이라는 것이다. 이러한 논의를 배경 삼아 디지털 전환이라는 21세기의 새로운 문제 상황을 추가해보자.

18　레스타키스, 2022, 63-64쪽.

21세기의 새로운 보탬: 디지털 전환과 커먼즈 문제

언젠가 누군가는 2023년을 가리켜 생성형 인공지능generative AI이 사람들에게 희망과 두려움을 안겨준 해였다고 회고할 것이다. 오픈 AI 사의 생성형 AI, 챗GPT가 공개된 후 사람들은 인류의 전유물이라고 여겨온 지적 노동을 AI가 대신할 수 있다는 생각을 진지하게 받아들이기 시작했다. 글을 쓰는 일은 물론이고 이미지를 만들어내고 문제를 해결하는 알고리즘을 고안하는 일에 이르기까지 생성형 AI가 인간의 지적 노동을 대신하는 영역은 계속해서 확장되는 중이다. 그것은 단순히 인간의 노고를 덜어주는 것을 넘어 새로운 '효율성'의 신화를 만들어가고 있지만, 이러한 기술 발전은 몇 년 전부터 사람들 사이에서 사회적 이슈로 부상한 일자리 위기를 가시화하는 일이기도 하다.

레스타키스가 이미 진단한 것처럼 디지털 전환에 따른 플랫폼 기업들은 불안정한 노동자 계급을 뜻하는 이른바 프레카리아트precariat를 양산하는 중이다. 코비드-19 팬데믹은 사람들의 비대면 관계를 일상화함으로써 디지털 전환을 가속화하는 계기를 제공했고, 프레카리아트를 새로운 고용 형태로 안착시키는 이중의 기능을 수행했다. 우리 사회에서도 팬데믹 기간에 자의 반 타의 반으로 일자리를 잃은 많은 사람이 배달 플랫폼 노동자가 되었던 것이 그 사례다. 그리고 이러한 고용의 불안정성을 지렛대 삼아 몇몇 플랫폼 기업들은 막대한 이익을 챙기는 데 성공했다. 신자유주의의 구조적 문제로 언급되어온 승자독식의 문제는 몇몇 플랫폼 기업의 독점적 지위가 보여주듯 디지털 전환을 통해 점점 더 심화하고 있다. 이러한 전환은 커먼즈 문제에도 새로운 시사점을 준다.

무엇보다 디지털 세계는 인류 문명이 개척한 새로운 땅이기 때문이다.

하딘의 문제가 그렇듯 커먼즈 문제를 거슬러 올라가다 보면 토머스 모어Thomas More의 '유토피아'를 만난다. 모어는 모두가 이용하던 땅에 울타리를 쳐서 사적 소유권을 분명히 한 인클로저enclosure 운동의 파괴적인 영향력을 "양들이 사람을 잡아먹는다"라는 말로 그려냈다. 디지털 영토라고 해서 다를까? 프레이저는 첨단 기술 발전이 새로운 형태의 인클로저 운동을 낳고 있다고 분석한다.[19] 글로벌 제약사가 다른 나라의 토종 식물 성분을 기초로 신약을 개발한 뒤 그 성분의 소유권을 주장하기도 하고, 전통적인 문화와 관련 지식, 나아가 사람들의 일상적인 행동 양식에 관한 정보들에 대해서조차 소유권을 주장하기 때문이다.

이 새로운 인클로저 운동은 디지털 전환으로 산업 체제에 근본적인 변화가 생겼기 때문에 나타났다. 디지털 사회로의 이행은 지식과 정보를 새로운 재회이자 동시에 생산 수단으로 변모시켰다. 따라서 돈을 벌기 위해 지식과 정보의 소유권을 주장하는 것은 자연스러운 일이 되었다. 문제는 마치 하딘의 공유지 문제처럼 지식과 정보가 과연 누구의 소유인지가 불분명하다는 것이다. 예컨대 의료 체계에서 환자의 기록이나 관련 정보는 분명 한 개인의 신상에 관한 내밀하고 사적인 것이지만, 다른 한편 그런 정보들을 토대로 새로운 치료법을 개발하거나 특정 개인들에게 특화된 서비스를 개발해서 경제적 이익을 산출해낼 수 있다면 공공의 이익과 사적 이익 사이의 경계가 모호해진다. 끊임없이 생성되는 데이터와 정보가 넘치는 디지털 영토는 공공의 것인가? 아니면 누군

---

19 프레이저, 2023, 196쪽.

가 울타리를 침으로써 소유권이 지정되는 곳인가? 메타버스metaverse는 이 새로운 인클로저 운동의 직접적인 환유다. 디센트럴랜드나 샌드박스 같은 메타버스 공간에서 '땅'을 거래하고 투자하며, 심지어 그런 투자를 위한 금융 서비스가 개발되고 있는 상황이 그렇다.

독일 사회학자 안드레아스 레크비츠Andreas Reckwitz는 20세기 후반 포스트모던 사회로의 이행 과정의 특징을 전통적인 산업 경제에서 문화 경제로의 전환으로 분석하면서 디지털 기술과 인터넷의 발전이 그 기폭제였다는 점을 강조한다. 그리고 이러한 기반 기술을 통해 확산된 사회문화적 현상으로서 우리가 '단독자Singularitäten'들이 되었다고 말한다.[20] 레크비츠가 말하는 단독자는 보편과 특수라는 전통적 구분법으로는 담아지지 않는 독특한 존재들이다. 전통적인 보편과 특수의 구분법에서 개인은 보편이라는 범주 아래의 개별적 존재들이다. 반면 디지털 사회의 개인으로서 단독자는 그런 보편 속의 개별자가 아니다. 단독자의 문화, 단독성 문화의 특징은 고유성에 대한 열망이다. 즉 자기 자신이 오직 하나뿐인 존재가 되기를 원한다. 독창성과 희귀성은 그런 문화의 범주적 특징이다.[21] 디지털 공간에서 많은 사람이 자신만의 콘텐츠를 게시하고자 열망하는 것은 그런 문화의 방증이다. 그리고 이 독창성과 희귀성은 동시에 재화적 성격도 지닌다. 사람들의 관심을 끄는 독특한 콘텐츠는 종종 커다란 수익을 낳기 때문이다. 지식과 정보, 나아가 삶의 양식과 같은 문화를 재화로 만드는 오늘날의 소비문화가 가능해진 것은

---

20 안드레아스 레크비츠, 『단독성들의 사회』, 윤재왕 옮김, 새물결, 2023.

21 레크비츠, 2023, 184쪽.

물론 인터넷 덕이다. 다시 말해 "디지털 기술주의는 단독성 제작을 위한 보편적 기반구조라는 위상을 지닌다".[22]

레크비츠는 분석 끝머리에서 정치적 위기를 말한다. 그에 따르면 오늘날 "정치의 영역은 산업·조직화된 근대가 종말을 고한 이후 전체 사회를 조종할 능력을 상실"했다[23] 그는 이러한 현상을 극단적으로 특수를 지향하는 사회의 '보편의 위기'라는 말로 압축한다. 이러한 문제의식은 커먼즈를 논의하는 맥락과 닿아 있다. 레크비츠가 일종의 해법으로 제안하는 '규제적 자유주의'의 과제에는 "사회의 다양한 계급과 환경에 속하는 주체들이 서로 마주치는 지역·국가·국제적 차원에서 보편적인 공적 영역을 재구성하는 문제"[24]가 포함되어 있기 때문이다.

다중 위기와 전환의 시대에 커먼즈 개념은 전통적인 토지나 물질적 자원에 제한되지 않는다. 물이나 공기 같은 환경 요소들, 사회적 권리, 인터넷에 떠돌아다니는 개인 정보들, 또 그런 개인들이 디지털 공간에 쌓아 놓은 데이터, 나아가 생성형 AI의 학습에 필요한 온갖 종류의 데이터 등 이 모든 것이 커먼즈 개념에 포함되어야 한다. 그래서 "커먼즈란 물질이나 비물질적인 것을 인간 집단이 공동으로 관리하는 특별한 사회관계 양식"의 총체라고 말할 수 있을 것이다.[25]

디지털 전환을 통해 과거라면 어느 누구도 '상품'이라고 생각하지

---

22 레크비츠, 2023, 330쪽.

23 레크비츠, 2023, 616쪽.

24 레크비츠, 2023, 624쪽.

25 파블로 솔론 외, 『다른 세상을 위한 7가지 대안』, 김신양·김현우·허남혁 옮김, 착한책가게, 2018, 92쪽.

않았던 것들이 화폐적 가치로 치환될 가능성이 생김으로써 소유권 문제를 둘러싼 새로운 분쟁들이 일어나고 있다. 이는 광범위한 영역에서 디지털 전환이 일어난 데 따른 파생 효과다. 다시 우리는 문제의 핵심으로 돌아가게 된다. 우리는 이런 커먼즈를 어떻게 관리해야 할까? 하딘이 말한 것과 같은 비극으로 빠지지 않기 위해서 사적 소유를 강화하는 방향으로 나아가야 할까?

오늘날 우리가 직면한 중첩된 위기는 기존의 방법으로는 마땅한 해법을 찾을 수 없다는 사실을 분명하게 지시하고 있다. 인류가 겪어보지 못한 새로운 문제들이 생겨나고 있다는 점에서 당연한 일이기도 하다. 대안을 모색하는 시도들의 공통된 견해는 근본적인 시선의 전환으로부터 시작해야 한다는 것이다. 이런 시선 전환의 '끌개'는 다름 아니라 인간 자신을 이해하는 관점의 변화다.

정당한 노동의 대가로 얻어진 대상물의 '소유권'을 말할 때 기본 전제는 그 권리의 주체가 자립적 존재라는 생각이다. 하지만 현실의 우리는 로빈슨 크루소가 아니다. 오늘날 우리의 삶은 연결을 전제하지 않는다면 가능하지 않다. 레스타키스가 말한 것처럼 위기의 국면에서 우리는 상호 연결성을 자각한다. 생태학자이자 시스템이론가인 톰 올리버 Tom Oliver는 오늘날의 사회를 가리켜 자아중심성 테제를 강조하는 문화와 다른 한편으로 자아정체성을 하나의 환상으로 보려는 시각이 충돌하고 있다고 진단한다. 그는 이렇게 말한다. "독립적 자아라는 환상에 계속해서 머물면 개인적인 외로움, 우울증, 다른 정신건강 문제에서부터 우리의 이기적인 경향으로 인한 광범위한 사회적 생태적 영향에 이르기까지 많은 것이 점점 더 고통스러울 게 명확하다."[26] 그리고 개인주의적이고 자기애가 강한 세대가 공감 능력이 떨어질 때 사회적으로 하딘이 말한 비극에 빠지기 쉽다고 지적한다.[27] 물론 이러한 생물학적·사회적 사실이 개인주의를 철회해야 한다는 것을 의미하지는 않는다. 우리가 연결되어 있고 상호 의존적이라는 사실과 개인주의라는 이념은 여전히 양립 가능하다. 도리어 개인주의적인 삶을 가능하게 하는 실질적 조건은 네트워크의 존재와 가치를 인정하는 태도라고 말할 수 있을 것이다.

이렇게 생각을 바꾸면 비로소 커먼즈 문제에 우리가 어떤 태도를 취해야 하는지도 좀 더 선명해진다. 소유권을 지정함으로써 관리의 효율성이 높아질 것이라는 생각, 모두의 것은 누구의 것도 아니라는 생각을 재고해야 한다. 그렇다고 낡은 사회주의로 돌아가자는 것이 아니다. 우리에게 필요한 것은 훨씬 더 개방적인 상상력이다. 오늘날 우리가 부딪친 사회적 문제들의 뿌리는 사실상 우리의 낡은 믿음에 있는 것이 아닐까?

커먼즈의 관리와 관련해서 오스트롬이나 레스타키스의 제안을 가로지르는 공통점은 시민의 자발적인 관심과 참여. 그리고 이 관심과 참여야말로 공동체적 삶oinonia politike의 원리로서 '정치'의 진정한 의미일 것이다. 새로운 종의 인간, 포스트휴먼을 말할 정도로 급격한 전환기에 있는 우리는 새롭게 등장한 수많은 문제에 대해 아직 명료한 답을 발견하지 못했다. 다만 답이 없다는 이유로 자포자기식 무관심에 빠지는 것은 아무런 도움이 되지 않는다. 설령 답을 찾지 못한다고 하더라

---

26 톰 올리버, 『우리는 연결되어 있다』, 권은현 옮김, 브론스테인, 2022, 273쪽.

27 올리버, 2022, 228쪽.

도 함께 관심을 기울이고 문제 해결을 위한 논의의 장에 참여하는 과정에서 새로운 상상력들이 고무될 수 있을 것이다. 자신의 미래에 관해 정작 그 자신은 아무런 관여도 할 수 없는 상황은 누구도 바라지 않을 것이다. 공동체적 삶에서도 마찬가지다. 게다가 그 공동체가 자신의 삶이 이루어지는 터전이라고 한다면 더 말할 것이 없다. 커먼즈의 관리 문제에서 민주주의적 원리가 빠지지 않는 이유도 거기에 있다. 물론 이때의 민주주의는 특정 개인이나 집단의 이익을 관철하기 위한 다수결주의가 아니라 '현재의 문제를 해결한 더 나은 사회'라는 공동체적 지향을 구현하기 위한 수단이어야 한다. 이런 민주주의적 절차와 방법을 통해 커먼즈의 문제를 해결해나가기 위해 노력하는 것이야말로 오늘날 요구되는 시민의 교양일 것이다.

참고 문헌

더 케어 컬렉티브, 『돌봄 선언』, 정소영 옮김, 니케북스, 2021.

레스타키스, 존, 『시민권력은 어떻게 세상을 바꾸는가』, 번역협동조합 옮김, 착한책가게, 2022.

레크비츠, 안드레아스, 『단독성들의 사회』, 윤재왕 옮김, 새물결, 2023.

보드리야르, 장, 『소비의 사회』, 이상률 옮김, 문예출판사, 1992.

솔론, 파블로 외, 『다른 세상을 위한 7가지 대안』, 김신양·김현우·허남혁 옮김, 착한책가게, 2018.

오스트롬, 엘리너, 『공유의 비극을 넘어』, 윤홍근·안도경 옮김, 랜덤하우스코리아, 2010.

폴라니, 칼, 『거대한 전환』, 홍기빈 옮김, 길, 2009.

프레이저, 낸시, 『좌파의 길: 식인 자본주의에 반대한다』, 장석준 옮김, 서해문집, 2023.

프롬, 에리히, 『소유냐 존재냐』, 차경아 옮김, 까치, 2020.

호네트, 악셀, 『사회주의 재발명』, 문성훈 옮김, 사월의책, 2016.

Hardin, Garret, "The Tragedy of Commens", *Science*, Vol. 162, No. 3859, Dec. 1968, https://pages.mtu.edu/~asmayer/rural_sustain/governance/Hardin%201968.pdf.

WEF, "Global Risk Report 2023", 11 Jan. 2023, https://www3.weforum.org/docs/WEF_Global_Risks_Report_2023.pdf.

2장
디지털 커먼즈를 위한 생성형 AI의 상징적
기술성: 인간과 AI의 개체초월적·살적 공통장

김화자

생성형 AI의 등장과 미디어 환경, 공동체의 위기

SNS 없는 현대인의 일상은 더 이상 상상할 수 없게 되었다. 소셜 미디어 환경에서 연속 재생과 추천 알고리즘에 의해 편향적인 정보와 상품이 스펙터클처럼 소비되고 있다. 우리는 아바타의 익명성에 숨어 자유롭게 접속하고 소통하지만, 전자적 연대는 공감보다 고립감을 증폭시킨다. 심지어 더욱 빠른 연결을 위한 숏폼short form 위주의 플랫폼 환경은 과몰입에 의한 집중력(주의) 결핍 또는 도파민 중독[1] 같은 심각한 사회적 문제들을 초래하고 있다. 게다가 무료로 배포된 오픈 소스 프로그

---

[1] 플랫폼의 보이지 않는 데이터 알고리즘을 통해 사용자들의 주의(관심)를 중독시켜 데이터를 수탈, 축적한 후 자본화, 권력화하는 중독경제의 문제는 다음 논문을 참고하라. 김화자, 「지속가능한 '기술문화 커먼즈'를 위한 메타 데이터 플랫폼」, 이종관 외, 『디지털 전환과 가야 할 미래』, 성균관대학교출판부, 2023, 105-132쪽.

램에서조차 사용자들의 데이터는 더욱 은밀하게 수탈되고 소수 빅테크 기업들의 자본과 권력은 초극대화되었다.

성장과 소비 중심의 경제모델은 현실과 가상의 정보를 자동으로 연결하려는 디지털 전환을 목표로 막대한 양의 데이터를 효율적으로 처리할 수 있는 AI 플랫폼 연구를 가속화했다. 그 결과 생성형 AI 알고리즘 연구는 오픈 AI 사의 '챗GPT Chat Generative Pre-trained' 출시로 이어져 키워드 위주의 검색엔진을 대체했다. 다양한 기계장치들에 은폐된 알고리즘의 기술성 탓에 창작물의 저작권은 보다 교묘하면서도 일상적으로 수탈되고 있다. 산업과 문화 전반에 게임 체인저로 등장한 생성형 AI의 오픈 소스는 엄청난 잠재력에도 불구하고 데이터 탈취와 중독 시스템이 되어 디지털 생태계뿐만 아니라 우리의 일상을 위협하고 있다.

무료로 배포된 생성형 AI 챗GPT는 인간 피드백에 근거한 강화 학습으로 훈련했다는 점에서 종합적인 개인 맞춤형 정보 제공도 가능하게 되었다. 즉 프롬프트prompt(명령어) 엔진을 장착한 챗GPT가 주목받게 된 것은 개방형 대화와 언어 기반 작업에 근거한 '거대언어모델Large Language Models(LLM)'로서 언어의 특수성에서 벗어나 '사회적 지식의 생성 능력'을 지녔기 때문이다. 챗GPT 외에도 인공지능의 연산이 인간의 사유와 관계를 대신하는 이미지 생성형 AI(미드저니Midjourney, 스테이블디퓨전Stable Diffusion, 달리DALL-E…), 목소리 생성형 AI(RVC, Retrieval-based Voice Conversion…)와 같은 다양한 AI들이 제공하는 텍스트와 이미지들은 교육을 비롯한 문화와 산업 전반에 활용되면서 신속하게 업그레이드된 새로운 버전들로 계속 진화하고 있다. 전문가들은 AI가 우리 일상에 스며들어 AI라는 단어를 자각할 필요조차 없이 사라질 것으로 예측한다.[2]

공유경제의 핵심이라고 여겨지는 데이터 플랫폼에서 빅테크 기업들은 더욱 첨단화된 알고리즘으로 사용자의 자율적인 행위들이 생성하는 데이터를 교묘하게 수집할 수 있기 때문에 생성형 AI 시스템은 보이지 않는 제2의 인클로저enclosure[3]가 되고 있다. 공유가치를 실천하기 위해 생성형 AI 앱을 무료로 개방한다고 하지만, 최근 불거진 오픈 AI의 CEO 축출과 복귀 사건이 증명하듯, AI 알고리즘 개발에 막대한 자본을 투자해야 하는 상황에서 자본주의의 소유 논리에서 벗어난 공유는 불가능하다. 따라서 생성형 AI 기반 미디어 환경은 공유의 한계를 넘어 "시민 협력과 공생 가치를 확대"[4]할 수 있는 "공통적인 것the common"[5]으로서의 커먼즈commons 운동에 주목해야 한다. 즉 커먼즈를 '공통장'으로서 이해하는 운동은 삶의 방식을 소유 논리에서 전환시킬 수 있다.

생성형 AI 열풍은 스스로 사고할 수 있는 범용인공지능AGI 개발에 대한 기대와 두려움, AI 상업화와 공공성의 충돌에서 발생하는 문제들을 해결해야 한다는 과제를 낳았다. 한편으로 생성형 AI는 방대한 데이

---

2 「2024년부터 '인공지능'이라는 말이 사라지기 시작할 것」, 『AI타임스』 2023. 12. 17, https://www.aitimes.com/news/articleView.html?idxno=155901 참고.

3 16-19세기 영국에서 양모와 식량의 생산성 향상을 위해 공유지에 울타리를 치고 토지의 사적 소유권을 허용한 인클로저 운동이 공유지의 비극을 막고, 경작할 토지를 빼앗긴 농민들의 노동력이 1차 산업혁명의 성공과 자본주의 발달에 기여했다는 평가를 받았다. 그러나 한편 인클로저의 토지 사유화, 자본화로 인해 경작지를 빼앗긴 농민들은 도시 하층의 빈곤 노동자로 전락하게 되었다.

4 이광석, 『피지털 커먼즈: 플랫폼 인클로저에 맞서는 기술생태 공통장』, 갈무리, 2021, 106쪽. 비록 공유가치를 실천하기 위해 AI 기반 데이터 알고리즘을 무료로 개방한다고 해도 빅테크 기업들은 더욱 첨단의 기술로 사용자가 눈치채지 못하게 데이터를 탈취할 수 있기 때문이다.

5 Cesare Casarino · Antonio Negri, *In Praise of the Common: A Conversation on Philosophy and Politics*, Minneapolis: Univ. of Minnesota Press, 2008, p.83. '공통의', '공유지'를 의미하는 영어 커먼common의 복수형으로서 커먼즈는 추상명사 '공통적인 것'을 의미한다. 커먼즈 운동은 공유자원, 공동재 같은 물리적 자원의 공유를 넘어 '함께 활동하고 나누며 관계 맺는 공통장'을 지향한다.

터를 신속하게 자동으로 종합해서 문화와 산업 전 영역에 맞춤형 솔루션과 효율적인 서비스를 제공한다. 다른 한편 생성형 AI는 인터넷 자료들을 무단으로 도용하는 저작권 침해, 데이터 라벨링으로 인한 저임금과 저숙련 노동자 양산, 인간의 창의성 저하라는 독성도 지닌다. 게다가 정보의 편향성과 정확성 결여로 인한 정보 왜곡, 가짜 뉴스에 의한 혐오 확산은 네트워크 소통의 위기를 초래했다. 아울러 디지털 장비를 만드는 데 사용되는 막대한 에너지와 생성형 AI 프로그램을 작동하는 데 필요한 전력 소비는 자연 생태계의 위기도 초래했다. 이처럼 현대 정보기술사회의 공동체는 소통, 노동, 기후 등 모든 환경의 위기에 맞닥뜨려 있다. 그렇다면 생성형 AI 플랫폼이 공공성과 경제성, 공감과 혐오, 자연과 기계의 이분화에 의한 총체적 위기를 극복할 수 있는 '공통장'으로서 '디지털 커먼즈'가 될 수 있는지, 그 기본적인 조건은 무엇인지 살펴보자.

　범용인공지능은 플랫폼의 연결성에 의해 과연 '공통장'으로서 이상적인 디지컬 커먼즈가 될 수 있을까? 생성형 AI의 시스템이 인간과 조화를 이루어 수평적·균제적 공존을 실현하는 디지털 커먼즈가 될 수 있을까? 현대 프랑스의 자연철학자이자 기술철학자인 질베르 시몽동Gilbert Simondon은 정보기술문화에서 수직적 불평등과 경제적 소유 논리를 벗어나 '정념·감동적인 것의 상징적 의미'를 나눌 수 있는 '새로운 집단성'의 생성에 주목했다. 이 새로운 집단성은 개체가 생명적 차원에서 해결하지 못한 문제를 위해 개체화된 것이다. 그런데 정보기술문화의 새로운 집단성의 토대인 잠재적인 힘으로서 '전前개체적인 것le préindividuel'과 집단적인 것으로서 '개체초월적인 것le transindividuel'의 특징은 시몽동의 스승이었던 모리스 메를로퐁티Maurice Merleau-Ponty[6]의 원초적이고 감각적인 '살chair 존재'에 대한 사유를 통해 보다 쉽게 이해될 수 있다. 그렇다면 인간-생성형 AI의 시스템이 새로운 집단성으로서 디지털 커먼즈의 기술성technicité이 될 수 있는지 살펴보자. 여기서 '기술성'이란 단순히 기계장치appareil만을 포함하는 것이 아니라 '사용자가 참여하는 공간'[7]이라는 의미에서 사람들의 몸짓과 상호작용하는 기술적 특징을 가리킨다. 우선 이질적인 기술 장치와 관계 맺어 기능할 수 있는 몸의 기술적 특징을 메를로퐁티의 사유에 근거해 탐문해보자.

몸의 가역적 기술성: 생성형 디지털 커먼즈의 토대

하이퍼링크로 연결된 웹 검색의 주체는 물리적 제한 없이 네트워크를 자유롭게 횡단한다는 점에서 '탈신체적 주체'[8]로 알려졌다. 구문론

6　시몽동은 자신의 박사학위 논문을 단행본으로 출간한 저서 『형태와 정보 개념에 비추어 본 개체화 *Du mode d'existence des objets techniques*』(황수영 옮김, 그린비, 2017)에 메를로퐁티의 철학적 사유에서 영감을 받았음을 암시하는 "모리스 메를로퐁티를 기억하며"라는 헌사를 바쳤다.

7　Turquety Benoît, *Politiques de la technicité: Corps, monde et médias avec Gilbert Simondon*, Paris: Éditions Mimésis, 2022, p. 64. 시몽동은 기술적 대상을 지리적 환경과 기술적 환경의 관계에 작용하는 존재로 정의하고, 기술성을 이러한 이중적 관계의 균제적 조화에 의해 가능한 것으로 진단한다. 기술적 대상은 인간과 그의 환경 사이를 매개하고, 기술성은 서로 양립할 수 없는 사유와 생명, 지리적 환경과 기술적 환경에서 부단히 개념과 형태, 질료와 몸짓, 환경과 의도(지향)의 번역이 실현되는 매개가 작동하는 공간이다. 기술성은 이런 매개(중재) 자체이다.

8　특히 휴버트 드레이퍼스Hubert Dreyfus는 인간 컴퓨터 상호작용 연구소(카네기-멜론대학)가 수행한 연구에 입각해 하이퍼링크를 통한 사용자의 탈신체화는 특정한 맥락이 누락되어 공감적 소통이 제한될 수밖에 없다고 주장한다. 휴버트 드레이퍼스, 『인터넷의 철학』 최일만 옮김, 필로소픽, 2015, 19-22쪽 참고. 전자적 소통이 대면에 의한 소통에 비해 일정 부분 제한이 있지만, 사용자들은 웹캠, 마이크, HMD, 촉각장갑 같은 웨어러블 기기들을 활용해 감각적 현전을 보완해오고 있다.

적 정보검색은 사용자의 의도와 상관없이 광범위하게 연결된 검색 사이트들을 신속하게 연결하는 컴퓨터의 처리 속도에 달려 있다고 간주되어 왔다. 그러나 원하는 정보를 찾기 위해 컴퓨터 앞에서 지속적으로 모니터를 바라보며 자판을 두드려 키워드를 입력하고 마우스로 창을 여닫는 사용자의 몸이 없다면 가능할까? 웹 검색에서도 사용자는 최소한 이와 같은 몸짓들로 현전한다. 메를로퐁티는 몸의 반사적인 행동조차 외부의 자극에 기계적으로 반응하는 것이 아니라 지향적인 의미를 지닌 행동임을 밝혔다. 인간의 행동은 각자의 몸을 매개로 자신과 타자의 인과적 관계를 넘어선 '순환적, 실존적 관계'를 드러낸다. 특히 지각은 인간과 세계 사이의 운동 감각적 상호작용에 근거하는 가장 기본적인 몸짓이다. 생명체의 반사행동조차 외부 자극에 대한 단순한 반응이 아니라 신경회로들 사이의 횡단적 관계에 의한 '자기수용감각proprioception[9]에 의해 선택되고 잠재적으로 조절된다. 메를로퐁티는 세계가 공시적, 통시적, 익명적인 것들을 하나로 수렴하는 원리로서 '몸도식schéma corporel'[10]에 의해 주어진다고 강조한다.

매체철학자 마크 핸슨Mark B. N. Hansen 또한 몸도식이 지닌 자기수용감각에 근거해 디지털 환경은 인간의 몸과 분리된 탈신체적인 것이 아니라 몸의 상호작용적 개입을 통해 다양하게 잠재적으로 변화될 수 있다고 본다.[11] 디지털 데이터에 연결된 몸이야말로 변화의 '절대적인 프

---

9 모리스 메를로퐁티, 『행동의 구조』, 김웅권 옮김, 동문선, 2008, 159쪽. 지각도 외부 자극에 대한 국소적 반응이 아니고, 내 눈의 현재 위치를 나타내는 자기수용감각에 의해 선택되는 잠재적인 상응 관계에서 조절된다.

10 모리스 메를로퐁티, 『지각의 현상학』, 류의근 옮김, 문학과지성사, 2002, 166쪽. 몸도식은 신체 부분들이 모자이크처럼 병치되지 않고 서로에게 둘러싸여 있어 실존적인 의미를 드러낼 수 있다.

레임absolute frame'[12]이자 상수라는 것이다. 핸슨에 따르면, 기술적 매개에 의해 디지털 세계와 상호작용하는 사용자의 경험은 현실의 몸과 단절된 가상 경험이 아니라 운동감각적 행위를 통해 코드 속에 잠재적인 몸으로 체화한 경험이다. '몸도식의 자기수용감각'에 의해 몸은 세계와 감각적, 자발적으로 관계를 맺고 이해할 수 있게 된다. 자판을 쳐서 검색하거나 명령어를 만들어서 AI와 대화하는 몸은 세계에 기계적이고 인과적으로 반응하는 것도 아니고, 뇌의 정신적 메커니즘의 결과도 아니다. 사용자의 몸이 정보기술 환경에 거주하면서 디지털 장치들과 운동감각적으로 상호작용하며 지각하기 때문이다.

> 본다는 것은 *드러나는* 존재 세계에 들어간다는 것이고, 존재가 나의 뒤에 또는 서로에게 은폐될 수 없다면 드러나지 않을 것이다. 달리 말하면, 대상에 주목한다는 것은 그 대상에 거주한다는 것이 되고, 그로부터 모든 사물을 모든 사물이 표현하는 구면에 따라 파악한다는 것이다.[13]

지각 주체는 지향하는 의도를 지닌 '행동하는 몸'으로서 대상을 순수하게 인식하는 것을 목표로 삼지 않고 세계에 거주하고 자신만의 상황에 맞게 실존한다. 따라서 모니터를 보고 자판으로 검색어를 쓰고 웹을 횡단하거나 명령어를 고안해 질문하는 행위는 정신의 명령에 따라

---

11 Mark B. N. Hansen, *Bodies in Code: Interfaces with Digital Media*, New York: Routledge, 2006, p. 5.

12 Mark B. N. Hansen, *New Philosophy for New Media*, The MIT Press, 2004, p. 171.

13 메를로퐁티, 2002, 125쪽.

기계적으로 대응하는 것이 아니라 시청각적 자극들을 자신에 맞게 번역해서 결합하는 자기조절 작용에 의해 자발적으로 행동하는 것이다. 요컨대 지각은 몸 감각 운동들의 체화된 시뮬레이션을 통해 결과를 예측할 수 있다는 점에서 잠재적인 지각-행동 짝짓기의 앙상블로 간주될 수 있다. 이때 지향적인 의도를 실천하는 몸은 기계적으로 움직이는 물체가 아니고 의식적인 것을 횡단하며 세계의 실존적 의미를 단번에 드러낼 수 있는 '고유한 몸corps propre'[14]이다. 이 고유한 몸은 보고 만지는 주체이면서 보이고 만져지는 대상이라는 이중감각의 특징을 지닌다. 몸은 이런 이중감각에 의해 감각적인 대상으로 세계와 주체 사이에서 소통의 매체가 될 수 있다.

고유한 몸이 세계를 지각하고 의미를 부여해서 경험이 가능한 것은 '순간의 수용성과 고유한 수용성'을 번역하는 자기수용감각을 통해 실존의 윤곽을 그리는 몸도식을 지니기 때문이다. 몸도식은 시공간의 지평 속에서 몸의 현재적 잠재적인 운동과 신체 부분들의 상호감각적 운동을 실존의 운동과 의미로 통일하게 해준다. 화면을 응시하면서 정보를 찾고 인출하는 디지털 자아는 몸이 운동 지향적으로 체화된 의식적 자아이다. 요컨대 사용자의 몸도식은 생성형 AI가 응답한 텍스트나 이미지에 수동적으로 반응하지 않고 몸의 시공간적 의도를 총체화한 적절한 명령어로 질문하면서 디지털 정보와 상호작용할 수 있다는 것이다.

이런 몸과 디지털 코드의 얽힘은 메를로퐁티의 후기 존재론에서 다뤄진 '보이는 것과 보이지 않는 것'의 상호 침투와 얽힘을 의미하는 '살

---

14   메를로퐁티, 2002, 154쪽.

존재의 키아즘chiasme'[15]을 통해 이해될 수 있다. 기술 매체로서 거울은 '보는 몸을 보이는 몸'으로, 즉 '현실의 몸을 가상의 몸'으로 만들지만 서로 연결된 가역적 경험을 가능하게 해준다. 몸의 가역성을 보여주는 거울처럼 디지털 인터페이스는 몸에서 분리되어 코드화된 정보 주체를 체화된 디지털 몸으로 드러낸다.

기호나 도구들 같은 다른 모든 기술적 대상과 마찬가지로 거울은 보는 행위의 신체로부터 가시적 신체로 이행하는 열린 회로의 군거群居 위에서 나타난 것이다. 그러므로 모든 기술은 '신체의 기술'이기도 하다. 이처럼 하나의 기술[모든 기술]은 우리 살의 형이상학적 구조를 윤곽 짓고 부연하고 있는 것이다.[16]

몸의 기술은 몸이 보면서-보이는 존재라는 가역적인 반영성을 지니고, 거울은 이런 반영성을 번역해서 재생해놓은 매체이다. 다시 말해 몸의 기술이란 현실의 보는 몸이 보이지 않는 몸으로부터 나타나는 "사물들의 가능성possibilité이고 잠재성latence"[17]인 '살'의 경험을 가능하게 해준다. 여기서 거울은 현실의 몸에서 이미지 몸이라는 살의 잠재성을 가

---

15 "보이는 사물로서의 나의 몸은 거대한 경관 가운데 담겨 있다. 하지만 보는 자로서의 나의 몸은 이 보이는 몸의 기반을 이루며, 보이는 몸과 함께 보이는 모든 것들의 기반을 이룬다. 이 양자 간에는 상호 간의 삽입과 얽힘이 있다." 모리스 메를로퐁티, 『보이는 것과 보이지 않는 것』, 남수인·최의영 옮김, 동문선, 2004, 201쪽.

16 Maurice Merleau-Ponty, *L'OEil et l'esprit*, Paris: Gallimard, 1964, p. 33.

17 메를로퐁티, 2004, 190쪽. 보이는 존재들 사이에서 이 존재들의 감각적인 공통 토대가 되는 살은 '개체와 관념의 중간에 있는 존재의 한 요소'로서 실체가 아닌 '객체와 주체를 형성하는 환경'으로서 '차원성'(메를로퐁티, 2004, 328쪽) 같은 것이다.

시화할 수 있는 기술 매체이다. 현실의 주체이자 보는 몸은 거울 속 잠재적 이미지에서 스스로 완성되어간다. 메를로퐁티가 주목한 매체로서의 거울[18]에서 현대 디지털 기술 장치도 몸의 가역적 기술인 '살의 형이상학적 구조'를 체험하게 해줄 수 있음을 확인할 수 있다. 내 몸은 가상적인 산술적 알고리즘의 몸과 함께 완성될 수 있기 때문이다.

> 나는 사물들에게 나의 몸을 빌려주고 사물들은 나의 몸에 등재되어 나를 사물들과 흡사하게 만드는 사물들과 나 사이의 이 마법적 관계, 이 계약, 바로 나의 시각인 보이는 것의 이 주름, 이 중심적 공동空洞: [⋯] 보는 자와 보이는 것의, 만지는 자와 만져진 것의 이 거울상 두 열, 이러한 것들은 내가 기초로 삼고 있는 밀접한 결속된 체계를 형성하며, 일반적인 시각과 가시성의 항구적인 체계를 규정한다.[19]

거울-매개된 경험은 생성형 AI 기반 디지털 장치와의 연결을 통해 재감각화되고, 네트워크로 확장된 능력을 지닌 '코드 속의 몸'에 대한 경험이다. 혼합 현실 작품과 상호작용하는 관람자처럼, 생성형 AI 시스템을 사용하는 사람의 몸도 생리적·감각적 특징이 소거되고 순수하게 산술적 코드로 추상화되는 것은 아니다. 디지털 장치를 매개로 사용자는 몸의 운동감각적 기능을 강화함으로써 몸도식의 체현을 향상시킬 수

---

18 메를로퐁티는 모든 인공적 기술을 비판한 것으로 오해받아왔지만, 세계와 인간을 제한된 모델에 의해 인과적 실재로 분석하고 설명하려고 했던 당대 과학과 사이버네틱스의 객관주의적 '사유의 기술화technicisation'(Anna Caterina Dalmasso, *Le corps, c'est l'écran: La philosophie du visuel de Merleau-Ponty*, Paris: Édition Mimesis, 2018, p. 188)를 비판한 것이다.

19 메를로퐁티, 2004, 209쪽.

있다.[20] 그렇다고 코드화된 몸이 현실의 몸과 똑같은 의미와 가치를 지니는 것은 아니다. 요컨대 몸도식의 자기수용감각은 기술적 매개를 통해 몸의 잠재성을 질적으로 변형시킬 수 있고, 기술이란 이런 몸의 가역적 구조를 드러내는 기능을 한다는 것이다. 몸의 기술은 코드화된 산술적인 몸이 현실의 내 몸과 감각적, 친화적으로 연결되고 교감할 수 있는 '살의 감각학esthésiologie'이기도 하다. 기술이 이런 우호적 연결성과 상호성을 드러낸다면 경제적 효용성만을 극대화하는 데서 벗어나 디지털 커먼즈의 장을 만들 수 있지 않을까? 그렇다면 AI와 인간 지성이 어떻게 디지털 공통장을 생성할 수 있는지 살펴보자.

생성형 AI의 자기생성-몸 경험의 상호작용: 생성형 디지털 커먼즈의 자율성

생성형 AI는 예측과 분류를 담당했던 기존 AI 모델과 달리 레이블label이 정해지지 않은 데이터들의 패턴에서도 사용자와의 피드백으로 계속 새로운 콘텐츠를 생성할 수 있다.[21] 오픈 AI가 만든 딥러닝 프로그

---

20 Andrea Giomi, "Virtual embodiment: An Understanding of The influences of Merleau-Ponty's Philosophy of technology on performance and digital media", *Chiasmi International*, N 22, Paris: Vrin(Mimesis International), 2020, pp. 297-313 참고. 저자는 메를로퐁티의 몸과 살 존재의 철학이 현대 디지털 기술에 의한 몸의 잠재적 체현과 얽힘의 현전에 미친 영향을 다양한 다중매체 작품과 퍼포먼스의 실례를 통해 심도 있게 조명해냈다.

21 김용성, 『챗GPT 충격, 생성형 AI와 교육의 미래』, 프리렉, 2023, 21쪽. 강화 학습을 위해 생성형 AI가 기반한 딥러닝Deep Learning에 활용되는 인공신경망의 수는 정보 처리 양과 비례하고, 인공신경망의 층은 복잡한 문제 해결과 비례한다. 딥러닝은 생명체가 외부 자극을 수용(입력), 학습, 판단

램으로서 챗GPT는 '대화형 인공지능'을 뜻하는 챗Chat과 '사전 학습된 생성 변환기Generative pre-trained transformer'가 결합된 약자이다. 사전에 학습된 막대한 양의 데이터를 통해 통계적으로 나올 확률이 가장 큰 단어를 예측해서 앞의 문장 다음에 자동으로 채워 완성하는 언어모델 원리이다. 따라서 언어모델이 학습한 데이터가 많을수록 정확도와 자동생성의 완성도가 높다. 챗GPT 고성능의 비결은 사용자 요구에 종합적인 솔루션을 제공할 수 있도록 대화 방식에 근거해 탐색하는 "인간 피드백 기반 강화학습"[22]에 있다.

딥러닝의 신경망 기술에 기반한 생성형 AI의 핵심은 '생성적 적대 신경망Generative Adversarial Network(GAN)'을 통한 유사한 맥락적 정보들의 연결과 편집에 의한 집합과 개방성을 들 수 있다. GAN은 최대한 원본과 유사하게 만들기 위해 두 개의 신경망이 대립하며 경쟁하도록 프로그램된 원리이다. 하나의 신경망은 수집된 정보들로 가장 유사한 콘텐츠를 생성하고, 다른 신경망은 이 콘텐츠와 본래 정보들의 유사성을 비교 검증한다. 두 신경망의 적대적 원리에 따라 가짜는 더 진짜 같아져 결국 가짜가 진짜를 대체하게 된다. 기존 AI와 달리 생성형 AI의 알고리즘은 인간 신경망의 기능과 거의 동일하게 작동하면서 대화 간의 맥락을 파악함으로써[23] 적합하지 못한 답변을 스스로 수정하고 학습한다.

그런데 고성능을 위한 데이터 무단 탈취와 저작권 분쟁, 편향된 학

(출력)하는 과정의 신경망을 본떠 컴퓨터가 복잡한 문제를 적합하게 해결하는 방식으로 만든 인공신경망Artificial Neural Network(ANN)에서 유래한다.

22 김용성, 2023, 25쪽.

23 김영욱 외, 『생성형 AI 사피엔스』, 생능북스, 2023, 248쪽.

습 데이터에 따른 정보의 신빙성 등 심각한 문제점들이 제기되고 있다. 인간처럼 대화하고 사고하도록 프로그램된 AI의 자율성과 스스로 사유하는 인간의 자율성은 무엇이 다르고 무엇이 비슷할까? 즉 두 자율성이 상호작용하는 정보 생성의 특징과 그에 따른 문제들을 최소화해서 AI와 사용자가 균제적으로 상호작용할 수 있는 전자적 공생의 환경에 대해 알아보자.

　　생성형 AI는 생성 그 자체보다 "원본 수준의 새로운 원본들을 생성"[24]하는 것을 목표로 살아 있는 체계의 '자기생성autopoiesis'을 모방해 구현한 것이 특징이다. 칠레의 생물학자인 움베르토 마투라나Humberto R. Maturana는 프란시스코 바렐라Francisco J. Varela와 함께 자기생성 개념을 창안했다. 두 학자는 '생명체의 주위 환경에 대한 인지 과정'을 연구하고, 생명체의 고유한 특징을 외부 목적을 향해 기능하는 '열린 체계'라는 기존 개념과 반대되는 '자율적인 닫힌 체계'로 정의했다. 말하자면, 생명체는 목적을 위해 외부 환경과 상호작용적 신진대사를 하지만 자신 안의 "자기준거체계self-referred systemes"[25]에 의해 폐쇄적으로 "자기생성autopoiesis"[26]을 한다. 다시 말해 생명체의 행동은 외부 환경의 영향을 받

24　김영욱 외, 2023, 23쪽 참고.

25　움베르또 R. 마뚜라나·프란시스코 J. 바렐라, 『자기생성과 인지: 살아있음의 실현』, 정현주 옮김, 2023, 19쪽. 마투라나와 바렐라는 개구리, 비둘기의 시지각 연구를 통해 '지각 현상'을 관찰자와 독립된 현상으로 간주한 고전 신경생리학을 비판하고, 유기체가 환경에서 정보를 획득하는 지각, 인지 과정을 유기체 안에 존재하는 '폐쇄적 신경계의 자율적 구조'라고 밝힌다. 마뚜라나·바렐라, 2023, 23-24쪽 참고.

26　마뚜라나·바렐라, 2023, 26쪽. '자율적 동역학'의 의미를 지닌 그리스어에 기원을 둔 '오토포이에시스'는 '자기를 스스로auto-' '만들어낸다-poiesis'는 뜻이다. 메를로퐁티는 생명체의 자기생성의 특징을 외부 환경의 자극들을 자신에 맞게 자발적으로 번역해서 결합하는 자기수용감각에 의한 자기조절 작용에서 발견한다.

기보다 신경계의 자율적 순환성에서 유래하는 폐쇄성을 지니기 때문에 환경은 생명체의 신경계에 변화를 유발할 뿐 결정하지 못한다.

그러므로 신경계는 사람들이 흔히 말하듯이 '정보'를 '입수'하는 어떤 것이 아니다. 오히려 신경계는 환경의 어떤 속성들이 섭동이 될지, 또 그것들이 유기체에 어떤 변화를 유발할지를 결정함으로써 한 세계를 산출한다.[27]

마투라나와 바렐라는 세포의 항상적 연속성을 유지시키는 원리로 서 인체, 사회체계를 아우르는 '살아 있는 체계'의 본질인 자기생성체계 를 "구성 요소의 속성이 아닌 구성 요소들을 통해 실현되는 과정과 과정 들 사이의 관계들"[28]에서 발견한다. 두 학자는 이와 같은 생물학적 체계 를 사회체계로 확장해서 '자기생성'과 '인지'를 종합했다. 요컨대 생명체 의 지각 체계는 외부 세계의 섭동에만 반응하는 것이 아니고 독립된 신 경계의 자율적인 순환 체계를 지니기 때문에 인식은 이런 지각 체계 안 에서 독자적으로 이루어진다. 현재 생성형 AI에서 발생하는 문제는, 생 명체가 자율적인 것처럼 생성형 인공지능도 생명체의 자율성과 동일한 메커니즘으로 작동하는가이다. 마투라나가 생명체의 자율적인 자기생 성체계에서 실현 과정 사이의 관계들에 주목했듯이, 자기생성기계의 특 징도 기계 작동시 구성 요소들을 통합하는 '상호작용과 형질전환의 연결 망이라는 관계'에서 찾아야 한다.

---

27 움베르또 R. 마뚜라나·프란시스코 J. 바렐라, 『앎의 나무: 인간 인지능력의 생물학적 뿌리』, 최호영 옮김, 갈무리, 2007, 192쪽.

28 마뚜라나·바렐라, 2023, 191쪽.

자기생성기계는 항상성 기계다. 그렇지만 자기생성기계의 특이성은 항상성 기계라는 점에 있는 것이 아니라 기계 자신의 상수constant로 유지하는 근본 변수variable에 있다. [⋯] 이때 구성 요소들은 자신들의 상호작용과 형질전환을 통해서, 자신들을 생산한 과정들(관계들)의 연결망을 지속적으로 재생성하고 실현한다. [⋯] 이러한 과정을 통해 자기생성기계는 자기 고유의 구성 요소의 생산체계로서 자기 작동을 통해 계속해서 자기 고유의 조직을 구체화한다.[29]

자기생성기계는 다른 것의 생산에 종속되지 않고 지속적인 섭동과 그 보정에 의해 근본 변수를 상수로 유지하는 항상성 체계라는 점에서 "자율적"[30]이다. 즉 외부와 독립된 자율 체계로서 자기생성기계의 인지 과정 또한 체계 안에서 독자적으로 이루어진다는 것이다. 시몽동에 따르면, 기술적 존재는 '자기에 대한 적응과 자기에로의 수렴'을 통해 진화한다. 다시 말해 기술적 대상은 내부에서 '내적 공명résonance interne'에 따라 스스로를 통합한다. 자기생성적 연결망에 의해 조직되는 단위체로서 구성 요소가 생산하는 관계들은 오직 "과정"[31]으로 주어지므로 그 관계들은 지속적으로 재생성되어야만 동일성을 유지하고 개체성을 지닐 수 있다. 이 동일성은 관찰자와 무관한 자기생성기계의 '구체적인 자기생성 단위체'이다. 즉 자기생성기계는 "입력과 출력이 없다"[32]는 것이다. 살

---

29 마뚜라나·바렐라, 2023, 197-198쪽.

30 마뚜라나·바렐라, 2023, 201쪽.

31 마뚜라나·바렐라, 2023, 199쪽.

32 마뚜라나·바렐라, 2023, 202쪽. "따라서 복제와 복사에서 재생산의 기제는 필연적으로 재생산된

아 있는 기계의 특징은 자기 작동의 산물이 자기 고유의 조직이 되는 방식으로 물질을 체계 자신으로 형질전환하는 물리적 체계를 지닌다. 기계의 목적이나 기능은 관찰자에게 배타적인 기술 영역에 속하기 때문에 자기생성체계의 작동을 설명하는 데 사용될 수 없다.

> 하나의 자기생성체계가 동일성을 잃지 않고 들어갈 수 있는 모든 상호작용의 영역은 자신의 인지 영역뿐이다. 달리 말하면 자기생성체계의 인지 영역은 자기생성체계가 만들어낼 수 있는 모든 기술의 영역이다. 따라서 어떤 자기생성체계에서도, 체계의 자기생성의 특수한 양식이 체계의 인지 영역을 결정하며, 따라서 체계의 행동적 다양성을 결정한다.[33]

자기생성체계의 인지 영역은 체계의 자기생성 양식이 변화하는 범위 내에서만 변화하므로 절대적 지식은 불가능하다. 복수의 자기생성체계는 행동을 연결하는 조건 아래 상호작용할 수 있다. 자기생성체계는 자신과 상호작용하는 역량뿐만 아니라 다른 자기생성체계들과도 언어적 교감에 의해 상호작용할 수 있다는 점에서 생명과 인지가 자기생성에 뿌리를 두고 있음이 밝혀진다. 시몽동 또한 기술적 대상이 환경과의 상호적 관계를 펼치는 연합 환경의 단일성에서 생명체의 단일성과 유사한 원리를 발견한다. 스스로 조건 짓는 기술적 대상의 역량은 자신의 내

패턴의 외부에 있는 반면, 자기 재생산에서 재생산의 기제는 필연적으로 재생산된 패턴과 동일하다." 마뚜라나·바렐라, 2023, 241쪽. 자기 재생산은 전적으로 자기생성과 연관되나 복제는 자기생성과 독립적으로 일어나고, 복사는 이형생성에서만 발생한다는 것이다.

33 마뚜라나·바렐라, 2023, 276쪽.

부에서 스스로 발명할 수 있는 연합 환경을 갖는 생명체의 역량과 같은 원리이기 때문이다. 그렇다면 우리 몸이 실존적으로 체험한 정념적이고 감동적인 것들을 산술적 언어모델로 구현한 인공지능의 자율성이 생명체의 자율성과 동일한 구조를 지닐 수 있을까? 현대인은 계산적인 인지모델을 통해 인간의 다양하고 애매한 감정들을 인공지능의 개념으로 만들려고 한다. 인간의 지적, 감성적 개념들을 계산모델로 만들기 위해서는 인간의 언어 행위가 타인과 공존할 수 있는 실존적, 윤리적 의미와 관련 있음을 인지해야 한다. 즉 인간 사회는 생물학적 중요성 외에 윤리적, 정치적 함의 등에서 심도 있는 고찰이 필요하다.

> 모든 인간적 행위는 언어 안에서 벌어진다. 언어 안에서 벌어지는 각각의 행위가 한 세계를 산출한다. 타인과 공존하면서 만들어내는 이 세계는 우리가 사람다운 것이라 부르는 것을 산출한다. 그러므로 모든 인간적 행위는 윤리적인 의미를 지닌다.[34]

인간의 생명적 질서는 자신의 상황에 맞는 실존적 의미작용에 의해 신체적, 정서적인 것들의 내적 통일성을 형성하는 생명적 의식을 구현한다. 따라서 인간은 언어를 단순히 외부 세계의 내재화나 내적인 것의 외재화를 위한 도구로 사용하지 않는다. 언어는 읽고 듣는 사람을 전제한다는 점에서 타인의 존재를 인정한다. 인간의 자율적인 자기생성체

---

34 마뚜라나·바렐라, 2007, 276쪽. 언어는 '사람다움과 관찰자의 존재 조건'이고, 사랑은 '사회화의 조건'이며, 인지 행위는 생물학적 공통성에 근거한 '사회적 구속과 윤리적 책임'이라는 사회적 상호 조정에 근거한다는 것이다. 마뚜라나·바렐라, 2007, 14쪽 참고.

계의 "인식 활동은 언어를 구성하는 행동 조정을 통해 언어 안에 존재함으로써 세계를 오히려 산출한다. 우리의 언어적 접속이 우리의 삶에 형태를 부여한다".[35] 언어는 생명적인 몸짓들을 실존적이면서 사회적인 몸짓들로 변조한 사회문화적 행위이다. 언어의 개념적 의미는 삶을 사는 사람들의 정감적인 몸짓에서 추상화된 것이다. 따라서 메를로퐁티는 언어 형식의 보편 규칙을 수립할 수 있다고 본 과학적 견해를 비판하고, 언어의 의미는 우연적이고 체화된 것이라는 점에서 계속 메꿔져야 할 '결정된 공백'[36]을 지닌다고 강조한다. 그렇다면 인간의 신체적, 정서적, 의식적인 내용들을 수학의 확률적 법칙과 논리로 알고리즘화하는 데에서 더 많은 공백이 발생할 수밖에 없지 않은가?

> 그러나 아름다운 것은 사유의 성취(Erwirken, 획득)를 문자 그대로 포착한다는 생각이다. 그것은 정말로 '공백'이며, '보이지 않는 것'이다. ― '개념들'과 '판단들', '관계들'에 대한 실증주의적 잡담은 모두 제거되었다. 그리고 존재 être의 균열 속에 있는 물처럼 정신은 벙어리가 된다. ― 정신적인 것들을 찾을 필요가 없다. 공백의 구조들이 있을 뿐이다. 단지 나는 이 공백을 보이는 존재 속에 심고 싶을 뿐이다. 그리고 그것의 이면 특히 언어의 이면을 보여주고 싶을 뿐이다.[37]

35 마뚜라나·바렐라, 2007, 263쪽.

36 Maurice Merleau-Ponty, *Signes*, Paris: Gallimard, 1960, p. 112. 메를로퐁티는 언어의 현상학적 연구를 통해 언어는 '몸짓으로 응집된 전체'로서 개념으로 완전히 표현될 수 없는 기표와 기의 사이에는 일정한 공백이 있다고 주장한다.

37 메를로퐁티, 2004, 339-340쪽.

인공지능이 제공한 파편적인 학습 데이터의 편집과 종합이 놓친 언어의 공백을 이해하기 위해서는 몸을 지닌 사용자와의 대화(질의-응답)를 통해 구체적인 상황에서 의미 있는 정보를 추출해내야 한다. 아무리 다양하고 막대한 양의 데이터 세트로 학습했어도, AI가 스스로 학습하고 진화할 수 있는 기능의 토대는 인간이 제기한 질문과의 피드백이다. 나아가 AI의 창의성 또한 인간의 사고를 가장 유사하게 학습한 것일 뿐이다. "이 세상 모든 기술(PC, 스마트폰, 자동차 등)의 진화는 그 시작이 인간으로부터 출발하고 그 끝 또한 인간으로 연결된다."[38] AI가 자기준거체계에 의해 스스로 추론한다고 해도, AI의 추론은 주어진 자료와 알고리즘 내에서 정리, 분석, 학습한 것이라는 한계를 지닌다. 고유한 자기수용감각의 몸도식이 없는 AI의 자기생성적 자율성은 준자율적이다. 인간의 자율적 사유와 다른 AI의 사유는 인간과의 교감에 의해 그 의미와 가치를 지닐 수 있다. 요컨대 자기생성체계의 세계에 대한 인식에서 세계는 관찰자와 독립해서 객관적으로 존재하는 것이 아니라 관찰자와 함께 생성되기 때문에 관찰자의 다양한 경험들과의 협력적 상호작용은 필수적이다.

기능적인 면에서 생성형 AI의 준자율적 인공지능이 한계를 드러낼 수밖에 없는 정확성, 신빙성 등의 문제가 사용자의 자기생성적 자율성이 지닌 재귀적, 성찰적 과정과의 상호작용적 연결에 의해 보완되면 AI와 인간은 공생할 수 있을까? 시몽동은 단순히 도구가 아닌 고유한 존재론적 발생 법칙을 지닌 기술적 대상의 자율성이 인간과 관계 맺음을 통

---

38 김영욱 외, 2023, 250쪽.

해 기술과 자연을 소통하게 하는 변환적 매체라고 주장한다. 그렇다면 서로 이질적인 생성형 AI의 자기생성적 준자율성과 인간의 관계 맺음은 어떻게 가능하고 이것이 어떻게 디지털 커먼즈로 공진화할 수 있는지 구체적으로 살펴보자.

생성형 AI-인간의 변환적 피드백:
생성형 디지털 커먼즈의 원리

우리는 일상에서 발생하는 문제들을 해결하기 위해 매일 전자 플랫폼에 접속해서 수많은 정보를 획득하고 있다. 사용자가 생성형 AI와 대화해서 알아내는 정보는 모두 네트워크에 유동적인 것으로만 존재한다. 이질적인 사용자의 명령어에 생성형 AI가 응답하는 정보는 이 둘이 독립된 항으로서 연결되어 생성한 것이라고 볼 수 없다. 고정된 것으로 존재하지 않는 생성형 AI의 정보는 기술 개체와 인간 개체 중 어느 한쪽이 우위에 있거나 원인으로 작동하지 않고 서로 관계 맺어 상호작용하는 '개체화'[39]를 통해 양쪽을 넘어서는 '변환역학allagmatique(교환역학)'의 생성으로 이해될 수 있다는 것이다.

---

39 시몽동에게서 개체화는 준안정적 시스템에 내재하는 양립 불가능한 것들의 대립(차이)을 무화시켜 종합하는 변증법보다 상호 협력적 관계 맺음을 통해 문제를 해결하는 역동적 변환 작용에 의해 개체가 물리적, 생명적, 심리사회적, 기술적 실재로 개체화되는 발생 과정에서 연속적이면서 불연속적인 생성의 의미와 가치의 중요성을 보여준다.

변환은 단지 정신의 절차만이 아니다. 그것은 또한 직관이다. 왜냐하면 그것은 하나의 구조가 문제의 영역 속에서 제기된 문제를 해결하는 것으로 나타나게끔 해주는 어떤 것이기 때문이다. […] 그것은 이 영역의 긴장들 자체로부터 해결의 구조를 이끌어낸다. […] 바로 이런 의미에서 변환은 자신의 체계가 항들 각각의 차원들을 소통하게 해주는 그러한 차원들의 발견이며 이 차원들은 그 영역의 항들 각각의 완전한 실재성이 새롭게 발견된 구조들 안에서 손실도 감소도 없이 정돈될 수 있는 그런 것들이다.[40]

변환이란 준안정적 실재에 내재하는 양립 불가능한 것들이 공존하면서 소통할 수 있게 '새로운 관계 구조'로 개체화해서 문제를 해결하는 '중개'의 원리다. 다시 말해 변환은 개체가 물리적, 생물학적, 정신적, 사회적 구조로 개체화하는 원리다. 존재는 변환에 의해 실체적으로 분리된 두 항 사이의 인과적 연관rapport에서 생성된 것이 아니라, 각각의 특이성을 보존한 두 항이 동시에 상호적인 관계relation로서 개체화된 생성이다. 이러한 이유에서 존재란 정적인 상태의 단일성을 소유하지 않고 변환적 단일성unité trsnsductive으로서 단일성 이상을 동일성으로 지닌다. 변환은 과정 중의 개체화로서 준안정적이고 양립 불가능한 문제의 해결 구조를 찾아 두 항을 넘어서면서도 각 항의 특이성을 보장한다는 점에서 연역(문제 해결의 원리를 다른 곳에서 찾음)도 귀납(공통적인 것만 보존해서 특이성을 제거함)도 아닌 직관으로서 조직의 발생을 드러낸다. "그것은 개

---

40 질베르 시몽동, 『형태와 정보 개념에 비추어 본 개체화』, 황수영 옮김, 그린비, 2017, 23쪽. 변환적 생성은 존재와 생성의 준안정적인 평형 과정을 통해 물리주의적 이원론의 함정에 빠지지 않고 장들 사이의 관계, 개체화되지 않은 차원들을 이해하게 해준다.

체화를 표현하며 그것을 사유할 수 있게 해준다. 그러므로 그것은 형이
상학적인 동시에 논리적인 개념이다. *그것은 개체발생에 적용되며 개체
발생 그 자체이다.*"[41]

　　인간과 기술적 대상의 상호 동등한 관계 맺음을 강조하는 시몽동
은 기계를 단순히 유용한 수단이 아니라 인간과 세계를 관계 맺어주고
정보를 생성하는 '매개'로서 '변환역학적 존재'로 간주했다. 기술적 대상
은 변환역학을 통해 객관적 구조를 지니는 동시에 행위자의 작용을 통
해 관계들의 망으로 존재하면서 스스로 발생론적 생성이 된다. 이런 점
에서 개체는 개체화의 과정에서 존재가 되므로 생성은 존재의 결실이
아니라 존재의 차원이다. 생성형 AI 시스템이나 앱에서 생성되는 정보
는 제공된 것으로서 존속하는 실체가 아니라 개체화하는 변환적 생성
중의 정보이다. 따라서 정보란 발신자에서 수신자에게 전달되는 결정된
실체로서의 내용이 아니라 위상적으로 나타나면서 형태를 갖추는 정보
in-formation를 의미한다. 이렇게 형태를 갖춘 정보는 안정화된 기하학적
형태가 아니라 '풍부한 변환적 운동성'을 지닌 '의미 있는 형태'로서 양립
가능성과 생존 가능성의 구조로 발명된 차원에 속하는 것이다. 형상질
료설, 게슈탈트론, 정보이론이 의미를 존재자에 내속한 것으로 발견한
데 반해 변환은 의미의 내속성을 개체화 과정에서 발견한다. 따라서 정
보는 발신자에서 수신자에게 일방적으로 전달되는 것이 아니라 현행적
으로 개체화되는 것이다. 좋은 정보란 발생할 문제의 해결을 위해 잠재
적인 의미로 개체화될 수 있게 개방적인 것이다. 요컨대 생성형 AI는 사

---

41 시몽동, 2017, 60쪽.

용자와 지속적인 관계 맺음(질의-응답)을 통해 다양하게 의미작용을 할 수 있는 정보들을 생성할 수 있게 프로그램되어야 한다.

사용자가 질의한 명령어에 생성형 AI가 자율적으로 제공한 데이터들이 사용자와의 관계 맺음을 통해서만 형태를 갖춘 정보로 해석되고 판단될 때 변환적 생성이 가능하다. 이것은 역설적으로 기술의 자율성이 완전히 자동적이지 않아야 한다는 것을 의미한다. 여기서 우리는 기술의 완전성을 자동화의 완성으로 간주하지 않은 시몽동의 의견에 동의할 수 있다. 즉 기술의 완성도는 인간의 참여를 배제한 기술의 자율적 자동성 자체에 있는 것이 아니라 인간이 '개입할 여지를 지닌 시스템'에 있다는 것이다. 즉 인간이 참여해서 균제적이고 우호적인 상호작용으로 상징적 가치를 만드는 기술이 오히려 완성도 높은 자동기술이다. 따라서 최근 인기 있는 생성형 AI는 자율적인 자동성의 증대만을 추동하기보다 자신이 제공한 정보를 해석하면서 의미화하는 인간 사용자와 상호작용할 수 있는 '결정되지 않은 여지'가 있어야 한다.

그런데 실제로 자동성은 기술적 완전성에서 아주 낮은 정도에 해당한다. 하나의 기계가 자동적으로 되기 위해서는 작동 가능성 대부분과 가능한 사용 대부분을 희생해야만 한다. 자동성, 그리고 오토메이션[자동화]이라 부르는 산업 조직화의 형태로 기계를 활용하는 것은 기술적인 의미작용보다는 경제적이거나 사회적인 의미작용을 더 갖는다. 기술성의 정도를 높이는 것이라고 말할 수 있는 기계들의 진정한 개선은 자동성의 증대에 상응하는 것이 아니라, 오히려 작동이 어떤 비결정의 여지를 내포한다는 사실에 상응한다.[42]

이와 같은 비결정의 여지는 생성형 AI 시스템에서 서로 이질적인 기계와 사용자를 넘어서는 "초작용적transopératoires"[43]인 관계 맺음을 가능하게 해준다. 이런 초작용적이고 전환적인 변환역학은 하나의 위상이 다른 위상과의 관계에서만 이해될 수 있는 상보적 구조를 지닌다. 상보적 관계란 두 위상을 앙상블로 취하는 시스템에서만 평형과 상호적인 긴장 관계를 유지할 수 있기 때문에 두 위상이 불안정하고 부분적으로 존재한다는 것을 의미한다. 따라서 두 위상을 앙상블로 취하는 시스템만이 완전한 실재가 될 수 있는 관계의 원리로서 변환역학은 '인간의 정신적 작동과 기계의 물질적 작동 사이'에 등가적인 유비 관계를 구현한다.

생성형 챗GPT가 사용자들이 제기한 명령어(질문)에 따라 정보를 다르게 제공할 수 있는 것은 정확성보다 문맥을 중심에 놓고 정보를 생성하기 때문이다. 즉 챗GPT가 사용자 인간의 실존적 경험과 상호 변환적 피드백에 의해 의미작용을 달리할 수 있는 것은 챗GPT에 사용자의 '관계적, 맥락적 생성과 재구성 능력'이 개입하고 있는 것이다. 그렇다면 이런 사용자의 재구성 능력과 AI의 데이터는 변환역학에 의해 인간 사용자의 의식적 작동과 기계의 물질적 작동을 넘어서면서도 이 둘을 관통하는 공통장으로 개체화될 수 있을까?

---

42 질베르 시몽동, 『기술적 대상들의 존재양식에 대하여』, 김재희 옮김, 그린비, 2011, 12-13쪽.

43 Gilbert Simondon, *L'individu et sa genèse physico-biologique*, Grnoble: Jérôme Millon, 1995(1964), p. 263.

생성형 AI-인간의 개체초월적·살적 공통장:
생성형 디지털 커먼즈의 상징적 기술성

오픈 소스로 배포한 생성형 AI 프로그램도 결국 사용한 만큼 데이터가 수탈되어 소수 빅테크 기업들의 데이터 자본과 그로 인한 권력의 양극화는 더욱 심화될 것이다. 네트워크 플랫폼에 접속해서 전자집단과 교류하면 할수록 고립감은 깊어지고 진정한 의미의 집단적인 것을 경험할 기회는 점점 사라지게 된다. 인간보다 신속하게 광대한 학습 데이터로 훈련하게 될 생성형 AI의 자동적 자기생성은 범용인공지능 시대를 맞아 인간의 자율적 창의성과 상충하지 않으면서 어떻게 공존할 수 있을까? 인간-기계의 앙상블 속에서 개인의 독특성이 집단의 익명성 가운데 상실되지 않는 관계 맺음을 통해 경제적 효용과 공감, 생존 노동과 기분 전환의 놀이가 조화로운 디지털 커먼즈가 될 수 있을까? 초개인화 시대에 소유와 연관된 공유의 가치 너머 정념적·감동적 공통적인 것의 가치를 추구하면서도 사용자 개인들의 개별적 정체성을 익명성에 저당 잡히지 않고 본래성을 회복시켜 공생과 공감이 가능한 디지털 커먼즈가 될 수 있는가? 이 문제는 시몽동이 메를로퐁티의 차이를 지닌 감각적 공통지대로서의 '살'[44]의 '개체초월적 발생'을 참조하고 강조했던 '전前개체적인 것'[45]과 '개체초월적 심리적·집단적 차원'의 개체화에서 그 해결 방

---

44 왜냐하면 '살 존재'가 양립할 수 없는 '보는 주체(나)-보이는 대상(너), 보이는 것-보이지 않는 것'이 상호 침투와 얽힘에 의해 '개체초월적인 심리·사회적인 것'을 생성하는 데 영감을 주었기 때문이다.

45 실체론적, 이원론적 실증주의를 비판하고 '관계의 존재론'을 주장한 시몽동에게 개체화의 원동력으로서 전개체적 존재는 "동일성, 단일성, 타자성의 질서로 환원될 수 없는 것"(시몽동, 2017, 11쪽)이다. 이 책의 소개말을 쓴 자크 가렐리Jacques Garelli는 '전개체적 존재'와 메를로퐁티의 '살 존

안을 모색해볼 수 있다.

개체화는 퍼텐셜들을 내포하는 체계, 일종의 양립불가능성을 내포하는 체
계 속에서 나타나는 부분적이고 상대적인 해결로 간주되어야 한다. 양립
불가능성은 차원들의 극단적인 항들 사이의 상호작용의 불가능성 못지않
게 긴장의 힘들로 이루어진다.[46]

시몽동에게 개체화 과정은 개체 안의 양립 불가능하고 준안정적인
긴장을 해소해서 문제를 해결하는 과정이다. 말하자면 개체는 물리적
차원의 결정화, 생명적 차원의 기능화로 해결할 수 없는 '초기능적인 것'
으로서 "내재성"[47]의 문제가 발생하면 이를 해결하기 위해 개체초월적인
심리적-집단적 차원으로 개체화하고, 이를 위해 정보통신 기술이 일정
한 역할을 할 수 있다는 것이다. 심리적-집단적 개체화란 물리적, 생명
적 차원을 넘어선 주체의 내재적인 심리적 개체화이자 외재적인 사회적
개체화를 의미한다. 사회적 개체화는 실체적 집단이 아니라 문제 해결
을 위해 개체초월적 집단적인 것에 개입하는 것이다. 즉 주체 존재로의
개체화는 인격personnalité을 실현하는 특수한 것들의 총체로서 심리적이
면서 신체적인 개체화들의 계열을 구성하는 개별화individualisation[48]를 지

재'의 기묘한 관계를 발견할 수 있다고 강조한다.

46 시몽동, 2017, 42쪽.

47 시몽동, 2017, 569쪽.

48 자연을 공통적으로 수반하기 때문에 내재적인 심리적 개체화와 사회적인 외재적 개체화의 단일한
시스템으로서 집단 개체화를 '개체초월적인 것'으로 명명할 수 있다.

칭한다. 지속적으로 개체화의 잠재적 힘인 자연의 본성을 공유하고 환경과 자신 사이의 문제를 해결하면서 개별화하는 개인은 타인들과 연결되어 집단 개체화에 참여한다. 마침내 생명체는 개별화에 의해 내적인 의미작용을 할 수 있게 된다. 그렇다면 심리적 개별화-사회적 개체화로서 개체초월적인 것이 어떻게 정보통신 기술을 매개로 생성형 AI 플랫폼에서 발생하는 핵심적인 문제들, 즉 자동생성적 응답에 의한 신빙성, 정감적 유대 관계, 성찰적·창의적 의미의 상실과 같은 문제들을 해결할 수 있을까?

그것은 개체화의 토대이자 원동력인 전前개체적인 것이 자연의 "가능적인 것le possible의 실재성"[49]을 공통으로 지닌 채 심리적인 것과 사회적인 것으로 환원될 수 없는 차이를 가지고 그 합을 넘어서는 개체초월적인 총체적 차원에서 가능하다. 왜냐하면 개체는 심리적-집단적 개체화인 정념적-감동적인 변환적 통일성 속에서 안정적으로 하나가 될 수 있기 때문이다. 심리적 개체와 집단적 개체 각각을 넘어선 개체초월적인 것이 자연의 전개체적인 것, 즉 생명적 개체에 갇히지 않은 정념적인 감동을 수반한다는 점에서 시몽동의 심리적-집단적 개체화는 '자연과 대립하는 인간주의가 아닌 자연에 근거한 인간주의'[50]의 특징을 지닌다. 개체로서의 인간이란 '심리적인 동시에 사회적인 개체(존재)'로서 생명적 개체가 해결할 수 없는 감각, 지각, 상상, 추론의 문제 해결을 요구하는 '통합으로서의 정신적 개체화'를 의미한다. 정신적 개체화는 지각과 정

49 시몽동, 2017, 11쪽.

50 황수영, 「시몽동의 철학에서 개체초월성의 두 의미」, 『철학』 135집, 2018, 70-71쪽 참고.

념의 두 축에서 일어난다. 지각에 의한 행동의 실천은 외적 우주를 종합해서 생명적 차원의 문제를 해결하는 장치이다. 정념은 생명적 차원의 쾌, 불쾌를 감동의 내적 차원으로 통합하는 정신적 작용이다.

집단의 의미작용 속에서 개체의 행동과 감정émotion은 상보적이고 양립 가능한 것으로 개체화되어 주체가 비로소 자기 자신과 일치할 수 있으므로 정신적 개체화는 집단적 개체화와 동시에 일어난다. 그 결과 생명적 개체는 자신의 중심에서 벗어나는 넘어섬으로써 다른 존재자들과 집단적인 것에 참여할 수 있다. 주체의 핵심을 이루는 것은 '정념성 affectivité'과 '감동성émotivité'이고, 여기서 감정은 상호개체성과 개체초월성을 구분하는 기준이다. 즉 "감정은 개체화된 존재자가 더 넓은 개체화에 참여하기 위해 잠정적으로 개체성을 상실하는 능력"이다.[51] 탈개체화의 능력을 지닌 감정은 메를로퐁티가 상호 침투와 얽힘으로 강조한 살과 같은 결합조직을 생성하고 불일치하는 정념들을 구조화하면서 개체들 사이 소통의 기반이 된다. 따라서 개체초월적인 것은 개체를 넘어서 다른 개체들을 관통하는 퍼텐셜을 통해 단순히 개체들의 집합이 아니라 개체들의 상호 침투에 의한 "포개짐"[52]을 의미한다. 개체들을 관통하는 전개체적인 퍼텐셜이 개체에 내재적이라는 점에서 개체는 '경향들, 본능들, 신념들, 신체적 태도들, 의미작용들, 표현들'을 공유할 수 있게 된다. 심리적-사회적인 것의 개체화로서 집단적인 것은 감정에 의해 생명적 차원의 쾌, 불쾌를 넘어선 정념·감동성으로 의미화할 수 있는 '정신현상

---

51 시몽동, 2017, 315쪽.

52 시몽동, 2017, 561쪽.

의 변환적 형태'이다.

따라서 정신의 변환적 통일성으로 개체화된 집단적인 것은 기술 매체를 통해 준안정적métastable · 전개체적인 것을 바탕으로 역사에서 문화적인 것을 분절해내는 상징적 의미작용이 가능하다.[53] 여기서 자기생성 체계의 사회 문화적 특성은 개인의 창의성에 필수적인 구조적 가소성으로서 "구성 요소들의 개별성과 자율성이 제한되는 방식"[54]에서 구체화될 수 있다. 그렇다면 자기생성적으로 데이터를 편집, 종합하는 생성형 AI와 정념적 · 감동적으로 의미작용하는 사용자도 개체초월적인 집단적인 것으로의 개체화가 가능하다. 말하자면 생성형 AI가 자동생성으로 제공한 준안정적인 답변에 사용자의 고유한 경험으로 의미화하는 상호작용을 통해 개체초월적인 것으로 구조화할 수 있다. 요컨대 정보통신 기술을 매개로 생성형 AI와 인간의 상호작용은 탈개체화하는 감정과 사회적인 것의 내재적이면서 외재적인 상호작용에 의해 변환된 개체초월적인 것으로서 전자적 장이 될 수 있다. 미규정적이고 준안정적인 전개체적인 것이 관통하는 이 전자적 장은 상호작용적 관계 맺음이 가능하면서도 집단적인 공통장이 될 수 있다. 그 결과 자연-인간-기술, 개인-사회적인 것의 개체화는 외재적으로 공존하는 것이 아니라 메를로퐁티의 '살'

---

53 Xavier Guchet, "Merleau-Ponty, Simondon et le problème d'une 'axiomatique des sciences humaines' : L'exemple de l'histoire et de la sociologie", *Merleau-Ponty, non-philosophie et philosophie*, Chiasmi international, nouvelle série 3, Paris: Vrin, 2001, p 121. 메를로퐁티가 '사회적 살'로 간주한 수직적 역사로부터의 문화적인 분절 작용을 상징적 기능이라고 본 것과 시몽동이 '준안정적인 것의 점진적 구조화가 사회적인 작용으로 이행하는 것'을 상징적 기능이라고 본 것에서 그 유사함을 발견할 수 있다.

54 마뚜라나 · 바렐라, 2023, 42쪽.

처럼 서로 침투하고 얽히는 상호 내속적인 존재의 생성이 될 수 있다.

상호 얽힘에 의한 개체초월적인 정념감동적 관계는 단순히 정서적으로만 얽혀 있는 것이 아니다. 그것은 마치 메를로퐁티의 살이 '간극écart'[55]에 의한 감각적 거리를 통해 원심적이고 구심적인 운동 속에서 나와 차이를 내면서도 타자와 얽혀 있는 차원과 유사하다. 그 차원은 생명적 차원의 쾌와 불쾌의 감정을 지니면서도 타자와의 관계 맺음이 가능한 공백을 지녀 칸트Immanuel Kant가 미적 감정으로 간주했던 '공통감sensus communis'[56]의 토대가 될 수 있기 때문이다. 칸트는 인식능력의 종류와 한계를 명확히 하는 비판철학 중에서 판단력의 비판을 통해 특수한 예술 작품은 보편적인 범주에 근거해 논리적으로 규정할 수 없어서 쾌와 불쾌라는 주관적인 감정에 의해 판단된다고 주장한다. 그런데 주관적인 미적 감정의 보편성은 상상력과 오성이 개념 없고 목적 없는 합목적성으로 유희하는 '사심 없는 공통감'에 의해 가능한 것으로 밝혀졌다.

사사로운 의욕, 유용성과 일정한 거리를 둔 공통감이 왜 디지털 커먼즈에 필요한 감정인지는 현상학적 미학자 미켈 뒤프렌Mikel Dufrenne이 『미적 체험의 현상학』에서 강조한 '감정의 공감적 인식능력'에서 찾아볼 수 있다. 감정은 대상을 "주체의 존재 방식이 아니라, 대상의 존재 방식에 상응하는 주체의 존재 방식"[57]으로 받아들임으로써 표상 작용을 거

---

55 "그러므로 간격[간극] 역시—간격이 없으면 사물의 경험이나 과거의 경험은 영(0)으로 떨어진다. […] 간격[간극]은 사물의 정의에, 과거의 정의에 포함되어야만 한다." 메를로퐁티, 2004, 179쪽. 여기서 간극은 사유가 자신을 투사해서 표상하기 위한 것이 아니라 대상이 자신을 내보일 준비가 된 거리로서 대상의 근접 기술을 가능하게 해주면서 나와 타인의 '공통의 환경'을 재발견하게 해준다.

56 임마누엘 칸트, 『판단력비판』, 이석윤 옮김, 박영사, 2017, 65·84쪽.

치지 않고도 대상의 '보이지 않는 의미'에 다가갈 수 있다는 점에서 사사로운 정서와 달리 '인식능력'을 지닌다. 이렇게 주체의 관점을 넘어 대상을 해석하는 감정의 공감 능력에 기초해 사용자는 SNS에서 생성된 정보에 과몰입하지 않고 일정한 거리를 유지할 수 있다. 그리고 사적 만족감에 치우친 편향된 정보와 이데올로기에 매몰되지 않고 타자의 관점에서 배려할 수 있게 된다.

현상학적 기술철학자 베르나르 스티글러Bernard Stiegler 또한 새로운 사회조직을 위해 매체의 독성으로 언급했던 '정신의 빈곤화'에서 벗어나려면 알고리즘 자동장치와 단절하는 "기술-논리적 에포케epoche"[58]를 통해 표준화·사회화된 자동장치에서 벗어나 '비사회적 자동장치'를 수립해야 한다고 강조한다. 여기서 에포케는 과몰입으로부터 단절함으로써 '앎'이라는 '주의'로 정신적 가치를 회복하는 것을 의미한다. 요컨대 수치적 알고리즘으로 환원될 수 없는 역사문화적 지평에 뿌리내린 정념적 독특성과 탈개체화된 감정의 상호작용이 생성한 집단적인 것은 적절한 정념적 거리로서 간극을 지닌 공감을 통해 해석되어야 한다. 이때 감정은 몸의 감각적 현전에 근거하되 공감적 반성으로 상호작용하기 때문에 생성형 AI 기반의 전자적 장도 평균적·편향적 커먼즈에서 벗어나 창의적이면서 성찰적인 기능을 회복한 디지털 커먼즈를 구축할 수 있게 해준다.

---

57 Mikel Dufrenne, *Phénoménologie de l'expérience esthétique*, Paris: PUF, 3e édition, 1992(1ère édition, 1953), p. 496.

58 베르나르 스티글러, 『자동화 사회 1: 알고리즘 인문학과 노동의 미래』, 김지현·박성우·조형준 옮김, 새물결, 2019, 90쪽.

디지털 커먼즈는 단순히 종합된 정보만을 제공하는 생성형 AI 시스템이 아니라 인간의 잠재력을 새로운 사회적 집단의 구조로 현실화할 수 있는 공통장이 되어야 한다. 시몽동은 한 인터뷰에서 기술이 수직적인 위계 관계를 벗어나 '수평적, 시각적, 촉각적인 소통의 꿈'이 되도록 기술 교육은 기술의 도구적 사용법을 넘어 인간들 사이의 상호 관계 맺음의 상징적 의미를 전파하고, '기술적 대상은 부의 상징이 아닌 친구'[59]로 있어야만 한다고 주장한다. 기술은 구체적인 대상, 장소들과 친밀한 관계를 구축할 수 있는 문화와의 관계 맺음을 통해 기술의 자본화, 권력화를 최소화하는 정치적 역할을 수행할 수 있다. 이것이 바로 생성형 AI의 기술성이 인간과 함께 디지털 커먼즈를 위해 지향해야 할 상징적 의미이다.

생성형 AI의 디지털 환경과 사용자가 일정한 거리를 두고 협력적이면서 공감직인 상호작용으로 디지딜 커먼즈를 구축해가야 한다. 그렇게 할 때 우리는 타인들과 함께 자신의 정체성을 완성해나가는 동시에 지리적이면서도 역사적인 맥락과의 연결을 다시 정교화함으로써 빅테크 기업과 서구 중심의 디지털 커먼즈 구상에서도 해방될 수 있지 않을까?

---

59 이 인터뷰는 시몽동의 『기술에 관하여』에 다시 실렸다. Gilbert Simondon, *Sur la technique*, Paris: PUF, 2004, p. 403 참조.

참고문헌

김영욱 외, 『생성형 AI 사피엔스』, 생능북스, 2023.

김용성, 『챗GPT 충격, 생성형 AI와 교육의 미래』, 프리렉, 2023.

드레이퍼스, 휴버트, 『인터넷의 철학』, 최일만 옮김, 필로소픽, 2015.

마뚜라나, 움베르또·바렐라, 프란시스코, 『앎의 나무: 인간 인지능력의 생물학적 뿌리』, 최호영 옮김, 갈무리, 2007.

_____, 『자기생성과 인지: 살아있음의 실현』, 정현주 옮김, 2023.

메를로퐁티, 모리스, 『행동의 구조』, 김웅권 옮김, 동문선. 2008,

_____, 『지각의 현상학』, 류의근 옮김, 문학과지성사, 2002.

_____, 『보이는 것과 보이지 않는 것』, 남수인·최의영 옮김, 동문선, 2004.

스티글러, 베르나르, 『자동화 사회 1: 알고리즘 인문학과 노동의 미래』, 김지현·박성우·조형준 옮김, 새물결, 2019.

시몽동, 질베르, 『형태와 정보 개념에 비추어 본 개체화』, 황수영 옮김, 그린비, 2017.

_____, 『기술적 대상들의 존재양식에 대하여』, 김재희 옮김, 그린비, 2011.

이광석, 『피지털 커먼즈: 플랫폼 인클로저에 맞서는 기술생태 공통장』, 갈무리, 2021.

이종관 외, 『디지털 전환과 가야 할 미래』, 성균관대학교출판부, 2023.

「2024년부터 '인공지능'이라는 말이 사라지기 시작할 것」, 『AI타임스』 2023. 12. 17, https://www.aitimes.com/news/articleView.html?idxno=155901.

칸트, 임마누엘, 『판단력비판』, 이석윤 옮김, 박영사, 2017.

황수영, 「시몽동의 철학에서 개체초월성의 두 의미」, 『철학』 135집, 2018, 47-73쪽.

Benoît, Turquety, *Politiques de la technicité: Corps, monde et médias avec Gilbert Simondon*, Paris: Éditions Mimésis, 2022.

Casarino, Cesare · Negri, Antonio, *In Praise of the Common: A Conversation on Philosophy and Politics*, Minneapolis: Univ. of Minnesota Press, 2008.

Dalmasso, Anna Caterina, *Le corps, c'est l'écran: La philosophie du visuel de Merleau-Ponty*, Paris: Éditions Mimesis, 2018.

Dufrenne, Mikel, *Phénoménologie de l'expérience esthétique*, Paris : PUF, 3e édition, 1992(1ère édition, 1953).

Giomi, Andrea, "Virtual embodiment: An Understanding of The influences of Merleau-Ponty's Philosophy of technology on performance and digital media", *Chiasmi International*, N 22, Paris: Vrin(Mimesis International), 2020.

Hansen, Mark B. N., *New Philosophy for New Media*, The MIT Press, 2004.

_____, *Bodies in Code: Interfaces with Digital Media*, New York: Routledge, 2006,

Merleau-Ponty, Maurice, *Signes*, Paris: Gallimard. 1960.

_____, *L'OEil et l'esprit*, Paris: Gallimard, 1964.

Simondon, Gilbert, *L'individu et sa genèse physico-biologique*, Grnoble: Jérôme Millon, 1995(1964).

_____, *Sur la technique*, Paris: PUF, 2004.

3장
디지털 커먼즈 시대의 법적 쟁점의 향방

문종만

재산과 커먼즈

사람들은 흔히 '재산'을 별다른 설명이 필요 없는 아주 명료한 개념으로 이해한다. 즉 토지, 아파트, 자동차, 스마트폰 같은 물리적 사물에 대해서 배타적 소유권과 통제권을 행사할 수 있는 사적 권리로 생각한다. 18세기 영국의 유명한 법학자 윌리엄 블랙스톤William Blackstone은 재산권을 "한 사람이 우주에 존재하는 다른 모든 사람들의 권리를 완전히 배제한 채, 세상의 외적 사물에 대해 단독으로, 독단적으로 주장하고 행사하는 소유권"[1]으로 정의한다. 재산권과 관련해 가장 많이 인용되는 블랙스톤의 정의는 재산이 사적 개인에게 오롯이 그리고 절대적으로 귀

---

1   William Blackstone, *Commentaries on the Laws of England II*, London: Oxford university press, 2016, p 1.

속된다는 사실에 방점을 찍고 있다.

그러나 조금만 깊이 생각해보면 재산이 사회적, 생태적 영향에서 자유로운 절대적인 것이라는 생각은 현대인의 삶이 만들어낸 허구적 환상일 뿐임을 쉽게 알 수 있다. 예를 들어 토지를 생각해보자. 토지는 어떤 개인이 배타적 소유권과 통제권을 주장하는 사물 이전에 살아 숨 쉬는 자연의 일부다. 따라서 토지의 상품 가치는 그 주변을 둘러싼 환경의 특성에 크게 좌우될 수밖에 없다. 만약 당신이 전원주택 구매자라면, 뒤편에 야트막한 산이 있고 옆으로는 실개천이 흐르는 주택과 근처에 제법 큰 규모의 공장들이 들어서 있고 저 멀리 군부대가 보이는 주택 중 어느 곳을 선택하겠는가?

어떻게 보면 너무나 당연한 이러한 상식에 대한 역설을 현대의 정치경제적 기원을 밝힌 사상가 칼 폴라니Karl Polanyi는 '허구적 상품'이라는 개념을 통해 설명했다. 허구적 상품이란 원래 상품이 아니거나 상품으로 취급돼서는 안 되는 것이 상품이 된 것을 의미한다. 폴라니에 따르면 토지, 노동, 화폐는 결코 상품일 수 없다. 매매되는 것은 모두 판매를 위해 생산된 것이라는 시장경제의 경험적 원리는 이 세 가지와 관련해서는 적용될 수 없기 때문이다. 노동과 토지는 각각 인간 활동과 자연의 다른 이름일 뿐이고, 현실에서 유통되는 화폐란 은행들과 국가 금융 메커니즘 안에서 계산화폐로 표시된 구매력의 상징일 뿐이다.[2] 따라서 허구적 상품으로서의 토지, 노동, 화폐라는 이름이 붙여지고 그 이름값이 유지되는 한, 이 용어들 속에는 이미 아주 특징적인 사회의 조직 원리가

---

2 칼 폴라니, 『거대한 전환』 홍기빈 옮김, 도서출판 길, 2009, 243쪽.

포함돼 있는 것이다.

이러한 상품 허구는 19세기 유럽에서 본격화됐는데, 이는 토지, 노동, 화폐가 시장 거래의 대상이 돼 가격이 매겨지고 시장 가격의 변동에 따라 사회적으로 배분되고 조직되는 대상으로 전환됐다는 것을 의미했다. 그 결과 현대인에게는 너무나 익숙한 토지 시장, 노동 시장, 화폐 시장이 사회적으로 탄생했고, 상품 허구의 궤도 위에서 사회는 상품 가격의 변동에 따라 자기조정되는 시장 사회로 탈바꿈됐다. 문제는 자기조정 시장 체제의 비약적인 확장이 불가피하게 자연의 황폐화, 인간성 말살, 사회의 분열 및 혼란 같은 거대하고 영구적인 악을 양산한다는 점이다. 이에 따라 시장 체제의 전면적인 공격에 대한 반대급부로 토지와 노동에 대한 시장의 공격에 저항하는 사회의 자기보호 운동이 일어났다. 우리에게 익숙한 노동운동, 환경보호운동, 인권운동, 여성운동 등이 모두 사회의 자기보호 운동의 대표적인 사례이다. 폴라니의 눈에 비친 20세기는 시장 체제의 확산과 이에 저항하는 사회의 자기보호 운동이라는 이중운동으로 점철돼 있었다.[3]

그리고 자본주의 시장 체제의 확산에서 우리가 간과해서는 안 되는 것이 법의 중요성이다. 법의 중요성을 강조하는 이유는 새로운 법질서가 세계관을 사회적 행동으로 전화시키기 때문이다. 따라서 시장 체제의 확산이 이전까지 상품이 아니었던 것을 상품화하는 과정이라면 이는 이전까지 공동체의 공유 자원이었던 것을 상품화·사유화하는 과정과 다르지 않으며, 이는 법의 뒷받침이 없다면 불가능하다. 잘 알려져

---

3 폴라니, 2009, 377-380쪽.

있듯이, 시장 체제의 확산에서 중요한 법적 근거를 제공한 것은 1804년 나폴레옹 1세가 제정한 프랑스 민법Code civil des Français, 즉 나폴레옹 법전Code Napoléon이었다. 나폴레옹 법전은 사물에 대한 배타적 재산권, 계약의 자유 등을 명문화함으로써 자본주의적 시장 체제 발전에 필수적인 법적 정당성의 초석을 다졌다. 포괄적인 의미에서 공동체의 공유 자원을 뜻하는 '커먼즈commons'가 '재산property'의 반대 개념이라는 사실을 고려할 때,[4] 나폴레옹 법전은 커먼즈가 절대적 재산권에 기초한 시장 체제로 쓸려 들어가는 물꼬를 튼 셈이다.

이와 같이 법질서는 사회경제 체제의 변동을 추동하고 유지하는 밑돌이다. 이 글은 '커먼즈 대 재산'이라는 프리즘을 통해서 과학적 패러다임의 전환과 맞물려 있는 서양 법체계의 진화 과정을 다소 거시적인 안목에서 살펴볼 것이다. 역사적으로 근대의 기계적 세계관에서 유기체적, 생태적 세계관으로의 전환이라는 과학적 패러다임의 전환은 법체계의 진화 과정, 즉 기계적 법질서에서 유기체적, 생태적 법질서로의 전환과 정확히 조응한다. 그렇다면 새롭게 등장한 디지털 시대에 필요한 새로운 법질서의 조건은 무엇이며, 어떻게 새로운 질서를 구축할 것인가? 이 글은 그 방향성을 탐색해보려 한다.

---

4 프리초프 카프라·우고 마테이, 『최후의 전환』, 박태현·김영준 옮김, 경희대학교출판문화원, 2019, 200쪽.

법체계의 진화와 커먼즈의 사유화

법체계의 진화 원리

일반적으로 과학과 법은 이론 측면과 응용 측면을 함께 갖는다. 이론과학과 응용과학이 나누어지듯이, 법 이론(법)과 법 실무(법률)도 구분된다. 법과 관련하여 서로 다른 이 두 가지 현상을 서술하는 데 영어에서는 로law라는 단일 개념을 사용한다. 이와 달리 다른 언어에서는 서로 다른 두 개념을 사용한다. 로마인들은 유스jus(법)와 렉스lex(법률)를 구분했고, 프랑스인들은 드루아droit와 루아loi를, 독일인들은 레히트Recht와 게제츠Gesetz를 구분해 사용한다.[5] 물론 실제 언어 사용에서 두 개념은 아주 명확한 기준에 따라 분별돼 쓰이기보다는 혼재돼 쓰이기 일쑤다. 더욱이 대중은 법을 사실관계를 정확히 따지고 법 집행 기관의 의지가 반영된 구체적인 규칙의 총합, 즉 법률로 이해하는 경향이 농후하다. 그러나 법률가들의 관점에서 법과 법률은 어느 정도 명확한 경계가 있는 것으로 인식된다. 우선 법의 주제는 '정당한 법', 곧 '정의'다. 따라서 법은 항상 무엇이 정당한 법인가, 우리는 어떻게 정당한 법을 인식하고 실현할 수 있는가 같은 근본 물음에 천착한다.[6] 이런 이유에서 법은 철학적 사유와 무관하게 존재할 수 없으며, 엄밀한 의미에서 '법이란 무엇인가'라는 질문에 하나의 정답을 제시하는 것은 불가능하다. 그렇다고 법이 철학적 관념의 세계 속에만 존재하는 것은 아니다. 당연히 실제 경험에

---

5   카프라·마테이, 2019, 46쪽.
6   아르투어 카우프만, 『법철학』, 김영환 옮김, 나남, 2007, 52쪽.

근거해야 하는 법은 법률의 평가 기준이 되는 합리적 정의와 적절한 법 효력의 관념을 제공해야 한다. 이와 달리 법률의 특성은 가치중립적이다. 법률은 법을 제정하고 이를 공식적으로 집행함으로써 법적 구속력을 갖도록 만드는 제도적 과정이자 힘이다. 여기서 무엇보다 중요한 것은 법적 절차의 합리성과 체계성이다.

역사적인 과정에서 공동체와 사회의 형성을 단선적, 단계적 발전으로 보는 관점을 거부했던 막스 베버Max Weber는 주요한 공동체 형식들과 이를 성립시킨 다양한 개별 요인들을 균형 있게 다룬다. 그는 씨족, 부족 같은 사회의 생물학적 구성 요소, 종교적인 힘, 계급, 신분 같은 목적합리성에 기초한 이익집단의 결합 형식들의 관계 속에서 권력 지배의 행사와 수용이라는 정치와 최종적으로 이 모든 형식을 포괄하는 법질서의 형성을 강조한다.[7] 이렇듯 복잡한 사회에서 법과 법률은 공동으로 포괄적인 법체계를 구성한다. 그리고 법과 법률 사이의 긴장과 동요는 법체계의 진화를 추동하는 근본 요인으로 이해될 수 있다. 현실의 수많은 법률관계에서 필요한 정합적인 원리와 규칙을 추출하는 개념 틀인 법은 다양한 직종의 전문적인 법률가들의 활동에 의해서 계속 변형된다. 또한 법률가들의 다양한 활동은 법의 틀을 변화하는 정치적, 사회문화적 조건에 지속적으로 적응시켜나간다. 이러한 역동적인 상호작용 속에서 법체계는 다른 사회문화적 변동과 궤를 같이하며 공진화한다.

---

7 막스 베버, 『경제와 사회』, 박성환 옮김, 나남, 2009, 100-101쪽.

고전적 자연법과 법적 커먼즈

사적 재산권과 국가 주권이라는 두 기둥에 기초한 서구의 근대적 법체계가 확립되기까지는 오랜 기간이 소요됐다. 종교, 철학, 법, 과학이 서로 명확히 분리되지 않았기 때문에 이러한 이행의 경로는 역사적으로 복잡다단했다. 서구 정치와 법사상의 전통에서 자신이 소유한 재산을 완전하고 배타적으로 향유하고 처분할 수 있는 권리와 개인적 자유라는 두 개념은 18세기에서 19세기 사이에 유럽 대륙에서 매우 구체적인 패러다임을 형성했다.

프랑스의 민법과 영국의 보통법 전통은 봉건 질서와 폭력적으로 단절한 프랑스혁명을 겪은 프랑스와 그렇지 않았던 영국에서 상이한 접근 방식에 기초했음에도 재산권의 배제성 원리를 공유했다. 이 전통에서 재산법은 개인과 그에게 속하는 것들 사이의 관계를 규율했다. 주체와 객체는 엄격하게 분리되고 전자는 그 성질에 관계없이 후자를 지배했다. 보통법에서도 통상 재산법은 관계적 접근에 따라 권력(권리)과 예속(의무)의 관계로 연결된 개인 간의 관계로 규정했다. 서구 법 전통의 두 제도에서 재산법은 부의 배분에 대한 안정성을 확보하기 위한 목적에 적합한 규칙의 집합이었다. 두 제도에서 사유재산의 법적 구조는 소유자의 손에 특정한 것에 대한 의사결정권의 집중과 제3자에 의한 원치 않는 침입의 배제였다.

고대 그리스의 사유는 법사상보다는 정치사상에 훨씬 더 많이 기여했다. 아리스토텔레스는 법의 일반적인 구분과 함께 최초로 사유재산제를 인정한 것으로 유명하다. 그는 스승 플라톤이 신봉했던 공유재산제를 비판하고 사유재산제를 옹호했다.[8] 플라톤이 부의 엄격한 제한을 강조한 반면에 아리스토텔레스는 행복이라는 궁극적 목적을 위해서는 필수품의 사적 소유가 필요하며 이는 지극히 자연스러운 일이라고 말한다. "무엇인가를 자기 것으로 간주할 수 있다는 것은 엄청난 쾌감을 안겨준다. 각자가 자기 자신을 사랑하는 것은 공연한 짓이 아니라 자연스러운 것이기 때문이다."[9] 이런 관점에서 아리스토텔레스는 사유재산제가 공유재산제보다 공동체 전체의 화합, 정의, 효율, 미덕의 차원에서 더 우월하다고 강조한다.

따라서 서양 법체계의 시원은 고대 그리스가 아니라 분쟁 해결을 위해 전문화된 법률이 탄생한 고대 로마에서 찾아야 할 것이다. 역사적으로 로마인은 과학이나 기술의 발전에 별다른 공헌을 하지 못했다. 로마의 토목 기술은 바빌로니아, 그리스, 이집트에서도 흔적을 찾아볼 수 있다는 점에서 독창적이지 않으며, 초기 화학과 야금술의 발전에도 로마인은 이렇다 할 기여를 하지 못했다. 또한 수학, 천문학, 관측 도구의 제작에서도 두각을 나타내지 못했다. 로마인의 천재성이 발휘된 분야는 행정과 법이었다. 잘 알려져 있듯이, 로마인이 건설했던 제국은 여러 속국의 다양한 종교와 철학에 관대했다. 로마의 군사력이 제국 건설을 가능하게 했다면 제국을 아우르는 문화적 공통분모는 법이었다.

자연법의 근본 토대를 마련한 인물은 로마의 스토아철학자 마르쿠스 툴리우스 키케로Marcus Tullius Cicero다. 스토아철학에서 로고스logos, 즉 이성 법칙은 곧 존재법칙이다. 따라서 오직 이성적 존재인 인간만이

---

8   아리스토텔레스, 『정치학』, 천병희 옮김, 도서출판 숲, 2009, 74-79쪽.

9   아리스토텔레스, 2009, 76쪽.

신의 법칙성을 인식할 수 있고, 인간에게 자연스러운 삶은 이성적 삶이다. 스토아철학의 자장에서 키케로는 법을 "자연본성自然本性의 위력이고, 현명한 인간의 지성知性이자 이성理性이며, 정의와 불의의 척도"[10]라고 정의한다. 법이 자연적이라는 것은 법이 이성에 부합한다는 것을 의미한다. 따라서 로마인들의 사고에서 이성에 부합하지 않은 것은 법으로서 효력을 상실한 악에 불과했다. 이런 사유를 통해 키케로는 모든 자연법에 통용되는 세 가지 원리, 즉 자연법의 보편성과 불변성, 최고의 법으로서의 자연법의 위상, 이성을 통한 인식 가능성을 확립했다.[11]

분권화된 주체들 사이에서 분쟁을 해소하고 평화를 유지하는 것이 중요한 문제였던 로마 사회는 사유재산제를 인정했으며, 유스티니아누스 황제가 편찬한 로마법 대전Codex Iuris Civilis은 근대 재산권의 근거가 되는 세 가지 원칙, 즉 절대주의, 자율성, 영속성을 터 잡았다.[12] 이후 중세에 이 법전은 다양한 주석과 연구를 통해 체계화됐고 유럽 대륙의 보통법으로 기능하며 변형됐다. 그뿐만 아니라 로마인들은 사유재산이 아닌 것을 법적으로 구분하여 상세히 정의하고 이를 집행하는 전문화된 법체계도 공식적으로 완성했다. 사유재산이 아닌 것에는 세 가지 유형이 있었는데 ①누구에게도 속하지 않는 '무주물res nullius' ②커먼즈에 해당하는, 모두에게 속하는 '공동물res communis omnium' ③도시에 속하는 '공공물res publicae'이었다.[13] 이러한 법체계를 통해 로마인들은 분쟁 해

---

10 마르쿠스 툴리우스 키케로, 『법률론』, 성염 옮김, 한길사, 2007, 71쪽.

11 레이먼드 웍스, 『법철학』, 박석훈 옮김, 교유서가, 2021, 15-16쪽.

12 Ugo Mattei · Alessandra Quarta, *The Turning Point in Private Law: Ecology, Technology, and the Commons*, Massachusetts: Edward Elgar Publishing, 2019, p. 14.

소와 공존이라는 두 마리 토끼를 잡으려고 했다.

그러나 로마 법체계의 확립은 자연스럽게 거의 모든 지역에서 사람들의 일상을 지배했던 관습 규범과 충돌을 일으켰다. 로마의 황제와 귀족들은 공동 소유의 자원을 사유화함으로써 폭력적 방식으로 지배 영역을 확장했고 이에 법학자들은 사유화를 정당화하기 위해서 공동 소유의 자원에 '무주물無主物'이라는 이름을 붙였다. 이로써 사람들이 커먼즈에 접근하는 것이 일방적으로 차단되었고, 갑자기 모두에게 속했던 것이 사실상 누구에게도 속하지 않는 것이 됐다.[14] '무주물'이라는 논리가 사적 이익을 위해 커먼즈를 아무런 제재 없이 강탈하는 절도 행위를 정당화했던 것이다.

기계적 법질서의 확립

중세와 르네상스 시기를 거쳐 17세기에 이르면 신에 의해 정당화되는 자연법이 인간 이성에 의해 정당화되는 자연법으로 변형되는 중요한 전환이 이루어진다.[15] 이러한 자연법의 변형은 니콜라우스 코페르니쿠스Nicolaus Copernicus의 지동설에서 시작돼 르네 데카르트René Descartes

---

13 카프라·마테이, 2019, 81쪽.

14 카프라·마테이, 2019, 86쪽.

15 자연법은 자연을 어떻게 이해하는가에 따라 역사적으로 차이를 보이며 변동해왔다. 고대에는 자연주의적 세계관에 기초한 자연주의 자연법이, 중세에는 신학적 세계관에 기초한 신학적 자연법이, 근대에 들어서는 기계적 세계관에 기초한 이성적 자연법이 제기됐다. 자연이 우주만물을 주재하는 신을 넘어서 인간을 중심으로 이해되기 시작한 것은 근대에 와서야 이루어졌다. 이 이성적 자연법에서는 동물과 구별되는 인간만의 본질적 특성인 이성을 강조한다. 그리고 현대에는 존재론적 세계관에 기초한 존재론 자연법이 운위되고 있다. 조천수, 「자연법과 사물의 본성」, 『저스티스』 제77호, 2004, 157-175쪽.

를 거쳐 아이작 뉴턴Isaac Newton에 와서 완성된 근대 과학혁명과 궤를 같이하며 진행됐다. 이제 세계는 중세의 신 중심 세계관에서 근대의 기계적 세계관으로 빠르게 재편됐으며 기계적 법질서의 확립이 그 뒤를 따랐다. 서로 분리된 물체들 사이의 관계를 지배하는 고전역학의 법칙은 서로 분리된 개별 인간들 사이의 관계를 지배하는 사회 원자론적 관점에 상응했고, 새롭게 등장한 기계의 통제권을 공동체가 가질 것인지 아니면 개인들에게 줄 것인지에 대한 날카로운 논쟁은 결국 나폴레옹의 민법을 통해 자본가들의 소유권을 인정하는 것으로 일단락됐다.

　새로운 기계적 세계관에 기초한 근대성 개념이 등장하면서 과학과 법은 하나로 융합됐다. 인간은 동물을 비롯한 다른 모든 창조물과 대비되며 자연이라는 생태적 연결망에서 해방된 존재가 됐다. 다른 모든 창조물은 자연 상태에서 붙박여 살아갔지만 인간은 더는 같은 범주에 속하지 않는 좀 더 우월한 종으로 인식되기 시작했다. 이런 인간의 우월의식은 정치, 종교, 도덕, 법의 영역을 포괄하는 문화의 분야들에 공고히 자리매김했다. 이처럼 과학과 법이 융합한 결과 인간은 물리과학이라는 창백한 눈으로 자연을 분석적으로 이해하는 데 이르렀고 테크놀로지를 활용해 자연을 변형시킬 수 있었다. 또한 사적 재산권과 주권이라는 두 가지 기둥 위에서 법체계는 자연을 착취하거나 계량할 수 있는 상품, 즉 물리적 객체로 다룰 수 있게 됐다. 기계적 세계관에 조응하는 기계적 법질서의 확립은 사회의 다양한 영역에서 국가권력과 결탁해 폭력적 방식으로 커먼즈를 제약하거나 대규모로 사유화하는 결과를 초래했다.

　법의 영역에서 이러한 결정적 변화를 추동한 대표적인 인물은 국제법의 창시자이기도 한 후고 그로티우스Hugo Grotius였다. 데카르트의 이성주의에 영향을 받은 그로티우스는 신을 정점으로 전체론과 통합에 기초했던 고대와 중세의 자연법을 이성에 따라 규율되는 개별 주권[16] 사이의 관계 체계라는 자연법으로 변형시켰다. 그로티우스의 눈에 비친 실재는 한정된 개별 구성 요소, 즉 국가의 보호 아래 개별 권리를 가진 소유자의 총합이었다. 물론 그로티우스는 여전히 신을 법의 원천이자 최우선적 권위로 인정했다. "신이 자신의 의지라고 밝힌 바가 곧 법이다."[17] 그럼에도 불구하고 그는 올바른 이성에서 추론된 자연법으로 무게중심을 옮겨 놓은 최초의 법학자였으며 이때부터 최소한 이성의 입법과 신의 입법은 동등한 것으로 간주됐다. 그로티우스는 『전쟁과 평화의 법』에서 다음과 같이 언급한다.

> 자연법은 매우 확고 불변하여 신조차도 그를 바꿀 수는 없다. 왜냐하면, 비록 신의 힘이 거대하긴 하지만, 그 힘이 미치지 못하는 것도 있다고 말할 수 있기 때문이다. 그리하여 신도 2 곱하기 2가 4가 되지 못하게 한다거나, 마찬가지로 신이라 할지라도 본질적으로 악한 것을 악하지 않은 것으로 만들 수는 없는 것이다.[18]

그로티우스의 근대적 자연법사상과 더불어 인간의 자연적 자유를 중심으로 자유와 평등을 설파했던 독일의 법학자 자무엘 푸펜도르프 Samuel Pufendorf 그리고 프랑스 법학자 장 도마Jean Domat의 영향으로 17

---

16 개별 주권은 물리적 또는 도덕적 개인들과 함께 국가나 기업 등을 가리키는 법률 용어다.

17 홍기원, 『자연법, 이성 그리고 권리: 후고 그로티우스의 법철학』 터닝포인트, 2022, 16쪽.

18 홍기원, 2022, 34쪽.

100

세기 후반 불과 한 세대 만에 유럽 전체에서 자연법은 이성주의와 동일시됐다. 18세기는 모든 인간 문제에 대한 이성적 접근이 만개했다. 그래선지 이 세기를 흔히 '계몽의 시대' 혹은 '이성의 시대'라고 부른다. 이러한 결정적 변화를 추동한 인물 가운데 정치사상뿐만 아니라 법사상에 지대한 영향을 미친 인물은 존 로크John Locke다. 로크는 새롭게 부상한 상업 계층이 힘을 얻어 상업의 발전과 시민 활동에서 더 큰 자유를 누리기를 원했다. 이를 통해 영주와 귀족의 권력 남용을 불법화하고 각 개인이 자신의 소유물에 통제권을 행사할 수 있는 정당한 권리를 주장했다. 이런 그의 사상의 출발점은 인간의 자연적 자유였다.

> 인간의 자연적 자유란 지상의 우월한 권력으로부터 자유로운 것으로서 타인의 의지나 입법적 권위에 종속되지 않고 오로지 자연법만을 자신의 준칙으로 삼는 것이다. 사회에서 인간의 자유란 국가commonwealth에서 동의에 의해서 설립된 입법권 이외에는 어떠한 입법권에도 종속되지 않는 것이며, 또한 그 입법부가 위임받은 신탁에 따라 제정한 법 이외에는 어떠한 의지의 지배나 어떠한 법의 제약에도 종속되지 않는 것이다.[19]

자연적 자유의 원리에 따라 로크는 일종의 노동가치론을 주장한다. 물론 "다른 사람들을 위한 공유물들이 충분히 남아 있는 한"이라는 제한 조건을 달기는 했지만, 로크는 자연이 제공한 것에 자신의 노동을 투여해 무엇인가를 만들어낸다면 그것은 타인의 접근 권리가 배제

---

[19] 존 로크, 『통치론』, 강정인·문지영 옮김, 까치, 2022, 31쪽.

된 자기만의 소유가 된다는 점을 분명히 했다. "모든 사람은 자신의 인신person에 대해서는 소유권을 가지고 있다. 이것에 관해서는 그 사람 자신을 제외한 어느 누구도 권리를 가지고 있지 않다. 그의 신체의 노동과 손의 작업은 당연히 그의 것이라고 말할 수 있다."[20] 그럼에도 불구하고 "다른 사람들을 위한 공유물들이 충분히 남아 있는 한"이라는 짧은 단서에서 알 수 있듯이, 로크는 결코 무시할 수 없는 난감한 문제, 즉 사유재산과 커먼즈 사이에 해소할 수 없는 갈등이 존재함을 알고 있었다.

어쨌든 자연을 사적 소유가 가능한 무력한 대상으로 보는 로크의 관점은 자연에 대한 이용권, 지역 공동체의 관습, 후속 세대의 권리, 그리고 자연 자체의 내적 필요를 모두 의도적으로 무시한 것이었다. 이는 제국주의 세력의 신대륙 식민지화는 물론 산업혁명의 초석이 된 '인클로저enclosure' 운동을 뒷받침하는 논리적 근거였다.

인클로저 하면 우리는 일반적으로 영국 인클로저 운동을 떠올린다. 하지만 중세 여러 시기에도 인클로저는 일어났으며 결정적으로 18-19세기에 두드러진 현상으로 나타났다. 인클로저는 왕, 귀족, 지주가 의회의 공식 승인이나 힘을 앞세워 소작농들이 이용하던 목초지, 삼림, 식수, 야생 동물에 대한 사적 소유권을 주장한 것이었다. 울타리를 친다는 단어의 뜻에서 알 수 있듯이 커먼즈에 소작농들이 접근하지 못하도록 쫓아내고 그곳에 울타리나 담장을 치는 것이 인클로저의 일반적인 관행이었다. 커먼즈 연구자이자 운동가인 데이비드 볼리어David Bollier에 따르면 1600년대 후반에서 1800년대 중반까지 영국 전체 공유지의

---

20 로크, 2022, 37쪽.

7분의 1이 이러한 방식으로 사유화됐다.[21] 이렇게 17세기부터 19세기 중반에 이르기까지 진행된 인클로저의 영향으로 영국에서 사회 구성의 중심 원리는 가정 경제에서 생산과 수익으로 옮겨 갔고 사적 이익과 축적을 추구하는 경향이 점점 더 노골적으로 확대됐다. 물론 커먼즈를 사유화하는 인클로저는 결코 영국만의 문제는 아니었고 유럽 전역에서 폭넓게 일어난 현상이었다.

그 결과 영국 시골에 거주하던 대다수 소작농들은 아주 심각한 빈사 상태에 빠졌다. 어느 날 갑자기 숲, 개방된 목초지, 강에 대한 접근성을 금지당한 소작농들은 먹고살기 위한 궁여지책으로 도시로 몰려들었고, 이곳에서 그 당시 태동하던 산업혁명의 흐름 가운데서 운이 좋으면 임금 노동자로 편입되거나 운이 나쁘면 극빈자 신세가 됐다. 이렇듯 겉으로는 진보, 효율, 개발 같은 그럴듯한 말로 포장된 인클로저는 사실상 공유 자원에 대한 악랄한 전용轉用 행위이자 합법성을 가장한 강도 행위와 진배없었다. 더욱이 인클로저는 단순한 자원의 전용만이 아니라 오랫동안 공동체가 공유했던 관습과 전통에 대한 전면적인 공격이기도 했기에 문제가 더 심각했다. 18세기 작자 미상의 저항시는 이러한 모순된 상황을 잘 표현하고 있다.

공유지the common에서 거위를 훔쳐 가는 이들을
법이 잡아 가두네.
하지만 거위에게서 공유지를 훔쳐 가는

---

21 데이비드 볼리어, 『공유인으로 사고하라』, 배수현 옮김, 갈무리, 2015, 77쪽.

더 큰 악당은 잡아가지 않네.

우리 것이 아닌 것을 가져가면
보상해야 한다고 법이 요구하네.
하지만 우리 것을 가져가는
지주들은 괜찮다네.[22]

문제는 인클로저를 과거의 일로 쉽게 치부할 수만은 없다는 사실
이다. 현대에도 다양한 유형의 인클로저 사례들은 계속 발생하고 있으
며 이로 인한 사회적, 생태적 피폐화가 임계점을 넘어서고 있다. 특히
전례 없는 디지털 테크놀로지의 비약적인 발전에 힘입어 새롭게 출현한
디지털 커먼즈의 영역은 현대판 인클로저의 각축장이 되고 있다. 전 세
계적으로 수많은 정보통신 테크놀로지 관련 기업들은 디지털 정보와 컴
퓨터 기술 표준이라는 커먼즈를 이윤 증대를 목적으로 사유화하고 인터
넷이라는 공간에서 과점적 지배력을 확대하기 위해 기업의 사활을 걸고
달려들고 있다. 앞서 폴라니가 언급한 허구적 상품화의 논리가 새로운
디지털 공간을 가로지르면서, 19세기 인클로저가 그랬듯이 다시 한번
사회 자체의 존립 근거를 뿌리째 흔들어놓고 있다.

---

22 볼리어, 2015. 75쪽.

기계적 법질서에서 유기체적, 생태적 법질서로

기계에서 네트워크로

20세기에 인류 전체에 씻을 수 없는 상흔을 안겨준 두 차례 세계대전은 17세기 과학혁명을 바탕으로 확립된 기계적 세계관의 종언을 알린 역사적 사건이었다. 참혹한 전쟁의 실상은 이성과 확실성 위에 세워진 세계 인식에 의문을 품게 했고 다양한 영역에서 날 선 비판이 진행됐다. 그 여파로 기계적 세계관에서 유기체적, 생태적 세계관으로의 전환이 본격화됐다. 이제 세계는 더 이상 기계가 아니라 네트워크network라는 관계의 패턴으로 이해되기 시작했다. 세계 전체가 궁극적으로 분리돼 인식될 수 없는 촘촘한 관계의 패턴으로 연결된 살아 있는 자기규율 체계로 인식되는 사고의 전환이 일어난 것이다.

관계의 패턴으로 세계를 이해할 때 가장 중요한 측면은 전체를 고려하는 통일성에서 각 부분들의 인접한 가능성을 시간 속에서 탐색하는 것이다. 이는 상대주의가 아니라 일종의 관계주의다. 관계주의 관점에서 어떤 사물에 대한 가장 참된 기술記述은 그것이 전체의 다른 부분과 어떤 관계를 맺고 있는지를 구체화하는 일이다. 여기서 중요한 개념이 '창발emergence'이다. 창발은 하위 구성요소에는 없는 특성이나 행동이 전체 구조에서 자발적으로 불시에 솟아나는 특성을 의미한다. 예를 들어 각각은 아주 휘발성이 강한 분자인 산소와 수소가 일정한 형태로 결합했을 때 성질이 완전히 다른 물이라는 새로운 물질이 만들어지는 것이 바로 창발이다. 이 경우 세계를 이해하는 과학의 임무는 복잡한 관계의 그물망 속에서 창발이 일어나는 가능성을 밝혀내는 것이다.

유기체적, 생태적 세계관은 20세기를 기점으로 과학 분야에서 강력한 영향력을 미친다. 변화의 첫 단추는 물리학에서 시작됐는데 알베르트 아인슈타인Albert Einstein의 상대성이론과 양자역학의 대두는 견고해 보였던 고전역학의 아성을 무너뜨렸다. 확실성, 시간 가역성, 결정성을 근본 특징으로 하는 고전역학의 세계와 다르게 양자역학의 세계는 근본적으로 불확실성을 내포한다. 베르너 하이젠베르크Werner Heisenberg의 '불확정성 원리uncertainty principle'의 핵심은 양자역학에서 입자의 위치와 운동량을 동시에 정확히 측정할 수 없다는 것이다. 거시세계에서 움직이는 물체의 운동량은 속도와 이동한 거리를 가지고 정확히 측정할 수 있다. 하지만 미시세계에서는 이런 관측이 통하지 않는다. 입자가 너무 작기 때문에 우리가 빛을 이용해 입자의 위치와 운동량을 관찰하려고 하면 빛의 영향으로 측정이 부정확해진다. 쉽게 말하면 입자의 운동량을 측정하는 순간 위치가 계속 변하기 때문에 위치를 정확히 측정하지 못하고, 시작점과 도착점 사이 어디쯤에 있을 것이라고 볼 수밖에 없다. 이 원리는 빛의 성질이 입자이자 동시에 파동일 수 있다는 빛의 이중성을 인정한 닐스 보어Niels Bohr의 '상보성 원리complementarity principle'와 함께 양자역학의 일반적인 원리로 인정되고 있다. 고전역학의 확실성의 세계는 양자역학의 불확실성의 세계로 이행했다.

이와 함께 열역학 제2법칙에 근거한 통계역학의 물리학적 방법론의 확립과 고전역학이 완성된 뉴턴의 시대 이후 150년 동안 학문적 권위를 상실했던 생물학과 생리학의 부활은 보편적 지식 체계를 추구하는 물리학이 생명, 인간, 사회 현상과 같은 복잡한 현상을 다루는 계기가 됐다. 또한 1940년대 말부터 통칭 '복잡성 이론complexity theory'이라고 불리는 다학제 연구가 새로운 이론적 경향으로 대두됐다. 복잡계 이론생물학자 스튜어트 카우프만Stuart Kauffman에 따르면 과학은 18세기 단순성simplicity의 과학인 고전역학에서부터 19세기 비조직된 복잡성 disorganized complexity의 과학인 통계역학을 거쳐 20세기 조직된 복잡성 organized complexity의 과학인 복잡성 이론으로 발전했다.[23] 이제 기계론적 과학에서 의도적으로 배제됐던 질서, 조직, 전체성, 목적성 등이 생명, 인간, 사회 현상 같은 복잡한 현상을 다루는 복잡성 이론의 기본 착상이 된 것이다.

이러한 새로운 유기체적, 생태적 패러다임의 핵심 모델은 생명이다. 생명체를 규정짓는 주요 특징은 자기조직적 네트워크의 패턴이다. 예를 들어 생명체는 대사 작용에 문제가 생겨 물질과 에너지가 끊겨 복원되지 않으면 급속히 붕괴되고 만다. 따라서 생명체는 열린 체계로 이해돼야 한다. 생명체 자체는 조직적으로 닫힌 체계이지만 물질적인 에너지 순환의 차원에서는 열린 구조다. 이러한 복잡한 과정에서 창발이 이루어지는 것이 생명의 비밀이다. 창발이라는 새로운 형태의 생성은 모든 생명계의 핵심 속성이다. 창발이 열린 체계에서 필수적인 부분이기 때문에 열린 체계는 진화한다.[24]

유기체적, 생태적 법질서라는 새로운 법 생태학은 특정한 법적 현상을 규정하는 관계의 패턴이다. 이때 유기체적, 생태적 법질서는 법을 정치, 경제, 종교, 사회적 행위 규범, 정의, 도덕 등과 독립적이거나 분

---

[23] Stuart A. Kauffman, *The Origins of Order: Self-Organization and Selection in Evolution*, London: Oxford University Press, 1993, pp. 173-234.

[24] 프리초프 카프라, 『히든 커넥션』, 강주헌 옮김, 휘슬러, 2003, 31-33쪽.

리된 영역으로 보지 않는다. 이 새로운 법질서에서 법은 더 이상 인간과 분리된 객관적 대상인 규칙 체계의 집합일 수 없다. 오히려 법은 마치 생명계의 창발처럼 인간의 인식과 행위를 통해 출현하는 것이다. 즉 법은 적극적으로 참여하는 개인과 다양한 시민 조직의 법적 구현체로서 공동체에서 출현하는 것이다.

디지털 커먼즈의 출현과 공유경제의 민낯

인간의 협력과 호혜성은 수천 년 전부터 관습과 문화라는 형식으로 이어져왔다. 문명의 태동과 함께 커다란 집단을 구성하게 된 인간은 다수의 공동 이익과 후대의 공동 이익을 보호하기 위한 법적 전통을 만들었다. 그렇지만 인간을 지구의 알파 종으로 만든 비밀의 열쇠인 협력과 네트워크의 힘은 순수한 이타적 형태로 발현되는 경우는 아주 드물다. 이보다는 일반적으로 권력과 개인들 사이의 긴장과 충돌 속에서 작동한다. 흔히 우리는 집단주의와 개인주의를 상반된 개념으로 이해하지만 커먼즈에서 이 두 개념은 구별이 모호하고 복잡하게 뒤섞인다. 커먼즈는 사私적인 영역도 공公적인 영역도 아닌 공共적인 영역이기 때문이다. 따라서 커먼즈의 영역에서 권력과 개인, 집단주의와 개인주의는 상호 배제적 관계가 아니라 역동적인 보완 관계를 맺는다. 서로 다른 이세 가지 영역이 어떻게 협력적 균형을 이룰 것인가라는 문제는 사회의 안녕과 지속성을 가늠하는 척도가 될 것이다.

불과 20년 전만 해도 디지털 정보에 기초한 패러다임의 변화는 많은 사람들에게 낯선 것이었다. 이러한 패러다임 변화의 중심에는 공유경제sharing economy를 포함한 디지털 플랫폼 경영이 있었다.[25] "공유경

제는 재화와 서비스를 분배, 공유, 재사용하기 위한 목적으로 사람들을
연결하는 P2P 업체"[26]를 의미한다. 여기에는 '에어비앤비'(숙박 임대)와
'타다', '우버'(주문형 택시) 같은 기업뿐만 아니라 굿즈 같은 무료 물품 공
유 사이트도 포함된다. 공유경제 서비스는 다양한 형태를 띠는데 기술
적 측면에서는 모드 인터넷을 기반으로 작동하며 각종 최신 테크놀로지
를 적극 활용하는 경향을 보인다. 이처럼 인터넷으로 사용자의 접근성
을 높이고 최신 테크놀로지를 적극 활용한다는 점은 전통적인 렌털 비
즈니스와 공유경제를 구분하는 중요한 요소다. 공유경제에 대한 관심이
늘어나면서 공유경제의 특징과 가능성에 대한 여러 가지 담론이 형성됐
다. 특히 공유경제의 대안적, 협력적, 민주적 조직 형태, 개방적 생산 체
제, 재화의 공유를 가능하게 해주는 비상업적 협력 공간, 탈관료적 특성
등은 기존 자본주의의 모순을 해소할 대안으로 빠르게 터 잡았다. 디지
털 테크놀로지의 혁신과 결합해 플랫폼을 통해 실현되고, 기존의 매매
중심 수요자와 공급자 사이의 거래 관계를 서비스 중심으로 전환함으로
써 새로운 시장을 창출하는 공유경제는 그 가능성에 기대어 각계각층의
커다란 환영을 받았다.

　그러나 10년 남짓한 공유경제 붐은 기존 법체계에서는 좀처럼 해

25　공유경제에는 두 가지 공유 모델이 있다. 하나는 기업과 소비자 간 서비스를 의미하는 B2C
　　(Business to Consumer) 모델이다. 이것은 서비스를 제공하는 기업이 직접 자산을 보유하고 사
　　용자에게 자산을 대여해 수수료를 받는 모델이다. 다른 하나는 P2P(Peer to Peer) 모델이다. 이것
　　은 직접 자산을 보유하지 않은 기업이 자산을 보유한 공급자와 자산을 필요로 하는 소비자를 연결
　　해 거래를 성사시키는 모델이다. 후자의 모델이 공유경제의 핵심이라고 할 수 있다. 류한석, 『미래
　　인을 위한 테크놀로지 교양』, 코리아닷컴, 2019, 400-401쪽.

26　Alexandrea J. Ravenelle, *Hustle and Gig: Struggling and Surviving in the Economy*, California:
　　University of California Press, 2020, p. 26.

결하기 어려운 갈등과 부작용을 낳았으며 기존 자본주의 질서를 흔들어 놓을 것이라는 예상과 달리 전도유망한 미래를 약속하지 않았다. 오히려 플랫폼과 데이터에 의한 간접 지배가 기존의 기업 조직에 의한 지배 못지않다는 사실이 속속 드러나면서 사회적 문제들을 야기했다. 더욱이 오렐리앙 아퀴에Auréelien Acuier는 공유경제가 새로운 것이 아니라 산업 시대 이전의 일반적인 관행을 디지털에서 재현한 것에 불과하다고 비판한다. 산업시대 이전에 상인들이 생산수단을 소유한 개인들에게 외주를 주어 물품을 생산하던 가내수공업형 생산방식이 디지털 플랫폼 세계에서 재현되고 있다는 것이다.[27]

그뿐만 아니라 공유경제는 사회적 측면에서도 문제점을 드러낸다. 즉 새로운 대안으로 기능하는 것이 아니라, 시민과 노동자의 삶에서 경제적 불안정과 노동자의 취약성을 확대하는 결과를 낳고 있다. 소위 긱 경제Gig Economy[28]라고 불리는 시스템에서 공유란 단지 노동자의 공유일 뿐이다. 긱 경제에서 노동자가 처한 현실과 위험에 대해 알렉산드리아 J. 래브넬Alexandrea J. Ravenelle은 다음과 같이 말한다.

공유경제 사이트들은 노동자에게 권한 부여와 기업가 정신을 장려한다고 말하지만 온라인상의 검색 및 작업 할당에서 노동자들은 자신의 존재 여부를 결정하는 복잡한 알고리즘에 종속된다. 신뢰라는 미명하에 노동자들은

---

27 네스터 M. 데이비드슨 외 엮음, 『공유 경제와 법률』, 블록체인법학회 번역팀 옮김, 박영사, 2020, 5-6쪽.

28 긱 경제는 기업이나 사용자가 필요에 따라 임시로 계약을 맺어 노동력을 공급받고 대가를 지불하는 경제 형태를 말한다. 일시적인 일을 뜻하는 '긱Gig'이라는 단어는 1920년대 미국 재즈클럽에서 단기계약으로 연주자를 섭외해 공연한 데서 유래했다.

신원 조회를 받고 온라인 사용 후기로 평가받으며 온라인 노동자 평가 판 옵티콘panopticon에서 지속적으로 모니터링을 당한다. 그러면서도 자신에게 일을 맡긴 사람이 누구인지 모르고 기본적인 보호 장치를 제공받지 못하며 상당한 위험에 그대로 노출돼 있다.[29]

우리 사회에서 공유경제가 만들어낸 경제적 불안정성, 계층성, 불평등 같은 다양한 문제에 대한 법제 정비는 아직 미흡한 상태다. 구체적으로 대두하는 법적 주제에 대한 민법, 노동법, 소비자 기본법, 세법, 지적재산 기본법 등의 전면 개정과 이에 걸맞은 법 정책이 시급히 요구되지만, 우리 사회의 동향은 여전히 답보 상태에 있다.

유기체적, 생태적 법질서와 커먼즈의 회복

물리학자 프리초프 카프라Fritjof Capra와 법학자 우고 마테이Ugo Mattei는 기계적 법질서에서 생태적 법질서로의 이행을 위한 핵심 전략으로 세 가지를 제시하는데, 권력과 폭력으로부터 법을 단절시키기, 공동체 주권 만들기, 소유권을 생성적인 것으로 만들기다.[30] 공통된 핵심은 법을 공동체의 협력적 네트워크로 돌려줌으로써 법과 생태적 질서 사이의 조화를 회복하는 것이다. 법은 사회적 갈등을 판결하는 바로 그 순간에 공식적으로 창발한다. 기본적으로 창발은 확률적이다. 이러한 관점에서 보면 법적 과정은 실증주의 법학보다는 양자역학이나 자기조직적 체계

---

29 Ravenelle, 2020, p 208.
30 카프라·마테이, 2019, 179쪽.

이론을 통해 설명되는 것이 한결 자연스럽다. 역사적으로 재산권은 형식적인 소유권보다는 현실적인 통제와 사용에 기초한 커먼즈라는 반대 원칙에 의해 항상 예측할 수 없는 방식으로 작동하는 역학 관계에 있었다. 이러한 역학 관계 속에서 법은 공동체의 여건과 기본적인 필요를 반영하며 진화해온 공동의 것이었다. 이는 디지털 커먼즈 시대에도 마찬가지로 적용될 수 있다.

우리는 모두 법의 제정자인 동시에 이용자다. 개인이자 공동체의 일원으로서 우리는 공동체가 법을 어떻게 파악할지를 선택할 권리가 있다는 사실을 분명하게 자각해야 한다. "우리가 법을 지킴으로써 그것이 존재한다는 점, 공동체로서 우리가 그 법을 지킬지 말지를 선택하는 과정에서 법을 만든다는 점을 인식해야 한다."[31] 이처럼 법은 법률가들에게 국한된 영역이 아니라 모든 사람에게 열린 영역이다. 유기체적, 생태적 법질서의 확립은 개인 중심적이고 국가 중심적인 원자화된 법체계에 반대하고 기업이 주도하는 위계와 경쟁에 내재된 지배 구조와 소비의 순환 구조라는 폭력적 논리를 거부하는 것에서 시작된다. 유기체적, 생태적 법질서에 대한 새로운 법적 시각이 요구되는 것이다. 이는 카프라와 마테이가 제기한 세 가지 요소의 유기적 결합으로 실현될 수 있으며 이를 통해 커먼즈를 회복할 수 있을 것이다.

우리 시대에 구성원들이 기본적으로 공유하는 목표는 후속 세대의 삶을 위태롭게 하지 않으면서 우리의 필요와 열망을 충족할 수 있는 사회문화적, 물리적 환경을 새롭게 조율함으로써 지속 가능한 공동체를

---

31 카프라·마테이, 2019, 231쪽.

만들어가는 것이다. 이를 위해서는 공동체와 자연이 새롭게 조화를 이루어나가야 한다. 공동체의 행위규범으로서 법의 주요 관심사는 분명 인간의 가치다. 따라서 지속 가능한 삶을 영위하기 위해서 법질서는 생태계에서 지혜를 배워야 하는데, 이는 인간의 다양한 가치를 지구 생명성에 부합하도록 만드는 것이다. 이때 커먼즈가 유기체적, 생태적 법질서의 조직 원리가 돼야 한다.

앞서도 말했듯 커먼즈는 사私적인 것이나 공公적인 것이 아니라 공共적인 것이다. 그리고 커먼즈의 회복은 커머닝commoning을 통해서만 가능하다. 공동체의 실천 방식으로서 커머닝은 공공선을 가꾸는 데 참여하는 것이다. 커머닝은 단지 주어진 자원을 공유하는 수동적 활동이 아니라 공동체 구성원이 참여해 자원을 재생산하는 능동적 활동이고, 이를 통해 공동체적 질서가 재구성될 수 있다는 측면에서 커먼즈의 존재 자체를 가능하게 하는 핵심 요소다. 기본적으로 커머닝은 어떤 거창한 행동이 아니라 다양한 공동체의 결정에 능동적으로 참여하는 것이다. 예를 들어 사회적으로 중요한 결정이 요구되는 사업이 있을 때, 공공선에 입각해 사회적 영향과 환경적 비용을 고려해서 후속 세대와 생태계 보전을 위한 합리적 결정에 적극 동참하는 일이 바로 커머닝이다.

유기체적, 생태적 법질서를 향하여

한국 사회의 여러 분야에서 새로운 삶을 위한 커먼즈 운동이 중요한 사회운동으로 성장하고 있다. 1960년대부터 우리 사회는 놀라운 경제 성장을 이루었고 그 결과 국가권력이 관할하는 공적 영역과 대기업을 중심으로 운영되는 시장이라는 사적 영역이 지나치게 비대해졌다.

반면에 공적 영역 및 사적 영역과 구분되는 커먼즈 영역은 점점 더 협소해졌다. 이런 힘의 불균형을 근본적으로 역전시키지 못한다면 다중 위기의 격랑 속에서 우리 사회는 좌초의 위험을 겪을 수밖에 없을 것이다. 이러한 상황에서 우리 앞에 놓인 과제는 공적 영역, 사적 영역, 커먼즈 영역 사이의 균형 잡힌 거버넌스를 구축하는 것, 인간의 가치와 자연의 원리 사이에서 공존할 수 있는 지속 가능한 질서를 재구축하는 것, 생태적 법질서의 원리를 구체적 사회제도로 안착시키는 것이다.

물론 커먼즈의 회복에 어떤 청사진이나 표준화된 공식은 없다. 커먼즈는 만병통치약도 유토피아도 아니다. 또한 국가라는 공적 영역과 시장이라는 사적 영역의 단순한 반대 세력도 아니다. 커먼즈는 단순히 자원을 의미하지 않으며 대부분의 유형·무형 자원과 특정 공동체가 어떤 자원을 관리하기 위해서 적용하는 일련의 가치, 규범, 사회적 관행을 포함한다. 자원, 공동체, 사회적 가치와 규범이라는 세 요소가 서로 영향을 미치는 통합된 전체로서 커먼즈는 공공선의 구현을 위해 사회 전체를 새로운 방향으로 재구성하는 것이다.

오늘날 디지털 커먼즈를 회복하기 위한 운동이 지속적으로 확산되고 있다. 이런 움직임은 이제 거의 불가능해 보이는 영역에까지 스며들어 새로운 가능성을 만들어내고 있다. 환경과 테크놀로지 관련 활동가들의 네트워크가 자율적으로 조직되고 있으며 디지털 공간에서도 오픈 소스 소프트웨어, CCL, 오픈 데이터 플랫폼, 오픈 스트리트맵 등이 지역 차원에서 도입돼 새로운 바람을 불러일으키고 있다. 이처럼 다양한 커먼즈 회복 운동이 이윤의 논리에 잠식되고 있는 커먼즈의 영역을 되찾아오는 만큼 건강하고 풍요로운 공동체의 미래가 펼쳐질 것이다.

참고문헌

데이비드슨, 네스터 M. 외 엮음,『공유 경제와 법률』, 블록체인법학회 번역팀 옮김, 박영사, 2020.

로크, 존,『통치론』, 강정인·문지영 옮김, 까치, 2022.

류한석,『미래인을 위한 테크놀로지 교양』, 코리아닷컴, 2019.

베버, 막스,『경제와 사회』, 박성환 옮김, 나남, 2009.

볼리어, 데이비드,『공유인으로 사고하라』, 배수현 옮김, 갈무리, 2015.

아리스토텔레스,『정치학』, 천병희 옮김, 도서출판 숲, 2009.

웍스, 레이먼드,『법철학』, 박석훈 옮김, 교유서가, 2021.

조천수,「자연법과 사물의 본성」,『저스티스』제77호, 2004, 157-175쪽.

카우프만, 아르투어,『법철학』, 김영환 옮김, 나남, 2007.

카프라, 프리초프,『히든 커넥션』, 강주헌 옮김, 휘슬러, 2003.

카프라, 프리초프·마테이, 우고,『최후의 전환』, 박태현·김영준 옮김, 경희대학교출판문화원, 2019.

키케로, 마르쿠스 툴리우스,『법률론』, 성염 옮김, 한길사, 2007.

폴라니, 칼,『거대한 전환』, 홍기빈 옮김, 도서출판 길, 2009.

홍기원,『자연법, 이성 그리고 권리: 후고 그로티우스의 법철학』, 터닝포인트, 2022.

Blackstone, William, *Commentaries on the Laws of England II*, London: Oxford university press, 2016.

Kauffman, Stuart, *The Origins of Order: Self-Organization and Selection in Evolution*, London: Oxford University Press, 1993.

Mattei, Ugo · Quarta, Alessandra, *The Turning Point in Private Law: Ecology, Technology, and the Commons*, Massachusetts: Edward Elgar Publishing, 2019.

Ravenelle, Alexandrea J., *Hustle and Gig: Struggling and Surviving in the Economy*, California: University of California Press, 2020.

4장
저작권법을 통해 바라본 생성형 AI와
디지털 커먼즈: 챗GTP를 활용하여

오관후

생성형 AI의 화려한 등장

2016년 3월 8일부터 3월 15일까지, 구글 딥마인드가 만든 인공지능AI 바둑 프로그램 알파고와 이세돌 9단이 바둑 대결을 벌였다. 모두 다섯 차례 진행된 이 대국은 바둑을 전혀 모르는 이들에게도 큰 관심을 불러일으켰다. 당시만 해도 인공지능이 아무리 발전했다 하더라도 수많은 변수가 존재하는 바둑에서 최고의 기사 중 한 명으로 손꼽히는 이세돌 9단을 상대로 이길 것이라고 생각한 사람은 많지 않았다.

그러나 대결 결과 제4국을 제외한 네 차례 대국에서 알파고가 승리를 거두었다. 이 사건은 많은 이들에게 기존 세계가 무너져 내리는 충격을 주었다. 이후로 각종 언론과 매체에서는 과연 인공지능의 끝은 어디인가를 두고 수많은 이들이 논평을 하기 시작했고, 인간의 삶을 편리하게 해주는 낮은 단계의 인공지능부터 인간의 삶을 위협하는 높은 단계의 인공지능까지 수많은 논의가 이루어졌다. 이 과정에서 무엇보다 사람들의 관심을 끈 주제는 '미래에 인공지능에 의해 대체될 직업'처럼 인간의 먹고사는 삶에 대한 것이었다. 그리고 인공지능이 대체하게 될 직업군에서 예외로 꼽은 분야가 바로 인간이 사상과 감정을 표현하는 문학, 미술, 발명 활동과 같은 '창작'이었다. 인공지능이 아무리 발전해도 당분간은 오로지 신과 인간만이 할 수 있다고 믿어온 창작의 영역에는 이르지 못할 것이라는 기대가 있었다.

그러나 이러한 대중의 기대는 2022년 11월 30일 오픈 AI 사가 생성형 AI라는 생소한 개념의 챗GPT를 발표하면서 무너지기 시작했다. 챗GPT가 사용자의 답이 정해져 있는 간단한 질문부터 때로는 답이 정해져 있지 않은 질문에 이르기까지 답변을 생성하고 에세이를 작성하는 등 '창작'의 영역에 다다르게 되었기 때문이다. 사람들의 관심도 폭발적이어서 출시 후 불과 5일 만에 사용자 100만 명을 돌파했다. 다른 글로벌 서비스가 사용자 100만 명을 달성하는 데 수개월에서 수년이 걸린 것과 비교하면 당시 얼마나 세계적인 이슈였는지 잘 알 수 있다.[1]

생성형 AI의 화려한 미래를 예고한 대화형 생성형 AI 챗GPT의 등장 이후 이미지를 생성하는 AI인 달리Dall-E와 미드저니Midjourney, 회사 로고와 브랜드 생성형 AI 루카Looka, 마케팅 문구 생성형 AI 뤼튼Wrtn, 소설 생성형 AI 노벨 AINovelAI, 음악 작곡 생성형 AI 사운드로Soundraw 등 수많은 생성형 AI가 등장했으며, '창작'의 영역이 더는 인간의 고유한 활

---

1 "ChatGPT sets record for fastest-growing user base-analyst note", https://www.reuters.com/technology/chatgpt-sets-record-fastest-growing-user-base-analyst-note-2023-02-01, REUTERS, 2023. 2. 3.

동이 아니라는 위기감이 대두되기 시작했다.

이처럼, 인간이 아닌 생성형 AI에 의해 창작 활동이 본격화되자 기존에 없던 많은 사회적 문제가 발생하게 되었다. 기존 창작자들과 생성형 AI 사이 직업 침탈의 문제뿐만 아니라 생성형 AI가 생성한[2] 작품을 저작권법상 저작물로서 보호할 가치가 있는지, 생성형 AI가 작품을 생성하기 위해 학습한 데이터에 대한 저작권 침해는 없는지 등 기존의 법 상식을 벗어난 일들이 일어나자 그야말로 대혼란이 시작되었다.

생성형 AI와 지적재산권 법제

생성형 AI란

생성형 AI가 무엇인지 생성형 AI인 챗GPT는 어떻게 설명할까? 챗GPT에 "생성형 AI에 대해 쉽게 설명해줘"라는 프롬프트를 넣어보았다. 챗GPT는 이렇게 답한다.

인공지능 기술을 사용하여 새로운 내용을 만들어내는 시스템을 의미하는 것으로서 이러한 AI는 다양한 형태가 있을 수 있다. 대표적인 예로는 텍스트, 이미지, 음악, 비디오 등을 생성할 수 있으며, 사용자가 입력한 데이터나 지시에 따라 AI는 기존에 존재하지 않던 새로운 콘텐츠를 만들어낸다. 이 과정에서 AI는 대량의 데이터를 학습하고 이를 기반으로 창의적이고 독

---

2   생성형 AI의 작업에 '창작'이라는 표현을 쓰는 것은 아직 이르다고 보아 '생성'으로 표기했다.

창적인 결과물을 생성하는데 예를 들어, 텍스트 생성형 AI는 사용자의 질문에 대한 답변을 생성하거나, 이미지 생성형 AI는 설명된 장면을 그림으로 표현할 수 있는 것. (일부 각색)

놀라운 것은 생성형 AI인 챗GPT 스스로 다양한 생성형 AI가 대량으로 학습된 데이터를 기반으로 기존에 존재하지 않는 새롭고 독창적인 콘텐츠를 만드는 능력이 있는 것으로 설명하고 있다는 것이다.

다음으로 "생성형 AI가 구체적으로 어떤 일들을 할 수 있는지 알려줘"라는 프롬프트를 챗GPT에 넣어보았다. 챗GPT는 다음과 같이 답변하고 있다.

생성형 AI는 다양한 작업과 응용 분야에서 다음과 같은 일들을 할 수 있습니다. 아래 예시들을 통해 이를 쉽게 이해할 수 있습니다.

텍스트 생성

생성형 AI는 주어진 힌트나 주제에 대한 글을 작성할 수 있습니다. 예를 들어, 블로그 게시물, 기사, 시, 이야기, 논문, 이메일, 상품 설명 등을 생성할 수 있습니다. 예를 들면 사용자가 "여름 휴가에 가볼 만한 곳"이라는 주제를 제시하면 AI는 여행 관련 정보와 제안을 담은 글을 생성할 수 있습니다.

번역

생성형 AI는 다양한 언어 간 번역 작업에 사용됩니다. 입력된 텍스트를 다른 언어로 번역하는 것뿐만 아니라 문맥과 문법을 고려한 보다 자연스러운 번역을 제공할 수 있습니다. 예를 들면 "안녕하세요, 어떻게 지내세요?"라는 한국어 문장을 영어로 번역하면 "Hello, how are you?"가 됩니다.

대화형 AI

생성형 AI는 가상 비서 또는 챗봇으로 사용됩니다. 사용자와 자연스러운 대화를 통해 질문에 답하고 정보를 제공하며, 다양한 서비스를 제공할 수 있습니다. 예를 들면 음성 비서로서 사용자가 "내일 날씨는 어떻게 될까요?"라고 물으면 AI는 해당 도시의 날씨 예보를 제공합니다.

이미지 생성

생성형 AI는 주어진 설명에 따라 이미지를 생성할 수 있습니다. 예를 들어 "해변에서 일몰을 보는 풍경"이라는 설명을 주면 AI는 이러한 풍경을 시각화한 이미지를 생성할 수 있고, 사용자가 "붉은 장미 꽃다발"을 설명하면 AI는 해당하는 꽃다발 이미지를 그려낼 수 있습니다.

영상 및 음성 생성

생성형 AI는 주어진 텍스트 또는 음성을 기반으로 영상 또는 음성을 생성할 수 있습니다. 이는 애니메이션, 음성 합성, 음성 메시지 생성 등에 사용됩니다. 예를 들면 텍스트 설명에 따라 애니메이션 캐릭터가 움직이는 동영상을 만들거나 텍스트 음성으로 음성 메시지를 생성할 수 있습니다.

의학 분야

생성형 AI는 의료 영상 데이터를 분석하고 질병 진단을 돕는 데 사용될 수 있습니다. 의사와 협력하여 정확한 진단을 제공하거나 의료 보고서를 작성할 수 있습니다. 예를 들면 의사의 요청에 따라 환자의 엑스레이 영상을 분석하고 어떤 질병이 발견되었는지 보고서를 작성할 수 있습니다.

이러한 예시들은 생성형 AI의 다양한 활용 사례를 보여주며 데이터와 훈련을 통해 인간과 유사한 창의성을 가진 AI 시스템을 만드는 데 어떻게 활용될 수 있는지를 보여줍니다. (일부 각색)

이처럼, 생성형 AI는 문학을 창작하고 그림을 그리고 음악을 만드는 등 인간의 창작 활동 영역을 실제로 행할 수 있는 정도에 이르렀다. 실제로 달리나 미드저니에 특정 시대의 화풍을 기반으로 특정한 형태의 그림을 그려달라는 프롬프트를 넣으면 놀라울 정도로 수준 높은 결과물이 나온다. 2023년 생성형 AI 사용 경험이 있는 직장인 대상 만족도 조사에서는 플랫폼별로 43-54퍼센트의 사용자가 만족한다는 답을 내놓았다.[3] 결국 우리가 아무리 부정하려고 애써도 인간의 고유한 활동으로 간주되어온 창작 활동에서 생성형 AI가 인간 못지않은, 빠른 시일 내에 인간보다 더 나은 결과물을 생성하게 될 가능성이 높은 상황이다. 우리 모두 생성형 AI가 만들어낸 결과물에 대해 어떤 태도를 취해야 할지, 보다 깊은 고민이 필요한 때이다.

---

3 「"직장인 73.9%, 생성형 AI 사용해봤다" 나우앤서베이」, ITWorld, 2023. 6. 14, https://www.itworld. co.kr/tags/203737/%EC%83%9D%EC%84%B1%ED%98%95+AI/294739.

지적재산권과 생성형 AI

생성형 AI의 등장은 지적재산권 제도에 큰 도전이 되었다. 특허권, 디자인권, 상표권, 저작권 등 지적재산권 제도는 기본적으로 발명자, 창작자, 고안자 등의 진보한, 독창적인, 새로운 결과물을 보호함으로써 창작 의식을 고취하려는 목적으로 발전해왔다. 그렇다면 생성형 AI가 만든 새로운 결과물에 대해 지적재산권을 인정할 수 있는가? 지적재산권의 발전 과정에서 당연하게도 자연인, 즉 인간이 아닌 제3의 주체가 새로운 무언가를 만든다는 사실은 고려되지 못했다. 따라서 우리나라뿐만 아니라 지적재산권제가 발전한 다른 나라들 역시 현재까지 생성형 AI가 생성한 결과물을 법적으로 보호할 방법이 없는 상황이다.

우리나라 특허법 제33조 제1항은 "발명을 한 사람 또는 그 승계인은 이 법에서 정하는 바에 따라 특허를 받을 수 있는 권리를 가진다"고 규정하여 특허권을 받을 수 있는 자를 '사람'으로 한정하고 있고, 디자인법 제3조 제1항 역시 "디자인을 창작한 사람 또는 그 승계인은 이 법에서 정하는 바에 따라 디자인 등록을 받을 수 있다"고 규정하여 디자인권을 받을 수 있는 자를 '사람'으로 한정하고 있다. 따라서 생성형 AI가 생성한 결과물에 대하여 생성형 AI를 그 권리자로 등록하지 못함은 물론 생성형 AI를 이용해 결과물을 생성한 사람 역시 "발명을 한 사람" 또는 "디자인을 창작한 사람"이 아니므로 원칙적으로 그 권리자로 등록할 수 없다.

이 문제와 관련하여 주목할 만한 사례가 있다. 미국 인공지능 전문가 스티븐 세일러Stephen Thaler는 자신이 설계한 발명 생성형 AI 다부스 Device for the Automous Bootstrapping of Unifed Science(DABUS)를 통해 생성한 발명에 대해 특허를 출원했다. 미국 특허상표청에 생성형 AI 다부스를 발명자로 기재해 특허출원을 신청했는데, 2020년 4월 22일 미국 특허상표청은 미국 특허법상 자연인이 아닌 AI는 발명의 주체가 될 수 없다는 이유로 특허출원을 거절했다. 이에 세일러는 지방법원과 연방순회 항소법원에 항소했으나, 법원은 특허상표청의 결정을 지지하는 판결을 했고, 2023년 4월 24일 미국 대법원도 AI는 특허 발명자가 될 수 없다고 판결했다. 세일러는 미국뿐만 아니라 우리나라 특허청에도 생성형 AI 다부스를 발명자로 기재한 특허를 출원했으나, 우리나라 특허청 역시 특허출원자는 사람으로 제한되어 있다는 이유로 출원을 거부했다(특허출원 무효처분). 세일러는 다시 서울행정법원에 행정소송을 제기했는데, 서울행정법원 역시 "우리 특허법 문언 체계상 발명자는 '발명한 사람'으로 표시돼 있고 이는 자연인만을 의미하는 게 분명하다"며 특허청의 특허출원 무효처분이 적법하다고 판결했다.

한편, 우리 상표법 제3조 제1항의 경우 "국내에서 상표를 사용하는 자 또는 사용하려는 자는 자기의 상표를 등록할 수 있다"고 규정하고 있어서 꼭 상표의 창작자가 아니라 하더라도 상표를 등록할 수 있으므로 생성형 AI를 이용해 생성한 상표를 등록하여 법으로 보호받을 수 있는 여지가 있다. 물론, 해당 상표가 상표법상 등록할 수 있는 상표인지 또는 타인의 등록된 상표와 유사하여 상표권을 침해하는 것은 아닌지에 대한 판단은 상표를 등록하거나 사용하는 자의 책임하에 이루어져야 한다. 즉 생성형 AI를 통해 상표를 생성하여 이를 사용하다 문제가 생길 경우 현행 법제도 아래에서는 1차적인 책임을 이용자(상표 사용자)가 질 수밖에 없는 것이다.

이처럼 현재까지 우리의 지적재산권 법제하에서는 생성형 AI 자체를 특허권자나 디자인권자로 등록할 방법이 존재하지 않음은 물론, 상표를 제외하고는 생성형 AI가 생성한 결과물을 사람이 특허권자나 디자인권자로 등록할 수 없다. 다만, 생성형 AI를 통해 생성한 특허나 디자인을 권리를 등록하지 않고 사용하는 것은 생성형 AI 프로그램의 사용권한을 얻는다면 얼마든지 가능하다. 따라서 생성형 AI로 생성한 결과물이 타인의 지적재산권을 침해할 가능성이 얼마든지 존재한다. 대부분의 생성형 AI 서비스는 약관에 따라 생성형 AI 프로그램으로 생성한 결과물의 이용에 대한 책임을 사용자가 지게 함으로써 결과물 자체나 서비스 사에 대한 면책 규정을 두고 있는데, 이러한 면책 규정의 효력이 유효한지에 대해서도 향후 다툼이 있을 수 있다. 또한 1차적 책임을 생성형 AI 서비스 이용자가 진다고 하더라도 이용자와 서비스 사 간에 2차적 책임 문제를 두고 다툼이 빚어질 가능성이 크므로 사회적 합의를 거쳐 제도를 마련해야 할 것이다.

저작물과 생성형 AI

그렇다면 최근 생성형 AI와 관련하여 가장 크게 이슈가 되고 있는 저작권은 어떨까. 우리 저작권법 제2조 제1호는 '저작물'을 "인간의 사상 또는 감정을 표현한 창작물"이라고 규정하고, '저작자'를 "저작물을 창작한 자"라고 규정하고 있다. 따라서 저작권법에 따를 때 생성형 AI를 통해 생성한 결과물은 인간의 사상 또는 감정을 표현한 것이 아니므로 저작물이 될 수 없고, 생성형 AI가 저작물을 창작한 자가 아니므로 저작자 역시 될 수 없다.

앞서 살펴본 다른 지적재산권법과 달리 저작권법은 생성형 AI가 생성한 결과물 자체에 대해서도 권리의 대상이 될 수 없도록 규정하고 있는바, 결국 생성형 AI를 통해 생성한 시, 소설, 음악, 극본 등은 모두 저작권법상 보호 대상 자체가 될 수 없다. 인간이 자신의 사상 또는 감정을 표현하고 그 결과물이 창작성을 갖기만 하면 보호 가치가 있든 없든 저작물로서 보호받을 수 있는 것과 달리 생성형 AI가 생성한 결과물의 경우 창작성, 독창성, 예술성이 있더라도 저작법권상 '저작물'이 될 수 없어 저작권법상 권리 보호 대상이 되지 않는다는 것이다.

한편, 2023년 2월 미국 저작권청United State Copyright Office(USCO)은 그래픽노블 작가 크리스 카슈타노바Kris Kashtanova가 이미지 생성형 AI인 미드저니를 활용해 창작한 작품「새벽의 자리야Zarya of the Dawn」의 저작권 등록을 거부했다. 카슈타노바는 대사와 지문을 쓰고 미드저니를 통해 그림을 생성한 뒤 이를 재배치하는 방식으로 작품을 완성했는데, 저작권청은 AI가 생성한 이미지는 인간이 창작한 저작물이 아니므로 저작권 보호를 받을 수 없다는 결정을 내린 것이다. 다만, 작가가 직접 창작한 대사와 그림 배치에 대해서는 저작권을 등록해 권리를 인정했는데, 이로써 AI와 인간의 협업을 통한 저작권 등록이 가능해진 것이 아니냐는 의견이 나오기도 했다. 그러나 미국 저작권청의 결정은, 생성형 AI를 통해 나온 결과물은 그 창작성 여부와 무관하게, 인간이 창작한 창작물이 아니므로 저작물이 될 수 없다는 것이다. 특히 저작물은 창작과 동시에 특별한 행위 없이 저작권이 발생하는 것임에도, 원천적으로 인간이 창작한 것이 아닌 이상 이용자가 생성형 AI를 통해 새로운 결과물을 창작한다고 하더라도 이를 자신의 저작물로 등록할 수 없음은 당연한 결과이다. 이처럼 현행 법제하에서는 생성형 AI가 생성한 결과물 자체에 대해서는 저작자를 생성형 AI는 물론 그 이용자로 하는 것은 성립하지 않는다고 봄이 타당하다. 일각에서는 생성형 AI 개발자가 저작자로 등록되어야 한다는 주장도 있으나 생성형 AI 개발자는 프로그램 자체에 대한 권리를 주장할 수 있을 뿐 자신이 사상과 감정을 표현한 새로운 창작물을 창작한 것으로 볼 수는 없으므로 역시 저작권자가 될 수 없다고 보아야 한다.

이처럼 현재 대부분의 국가에서 저작권 보호 대상인 저작물을 인간이 창작한 것으로 한정하고 있으므로 생성형 AI가 생성한 결과물은 창작성, 예술성 등과 무관하게 저작권 보호 대상이 되지 못한다. 이는 생성형 AI가 만든 결과물에 대한 사회적 논의가 이제 막 시작 단계이기 때문일 것이다. 생성형 AI가 생성한 결과물에 대해 특정인에게 그 권리가 귀속되게 할 것인지 아니면 권리 보호 대상에서 배제하고 누구나 사용할 수 있게 하는 것이 타당한지에 대한 논의가 필요한 상황이다.

생성형 AI 결과물의 보호 가치와 디지털 커먼즈로서의 가치

생성형 AI를 통해 생성한 결과불의 보호 가치

현재 저작권법상 인간의 사상과 감정을 표현한 창작물이 아닌 것은 저작물이 될 수 없지만, 지금도 많은 창작자는 자신의 사상과 감정을 표현하는 도구로 컴퓨터 등을 사용하고 있다. 일례로, 그래픽디자이너나 일러스트레이터의 경우 대다수가 그래픽 디자인 프로그램을 도구로 활용해 창작 활동을 하고 있으며, 그 결과물에 저작물로서의 가치가 있다면 당연히 저작물로서 저작권법에 의해 보호받고 있다.

앞서 살펴본 것처럼 저작권법 제2조 제1호는 저작물을 "인간의 사상 또는 감정을 표현한 창작물"로 규정하여 창작성을 요구하고 있다. 여기서 창작성이 완전한 의미의 독창성을 요구하는 것은 아니지만, 창작성이 인정되려면 적어도 단순히 남의 것을 모방한 것이어서는 안 되고 사상이나 감정에 대한 작자 자신의 독자적인 표현을 담고 있어야 한다. 또한 원저작물에 사소한 변형만을 가한 경우에는 창작성을 인정하기 어렵지만 그러한 정도를 넘어서는 변형을 가하여 원저작물과 구별되는 특징이나 개성이 나타난 경우라면 창작성을 인정할 수 있어 저작물로서 보호를 받을 수 있다(대법원 2018. 5. 15. 선고 2016다227625 판결 등 참조). 따라서 원칙적으로 우리가 특정 화가의 그림 자체가 아니라 화풍을 빌려 자신의 독자적인 사상과 감정을 표현한 그림을 그린다면 이는 저작물로서 인정받을 수 있다.

그렇다면 우리가 생성형 AI를 도구로 이용해 특정 화가의 화풍으로 그림을 그려달라고 하면 어떨까. 128쪽 그림은 이미지 생성형 AI인 달리에 "주인을 잃은 강아지 그림"과 특정 화가의 화풍을 입력한 결과물이다.

렘브란트와 카라바조가 개를 주제로 그림을 그린 사실이 없는 이상 이 그림은 기존 그림을 모방한 것이 아니라 주인을 잃은 강아지를 그리고자 하는 프롬프트 입력자의 감정을 표현한 독창적인 그림이므로 저작물로 인정되어야 한다고 생각할 수 있다. 그러나 저작권법은 표현과 아이디어 이분법 원칙에 따라 아이디어는 저작권으로 보호하지 않는다.

렘브란트 화풍.　　　　　　　　　카라바조 화풍.

우리 대법원 역시 저작권법상 저작물은 문학·학술 또는 예술과 같은 문
화의 영역에서 사람[4]의 정신적 노력에 의하여 얻어진 아이디어나 사상
또는 감정의 창작적 표현물을 가리키므로 그에 대한 저작권은 아이디어
등을 말·문자·음·색 등에 의하여 구체적으로 외부에 표현한 창작적 표
현 형식만을 보호 대상으로 하는 것이어서 표현의 내용이 된 아이디어
나 그 기초 이론 등은 설사 독창성·신규성이 있는 것이라 하더라도 저
작권의 보호 대상이 될 수 없다고 판단하고 있다(대법원 1999. 10. 22. 선고
98도112 판결 등 참조). 위 사례에서 "주인을 잃은 강아지"를 그리려는 생
각은 소재에 대한 아이디어일 뿐이고 이를 그림으로 표현한 것이 저작
권법상 보호 대상인 저작물이다. 그런데 강아지를 직접 그림으로 표현
한 것은 주인을 잃은 강아지라는 아이디어를 그림으로 표현하라고 요구

4　물론 우리 민법상 권리의 귀속 주체는 생존하는 동안의 사람과(제3조) 법률에 따른 법인(제34조)
　　만이 될 수 있으므로 생성형 AI가 저작권의 권리주체가 될 수 없다고 보아야 한다.

한 이용자가 아니라 생성형 AI인 달리이므로 이용자는 저작권을 가질 수 없다.

이처럼 생성형 AI가 생성한 결과물은 상당한 정도의 독창성을 띠는 창작성을 가질 수는 있으나 생성형 AI 자체가 사상이나 감정에 대한 자신의 독자적 표현을 담고 있다고 보기는 어렵다. 따라서 '인간'이라는 요건을 제하고 보아도 생성형 AI를 저작권을 보유하는 권리자로 인정하고 그 결과물을 보호할 가치가 있는지 의문이다.

물론 AI가 더욱 발전해서 인간의 요구(아이디어) 없이도 스스로 사상과 감정을 표현한 창작물을 창작하는 상황에 이른다면 이야기가 다르다. 현재 저작권법상 저작물의 보호 기간을 저작자의 생존 기간과 사후 70년간으로 규정하고 있는데(제39조 제1항), 이 경우에는 '사후'라는 개념을 상정하기 힘든 AI가 창작한 저작물의 보호 기간은 어떻게 할 것인지도 문제가 될 수 있다.

챗GPT는 생성형 AI가 저작권자가 될 수 있는지를 묻는 질문에 이렇게 답변한다.

현재로서 대부분의 국가에서는 생성형 AI가 저작권자가 될 수 없습니다. 대부분의 저작권 법률은 저작물의 창작자가 인간이거나 법인체(기업 또는 단체)일 때에만 저작권을 부여합니다. 이러한 법률적 전통은 저작물의 창작과 관련된 창작 능력 및 의도를 고려하는 것이 일반적이기 때문입니다. AI는 도구로 사용되거나 프로그래밍에 따라 작동하며, 자체적으로 창작 능력과 창작 의도를 가지지 않습니다. 따라서 대부분의 국가에서는 AI 자체를 저작권자로 보지 않습니다. 대신, AI가 작품을 생성하거나 창작 프로세스에 사용되는 경우, 해당 작품의 저작권은 AI를 사용한 개발자, 프로그래머, 또는 사용자에게 주로 속합니다. 그러나 미래에는 AI와 관련된 법률 및 규제가 변화할 수 있으며, AI가 자체적으로 창작 능력을 갖추거나 법적 주체가 될 수 있는지에 대한 논의가 계속 진행됩니다. 따라서 AI와 저작권에 관한 최신 법률과 규정을 확인하고, 필요한 경우 법률 전문가와 상담하는 것이 중요합니다.

앞서 살펴본 것처럼 생성형 AI가 저작권자가 될 수 없다는 점을 밝히고, AI를 통한 작품 생성의 경우 개발자, 사용자 등에게 속할 수 있으며 아직 관련한 명확한 법 규정이 없음을 설명하고 있다. 이처럼, 생성형 AI에 대한 저작권을 인정하는 데 가장 큰 장애물인 '인간'이라는 요건을 제외한다고 하더라도 아이디어와 표현이 분리되어 있는 현 생성형 AI의 경우 결과물을 저작물로서 보호할 가치가 있는지 의문이다. 오히려 생성형 AI의 학습 과정을 고려할 때 이를 인류의 공유 자산으로 보호하는 것이 더 타당할 수 있다. 이에 대한 논의가 필요하다.

디지털 커먼즈로서의 생성형 AI

앞서 논의한 바와 같이 생성형 AI 자체는 물론 그 이용자 또는 개발자 모두 현행법상 저작권자가 될 수 없고 생성형 AI의 결과물을 저작물로서 보호할 가치가 있다고 말하기는 어렵다.

생성형 AI가 생성한 결과물이 제대로 보호받지 않는다면 생성형 AI 개발 의욕이 고취되기 어렵다는 의견이 있을 수 있다. 다만 생성형 AI에 대해서는, 생성한 결과물을 보호하고 그 권리를 인정할 것이 아니라 생성형 AI 자체에 대한 권리를 충실히 보호함으로써 AI 프로그램이 발전할 수 있도록 방향을 설정하면 충분할 것이다. 한편, 생성형 AI가 생성한 결과물에 대해 현행법과 제도상 생성형 AI가 권리주체가 될 수 없음은 물론 이용자와 개발자 등 특정 주체에게 권리를 부여하는 것이 적절하지 않다. 따라서 이와 관련한 법과 제도를 명확히 설정해 향후 발생할 수 있는 사회적 이익과 분쟁으로 인한 손해를 명확하게 예측할 필요가 있다.

생성형 AI는 수십, 수백, 수천 년에 걸쳐 인간이 만들어낸 글, 그림 등 대량의 데이터를 학습해 이를 기반으로 독창적이고 창작적인 결과물을 만들어내고 있다. 물론 인간의 창작물 역시 한 개인에게 체화된 수많은 인류의 유산을 기반으로 창작된 것이라고 할 수 있으나 생성형 AI처럼 의도적인 대량의 데이터 학습으로 만들어지는 것은 아니며, 인간으로서 할 수 있는 학습과 때로는 시대를 앞서가고 때로는 시대를 견인하는 새로운 창작 능력을 기반으로 한다.

생성형 AI는 인류 공동의 재산[5]이라고 할 수 있는 축적된 자산 등을

---

5 물론, 생성형 AI가 학습한 데이터 중 일부는 저작권 등 권리 보호 기간이 종료되지 않은 제3자의 권리에 속한 데이터를 통해 학습한 것이나, 이는 생성형 AI 개발자와 데이터 권리자 간의 관계로 보아야 한다. 이러한 생성형 AI의 학습 방법이 기존 권리자의 권리를 침해하는지에 대해서는 저작재산권 제한 사유를 포괄적으로 규정한 저작권법 제35조의 5 '공정한 이용' 조항 적용 여부가 주로 쟁점이 될 수 있다. 최근 미국의 창작단체 협회에서 생성형 AI 개발사인 오픈 AI, 스테빌리티 AI 등을 상대로 자신들의 저작물을 무단으로 학습 데이터에 포함시켜 저작재산권 중 복제권을 침해했다는 이유로 소송을 제기하고 있다. 저작권법 제35조 5항은 다음과 같다.
제35조의 5(저작물의 공정한 이용) ① 제23조부터 제35조의 4까지, 제101조의 3부터 제101조의 5까지의 경우 외에 저작물의 일반적인 이용 방법과 충돌하지 아니하고 저작자의 정당한 이익을 부당하게 해치지 아니하는 경우에는 저작물을 이용할 수 있다.
② 저작물 이용 행위가 제1항에 해당하는지를 판단할 때에는 다음 각호의 사항 등을 고려하여야 한다. 1. 이용의 목적 및 성격. 2. 저작물의 종류 및 용도. 3. 이용된 부분이 저작물 전체에서 차지

의도적으로 대량 학습해 이를 기반으로 결과물을 생성하므로 현행법과 제도상의 문제뿐만 아니라 그 생성 과정의 방법을 고려할 때도 특정 주체에게 그 권리를 독점적으로 부여하는 것이 타당한지 의문이다. 오히려 생성형 AI가 생성한 결과물이 인류 공동의 재산을 기반으로 한 것임을 고려할 때 특정인에게 권리를 부여하기보다 이를 인간의 공유재산으로 보아 사회 전반의 발전을 위해 쓰일 수 있도록 활용하는 것이 타당하다고 할 수 있다. 즉, 생성형 AI가 생성한 결과물의 보호 가치와 생성형 AI의 학습 및 생성 방법 등을 고려할 때 생성형 AI가 생성한 결과물을 누구나 활용하고 수정, 보완할 수 있는 '디지털 커먼즈'의 일부로 만들어 보다 많은 분야에서 발전을 촉진하도록 함으로써 얻는 공적인 이익이 이를 특정인에게 권리를 부여해 얻는 사익보다 더 클 수 있다.

챗GPT는 생성형 AI가 생성한 결과물을 디지털 커먼즈로 활용하는 것에 대해 어떻게 생각할까? 이 질문에 대한 챗GPT의 답변은 다음과 같다.

생성형 AI가 생성한 결과물을 디지털 커먼즈로 만드는 것에 대한 의견은 다양하며, 주로 다음과 같은 관점들이 있습니다.

긍정적 관점
지식의 접근성과 확산 : 생성형 AI 콘텐츠를 디지털 커먼즈로 공유함으로써 지식과 정보의 접근성이 향상되며 이는 교육, 연구, 혁신 등 다양한 분

하는 비중과 그 중요성. 4. 저작물의 이용이 그 저작물의 현재 시장 또는 가치나 잠재적인 시장 또는 가치에 미치는 영향.

야에 긍정적인 영향을 미칠 수 있습니다.

창의적 협업 촉진 : 다양한 배경을 가진 사람들이 AI 생성 콘텐츠를 기반으로 협업하고, 새로운 아이디어를 개발하는 데 도움을 줄 수 있습니다.

부정적 관점

저작권과 지적재산권 문제 : AI가 생성한 콘텐츠의 저작권은 아직 명확히 정립되지 않았으며, 이는 저작권 침해 같은 법적 문제를 야기할 수 있습니다.

품질과 신뢰성에 대한 우려 : AI가 생성한 콘텐츠의 정확성이나 품질이 일관되지 않을 수 있으며, 이는 오류나 잘못된 정보의 전파로 이어질 수 있습니다.

중립적 관점

균형 잡힌 접근의 필요성 : AI 생성 콘텐츠를 디지털 커먼즈로 활용하는 것은 많은 잠재력을 가지고 있지만 저작권, 품질 관리, 윤리적 사용 등의 문제를 신중하게 고려해야 합니다.

지속적인 평가와 조정 : 생성형 AI 기술의 발전과 사회적, 법적 틀의 변화에 따라 이러한 콘텐츠의 활용 방식을 지속적으로 평가하고 조정할 필요가 있습니다.

종합적으로 볼 때, 생성형 AI 콘텐츠를 디지털 커먼즈로 활용하는 것은 큰 잠재력을 가지고 있지만, 여러 도전 과제와 문제점도 존재합니다. 이러한 점들을 신중하게 고려하여 적절한 규제와 가이드라인을 마련하는 것이 중요합니다.

생성형 AI의 결과물을 디지털 커먼즈로 활용하는 것이 큰 잠재력을 가지고 다양한 사회 분야에서 혁신의 도구로 사용될 수 있다고 보면서도, 저작권이나 윤리적 차원에 대한 문제의식을 드러내고 있다.

　　세계 곳곳에서 생성형 AI가 생성한 결과물을 바탕으로 업무 효율을 높이고 지식 접근성을 향상시키는 등 긍정적인 효과가 나타나고 있지만, 한편으로는 보이스피싱이나 가짜 뉴스 등 범죄에 사용되어 부정적인 결과를 낳고 있다. 생성형 AI가 본격적으로 등장하여 대중이 사용하기 시작한 지 이제 1년가량 지났다는 점을 고려하면 향후 생성형 AI와 관련한 법률 분쟁은 증가할 수밖에 없을 것이다. 따라서 생성형 AI가 생성한 결과물을 디지털 커먼즈로 활용하되, 이를 생성하고 공유한 자에게 일정 부분 책임을 귀속시키는 등의 법적, 제도적 장치를 마련할 필요가 있다. 무분별한 사용으로 인해 법적, 윤리적으로 부적절한 결과물이 생성될 수 있는데, 어떠한 제한 장치도 없이 이를 디지털 커먼즈라는 이름으로 공유한다면 오히려 사회적으로 부정적 영향을 끼칠 수 있기 때문이다.

　　앞에서 살펴본 것처럼, 현행법과 제도에 따르면 생성형 AI의 결과물을 특정인에게 귀속시키는 것은 맞지 않다. 따라서 이를 디지털 커먼즈로 활용하는 방안을 논의하되 '공유'의 관점에서 최소한의 사회적 합의를 거쳐 기준을 만들어야 할 것이다. 이러한 바탕 위에서 생성형 AI가 생성한 결과물을 인류 공동의 자산으로 발전시키기 위해 노력해야 한다.

2부
디지털 테크놀로지와
커먼즈 운동의 현재

5장
디지털 커먼즈를 통한 시민 참여형 도시 디자인: 독일 베를린의 디지털 커먼즈 리빙랩을 중심으로[1]

오민정

스마트시티의 시대

18세기 산업혁명은 인간 삶의 전반에 많은 변화를 가져왔다. "헌법의 범위를 벗어나 국가 기초, 사회 제도, 경제 제도, 조직 따위를 근본적으로 고치는 일"이라는 혁명의 사전적 의미처럼, 산업혁명은 기존의 인간 삶의 공간에까지 변화를 일으켰다. 그 대표적인 예가 대도시의 출현이다. 촌 인구의 도시 이동은 오늘날에도 계속되고 있다. 특히 지난 수십 년 동안 대도시의 인구수는 급격하게 증가했고, 이는 세계적인 추세가 됐다. 대도시의 인구 증가는 한정된 도시 공간을 어떻게 효율적으로 이용할 것인가 하는 질문을 제기했다. 그리고 보다 나은 삶의 환경을 조

---

1 이 장은 필자의 다음 두 논문을 수정, 보완한 것이다. 오민정, 「스마트시티 판의 전환: 순환 도시 베를린을 중심으로」, 『경상논총』 41권 1호, 2023, 69-88쪽; 「심포이에시스적 스마트시티 창조를 위한 도시 디자인: 시티랩 베를린을 중심으로」, 『브레히트와 현대연극』 48권, 2023, 311-330쪽.

성하기 위해, 시민의 안전을 확보하고 삶의 질을 향상하기 위해 많은 도시가 새로운 도시 개발을 시도하고 있다. 오늘날 이러한 새로운 도시 개발의 방식을 우리는 '스마트시티'라고 부른다. 독일도 예외는 아니다. 독일은 2000년대 중반부터 ICT 기술을 활용한 도시 개발을 추진하고 있다. 1단계 도시 개발에서 독일은 IBM 사가 정의하는[2] 기술 중심 도시 개발을 시도했다. 그러나 기술 중심의 도시 개발은 공급자 중심의 도시 건설이었기에, 시민이 실질적으로 겪는 문제를 해결하기 위해 기술이 사용되기보다는 기술을 적용하기 위해 도시 문제를 발굴하는, 주객이 전도된 도시 개발이 되었다. 2015년 2단계 스마트시티 건설에서는 시스코 시스템즈 사가 내세우는 스마트시티 개념[3]이 중심이 되었다. 그러나 이역시 기술 중심 도시라는 기본 개념을 벗어나지는 못했다. 이에 2017년 독일은 새로운 도시 건설을 위한 '스마트시티 헌장'을 발표한다.

독일의 스마트시티 헌장에는 "도시 디지털 전환의 목적이 지역의 고유한 특성과 전통을 유지하면서 사회 구성원과 도시 공간의 사회적, 경제적 불균형을 해소하고, 참여와 포용적인 민주적 사회 구조를 확보하는 것"이라고 명시되어 있다. 독일의 스마트시티 건설에서 디지털 기

---

2 2008년 IBM은 "기술 활용 기반instrumented", "상호 연결interconnected", "지능화intelligent"를 키워드로 내세우며 데이터를 도시 서비스에 연결하여 지능화된 시스템을 구축하는 도시로서 스마트시티를 소개했다. IBM에 따르면 스마트시티란 실시간으로 데이터를 계측 및 통합하고, 수집된 데이터 정보를 도시 서비스 간에 상호 연결하여 ICT를 기반으로 시스템을 구축하는 도시이다.

3 시스코시스템즈가 제시한 스마트시티는 셋 이상의 기능 영역에 걸쳐 기술을 통합하는 도시를 말한다. 더 간단하게 말하면 스마트시티는 전통적인 인프라(도로, 건물 등)를 시민의 삶을 풍요롭게하는 기술과 결합한 것이다. 창의적인 플랫폼과 킬러앱이 교통량과 주차 혼잡, 공해와 에너지 소비, 범죄를 줄이는 데 기여하며, 또한 수입을 창출하고 도시 거주자와 방문자의 비용을 줄이고 있다. 클라우스 슈밥, 『4차 산업혁명의 충격: 과학기술 혁명이 몰고올 기회와 위협』, 김진희·손용수·최시영 옮김, 흐름출판, 2016, 182쪽.

술은 사회적으로 평등하며, 기술은 에너지 및 자원을 효율적으로 개발하고 사용하기 위한 수단이다.[4] 스마트시티 건설에서 기술의 역할이 무엇이고, 도시의 디지털 전환이라는 기술문명의 전환이 도시 건설에서 왜 필요한지를 분명히 밝히고 있는 것이다. 21세기 문명 대전환의 시대에 인간 삶의 공간인 도시 건설에서, 기술은 더 이상 인간이 거부할 수 없는 인류의 도구가 되었다. 이에 독일의 스마트시티 건설 원칙에서는 기술을 중립적 가치로 설정하고, 도시 개발에 왜 기술이 필요하며 기술 사용의 목적과 방향이 무엇인지를 밝히고, 나아가 도시의 역할과 도시 개발의 방향을 모든 구성원이 인식해야 한다고 강조한다.[5] 도시 구성원이 '기술 사용의 목적과 방향'을 인식한 상태에서 자기 삶의 공간을 일궈야만 창의적이고 독창적인 자기조직화된 도시를 건설할 수 있다는 것이다.

기술, 특히 4차 산업혁명의 게임 체인저로 등장한 디지털 기술은 스마트시티 건설에 중요한 공동의 자원이다. 공동의 자원, 이는 '커먼즈 commons'이다. 커먼즈는 사유재산의 반대인 공공의 자산을 공동체가 사회적 운영 규범에 따라 공유하는 공동의 자원을 뜻한다. 물질계의 '공유자원'이라는 의미의 커먼즈는 새로운 문명 전환의 시기에 비물질계인 디지털 공간으로 확대되고 있다. 디지털 공간에서 커먼즈는 비물질계에서 조직되는 사회 공동체의 연대로 생성된다. 인간 삶의 공간을 가상공

---

4 Bundesinstitut für Bau-, Stadt- und Raumforschung, "Smart City Charta. Digitale Transformation in den Kommunen nachhaltig gestalten", 2017.

5 "독일의 도시, 지역 및 커뮤니티가 도시의 역할을 알고, 미래 지향적이고 책임 있는 도시 개발과 바람직하지 않은 도시 개발의 위험성을 초기에 인식하여 잘못된 길로 가는 것을 방지한다." BBSR, 2017, p. 8.

간으로 확장한 오늘날의 기술문명 시대에, 커먼즈는 디지털 공간의 구성원들이 약속한 사회적 가치와 규범에 따라 그 가치를 확산시킨다. 그리고 이 사회적 가치를 확산시키는 과정, 즉 공동체 구성원들이 공유 자원을 생성하며 공동의 행위와 실천을 행하는 일련의 과정을 우리는 '커머닝commoning'이라고 부른다.[6] 이는 "커머너들의 공통의 의사 결정, 네트워킹, 책무와 프로젝트, 그리고 상호 의견의 조정 등을 포함"한다.[7]

디지털 커머닝 사례는 독일의 스마트시티 건설 과정에서도 찾을 수 있다. 독일 베를린시에서 시민들은 자신들의 공동체에 내재한 사회문제를 스스로 발굴하고 이를 해결하기 위해 디지털 공간에 일종의 공통장commons을 형성했다. 대표적으로 '시티랩 베를린CityLAB Berlin'이 있다. 시티랩 베를린은 시민 참여형 공공 혁신 실험실이다. 이 실험실은 오프라인과 온라인으로 나뉘는 물질계와 비물질계 공간을 피지털Physital 공간으로 통합하여 시민이 언제 어디서든 사회문제를 제기할 수 있는 담론의 장을 이뤄냈다. 시티랩 베를린은 가상 세계를 허구의 세계로 인식하고 디지털 세계를 이원론적으로 구분하는 것이 아니라, 이 공간을 "문화적 인간 삶의 확장된 공간"[8]으로 인식한다. 디지털 공간 안에 거버넌스 플랫폼을 조직하고 커먼즈 기반의 리빙랩을 운영하는 것이다.

이에 이 장에서는 베를린시의 시민 참여형 거버넌스 플랫폼인 디

---

6 "커먼즈의 운영은 한 사람 이상이 협력해 유·무형의 공통 자원을 일구며 공동의 행위와 실천을 행하는 구성원들의 '커머닝commoning'(공통화) 과정이다." 이광석, 『피지털 커먼즈』, 갈무리, 2021, 108-109쪽.

7 이광석, 2021, 109쪽.

8 오민정, 「문화적 인간의 미래 생활환경으로서 메타버스」, 『한국융합학회논문지』 13권 2호, 2022, 176쪽.

지털 커먼즈 기반 리빙랩 사례를 제시하고자 한다. 즉, 베를린에서 실행되는 리빙랩 사례를 통해 디지털 커먼즈로서의 리빙랩을 소개하고, 독일 시민의 협력 문화에 기반한 도시 문제 해결 사례를 분석할 것이다. 그리고 이 시민 주도 리빙랩 프로젝트가 디지털 생태계 혁신을 통해 어떻게 지속 가능한 통합 도시를 이루고 있는지도 살펴본다. 또한, 허구이지만 인간의 내면과 삶의 양상을 담고 있는 문학 작품을 통해 개인의 욕망이 아니라 공동체의 연대를 통한 디지털 전환 도시 건설 방향을 살펴볼 것이다. 이러한 논의를 바탕으로 사람 중심의 시민 참여적 스마트시티 리빙랩에서 디지털 전환 시대의 기술 양식과 그 의미를 분석하며, 시민 참여를 통한 안전하고 건전한 도시 건설 디자인을 제안하고자 한다.

디지털 커먼즈 기반 리빙랩

베를린시는 2015년 시스코시스템즈의 스마트시티 정의를 바탕으로 「스마트시티 전략 베를린Smart City Strategie Berlin」을 발표했다. 이 전략으로 도시에 내재된 문제를 해결하고, 미래의 지속 가능한 발전을 꾀하며 공동선을 추구하는 도시를 건설하고자 했다.[9] 그리고 2017년에는 모든 도시 구성원을 통합하고 포용하는, 시민 참여와 환경친화적 도시를 기본으로 하는 스마트시티 헌장을 발표했으며, 이를 계기로 기술 중심 도시 개발에서 시민 참여 중심 도시 개발로 방향을 전환했다. 또한 베를

---

9 https://projektzukunft.berlin.de/themen.html.

린은 시의 사회 생태적 변혁을 촉진하고 독일과 유럽의 지속 가능한 도시 및 자치 지역 설계를 위한 등대 도시로 자리매김하는 데 기여하고자 디지털 도시 베를린 정책에 돌입한다.[10] 스마트시티를 이루기 위해 일차적으로 디지털 혁신 도시로의 전환을 선언한 것이다. 베를린시는 도시계획의 원칙으로 디지털화를 선언하고, 시민사회와 기업 및 관련 분야의 이해관계자들이 함께하는 프로젝트를 개발하며, 디지털 도시를 위한 정책과 규제 틀을 설정하고 연방정부와 유럽 기관과의 협력을 모색하고 있다.

디지털 도시 전환에서 주체는 역시 시민사회이다. 베를린의 변화를 지속 가능하고, 공동체 중심적이고, 협력적이며 회복력 있게 만들기 위해 도시를 디지털로 통합하는 것은 시민의 행복한 삶을 위한 것이다. 그리고 미래 지향적 도시 디자인을 실행하기 위해서는 모든 구성원들에게 공정한 자원 분배가 이뤄져야 한다.

시민들에게 자원을 공정하게 분배하지 않고 기술 인프라의 도입만으로 스마트시티를 건설하는 것은 불가능하다. 2000년대 초반 기술을 중심에 두었던 유시티U-City의 실패 경험은 이를 잘 보여준다. 기술 중심 도시, 지능화된 도시인 유시티가 많은 비용과 노력을 들였음에도 불구하고 정작 그 도시에서 살아가는 시민들은 유시티의 효과를 제대로 인식하지 못했다. 당시 유시티는 공급자 중심, 하드웨어 중심의 도시 기반 시설이었기 때문이다.[11]

---

10 https://gemeinsamdigital.berlin.de/en/.

11 오민정, 「사람 중심의 스마트한 도시 디자인」, 이종관 외, 『미래도시와 기술혁명의 공공성』, 산과글, 2021.

따라서 미래도시 구상의 핵심은 공정한 자원 분배이고, 자원 분배를 위한 사회 공동체의 연대와 이를 통해 생성하는 사회적 가치 및 규범은 스마트시티의 근본 조건이 된다. 이러한 의미에서 스마트시티의 인프라는 시민의 활동에 밀착되어야 하며, 시민의 활동은 스마트시티 구성에 직결되어야 한다. 이를 위해 스마트시티 디자인에서 필수적인 것이 공동체 문화이다. 그리고 시민 참여를 활성화하고 시민의 공동체 문화를 촉진할 수 있는 지역 기반 참여형 도시 개발 방법론 역시 필요하다. 이를 위한 대표적인 방법론이 '리빙랩LivingLab'이며, 리빙랩을 더욱 활성화하는 방법이 디지털 커머닝이다.

리빙랩은 "사용자가 적극적으로 혁신 활동에 참여 가능한 사용자 주도 개방형 혁신 생태계"[12]이다. 리빙랩에서는 지역 사회문제에 관심이 있는 여러 분야의 사람들이 모여 협력한다. 이는 기존의 민관협력 문제 해결 방식에 시민이 참여하는 것으로, 혁신적 문제 해결 방식에 '현실성'과 '사회적 수용성'을 더할 수 있다.[13] 시민이 더해진 문제 해결 방식은 사용자인 시민과 직결되어 상황에 기민하게 반응한다.[14] 따라서 리빙랩을 통해 자신이 살고 있는 공간의 문제를 시민 스스로 주도적으로 해결할 수 있다. 또한 시민들은 디지털 공간에서 다양한 소통을 실현하고 다양한 연결망을 만들어가고 있다. 이러한 디지털 경험을 가능하게 하는 것은 디지털 자원의 공유이다. 디지털 자원, 디지털 커먼즈의 공정한 분배

12 성지은 외, 「리빙랩의 운영 체계와 사례」, 『STEPI Insight』 127권, 2013, 4쪽.

13 이태동, 『환경에너지 리빙랩: 사용자 주도의 미세먼지, 기후변화, 순환도시 문제 해결』, 연세대학교 대학출판문화원, 2019, 6쪽.

14 성지은 외, 「지역문제 해결을 위한 국내 리빙랩 사례 분석」, 『과학기술학연구』 16권 2호, 2016.

없이는 스마트시티의 공동체 문화를 촉진할 수 없다. 따라서 무엇이든 연결하는 디지털 기술이 스마트시티에 거주하는 사람들을 연결해줄 공유 디지털 플랫폼을 구현한다면, 스마트시티는 도시 구성원의 삶의 문제를 해결하는 공동 창조의 장이 된다.

생활 속 실험실이라는 정의에서 알 수 있듯, 리빙랩은 시민의 일상과 연결되고 거기서 발견되는 문제의 해결책을 모색하는 커먼즈(공유지) 역할을 한다. 또한, 리빙랩은 사람과 사람을 연결하고, 시공간을 연결하는 공간이다. 따라서 리빙랩은 세계-내-존재인 현존재에게 삶의 행위와 맥락이 결부되는 세계를 제시할 수 있다. 그리고 사회문화적으로 삶의 행위와 맥락이 결부된 사람들이 공유하는 삶의 환경에서 발생하는 문제를 서로 협력해서 해결하는 장을 제공하고, 지속 가능한 공동체를 육성하는 공간이기도 하다. 이 점에서 리빙랩에서의 디지털화는 필요하다. 디지털 커먼즈 또한 사회문화적으로 삶의 행위와 맥락이 결부될 때 비로소 사람들의 삶의 환경이 될 수 있다. 그리고 디지털 커먼즈의 특성을 활용하여 스마트시티의 공동체성을 형성하는 '공동 창조형 스마트 거버넌스 플랫폼'이라는 디지털 커머닝의 구성도 가능하다.

현시대는 팬데믹과 엔데믹 상황을 극복하고, 기후변화 위기에 공동체적 대응을 마련하는 등, 시대가 맞이한 중대한 문제들에 '더불어 함께하는' 공동의 해결 방식이 필요한 때이다. 이러한 의미에서도 삶의 터전에서 인간이 처한 문제들을 발굴하고 이를 해결해나가는 공동체의 참여 문화가 필요하다. 공간적 파편성을 극복하게 하면서 특정 지역의 문화적 공감과 몰입을 가능하게 하는 디지털 커먼즈는 참여 문화를 조성하는 사람들을 이어주고 도시를 스마트하게 만든다. 따라서 디지털 커먼즈를 리빙랩에서 활용하는 것은 리빙랩 운영에 필수적이다. 누구나 접근할 수 있는 디지털 공유 자산은 자원과 자원을 연결하고 자원을 순환시키며, 디지털 도시라는 새로운 도시 문화를 만들어나가는 기반이 된다.

베를린 리빙랩의 커머닝 사례

디지털 전환에 동참하는 시티랩 베를린은 앞서 언급한 것처럼, 사회의 공동선을 지향하는 도시 개발을 위해 2019년 설립된 시민 참여형 공공 혁신 실험실이다. 디지털 전환에 관심 있는 시민과 공공기관, 기업들이 언제든지 이곳에 모여 도시 문제를 해결할 수 있다. 시티랩은 생활 속 '공공 실험실'로 시민사회, 기업, 학계, 연방정부, 시와 함께 더욱 살기 좋은 스마트 도시 베를린[15]을 구축하기 위해 새로운 방안을 모색하는 작업을 한다. 시와 시민을 위한 공공의 이익을 실현하는 공동선을 위해서 일하는 것이다. 시티랩은 기술이 도시 개발을 이끄는 것을 거부하고, 기술을 삶의 가치가 있는 지속 가능한 도시를 만들기 위한 수단으로 여긴다. 또한, 디지털 혁신을 이루는 과정에서도 가능한 한 많은 사람들의 아이디어를 취합하고 공동체의 다양성에 자부심을 느끼며 도시 개발에

---

15 베를린시는 2020년 '베를린 살기 좋은 스마트Berlin lebenswert smart'라는 새로운 스마트시티 전략을 발표했다. BMI, "Modellprojekte Smart Cities", 2020. 이 전략은 베를린시의 다양한 구성원과 커뮤니티와의 대화를 통해서 만들어지기에, 기술 중심이던 2015년 전략과 달리, 시민의 포괄적인 참여와 스마트시티에 대한 이해를 바탕으로 하고 있다.

임한다.[16] 시티랩 베를린의 가치는 아래와 같다.

1. 시티랩은 공동선을 위해 일한다. 모든 프로젝트에서 베를린시와 시민을 위한 공공의 이익이 중요하다.
2. 결코 기술 자체가 목적이 아니다. 기술은 삶의 가치가 있는 지속 가능한 도시를 만드는 수단이다.
3. 디지털 혁신을 이루어 장벽을 허물고 새로운 방식으로 시민과 함께 일하는 것을 목표로 한다.
4. 혁신 프로세스의 개방성이 커뮤니티에 이로울 뿐만 아니라 더 나은 미래를 가져올 것이다.
5. 도시는 효율적이고 책임감 있게 디지털 혁신을 이루어야 한다.
6. 디지털 혁신을 이루는 과정에서 최대한 다양한 사람들의 의견을 포함하며, 공동 팀으로서 우리의 다양성에 자부심을 느낀다.[17]

시티랩 베를린이 지향하는 가치는 인본적인 디지털 커머닝의 방향을 제시한다. 디지털 자원의 분배는 사회의 공동선을 위한 것이며, 디지털 커머닝은 도시와 시민을 위한 공공의 이익을 목표로 한다. 디지털 커머닝은 단지 도시를 디지털로 통합하는 것에 머물지 않고, 인간의 행복을 위해 지속 가능한 방향으로 나아가야 한다. 디지털 커머닝은 도시의 새로운 디지털 문화를 조성한다. 또한, 이 과정에서 최대한 많은 도시

---

16 https://citylab-berlin.org/de/about-us/.

17 https://citylab-berlin.org/de/about-us/.

구성원의 의견을 수렴하는 것 역시 중요하다.

　시티랩에서는 다양한 주체가 운영하는 리빙랩 형태의 프로젝트가 디지털 커머닝을 기반으로 펼쳐지고 있다. 시티랩에서 시민들이 프로젝트에 직접 참여하는 플랫폼은 디지털 공유지라 할 수 있다. 이곳은 시민들이 자신의 의견을 표출하고, 사회문제 해결에 동참하기 위한 공동의 장이다. 그렇기에 도시를 하나의 실험실로 삼는 시티랩 베를린은 디지털 커머닝 리빙랩의 좋은 모델이다. 시민 참여로 운용되는 생활 속 실험실 리빙랩인 시티랩 베를린의 여러 디지털 커뮤니티를 통해, 시민들과 도시의 이해관계자들은 현실 연장의 확장된 공간인 디지털 공간에서 연결되고, 그 안에서 디지털 커머닝 문화를 촉진한다. 이를 통해 도시의 문제를 효율적이고 합리적으로, 그리고 시민 주체적으로 해결하는 스마트시티로의 진화가 가능하다.

　디지털 커머닝 기반 시티랩 프로젝트의 사례로 '기스 덴 키츠Gieß den Kiez'가 있다. 이는 가뭄으로 고사 위기에 처한 베를린 도심의 가로수에 시민들이 직접 효율적으로 물을 주는 프로젝트이다. 베를린의 여름 날씨는 건조하고 기온이 높으며, 최근 몇 년간 가뭄으로 도시의 나무가 고사하여 도시 녹지 생태계가 위기에 직면한 상황이었다. 이에 시티랩 베를린은 도시 생태계 보호를 위해 시민과 함께하는 프로젝트를 실시했다. 도시 나무 생태계 프로젝트의 효율적인 운영을 위해 시티랩의 기술팀은 현실의 베를린 시가지를 메타버스의 가상현실 공간에 그대로 옮긴 디지털 커먼즈(오픈 소스 앱)를 시민들에게 제공했다. 시민들의 적극적인 참여로 이 디지털 커먼즈 공간은 단순히 현실을 메타버스에 옮겨 놓은 것 이상의 의미를 갖게 됐다. 현실계가 가상계로 확장된 공간으로서, 시민의 실제 삶과 결부된 세계이자 사회문화적 맥락과 이어지는 세계이기에 시민의 실제 생활환경으로서 가치를 지니게 된 것이다. 그리고 이러한 가상과 현실 공간의 상호 관계성을 통해 디지털 공유지는 시민들이 자유롭게 활동하는 거버넌스 플랫폼의 역할을 하기 시작했다.

이 거버넌스 플랫폼에 모인 시민들은 베를린시의 거의 모든 가로수의 수령, 품종, 물 흡입량을 오픈 소스 앱으로 확인하고, 고사 위기에 처한 나무에 직접 물을 줄 수 있게 됐다. 또 얼마만큼 물을 주었는지 앱에 표시하여 누구나 정보를 확인할 수 있고, 개인이 나무를 입양하여 장기적으로 관리할 수도 있다.[18] 나무에 필요한 물은 베를린 거리에 설치된 2000여 개의 지하수 펌프를 이용한다. 2020년 5월에 시작한 이 가로수 물 주기 프로젝트로 지하수 펌프는 더욱 효율적이고 자원 순환적인 활용이 가능해졌다. 이 펌프의 물은 재해에 대비한 비상 용수지만 대부분 식수로 사용하기에는 적합하지 않아서 도시 녹지 유지를 위해 활용하는 순환 구조를 이루고 있다. 현재 이 프로젝트를 통해 80만 1195그루의 나무를 시민들이 관리하고 있고, 라이프치히 등 다른 도시에서도 정보를 교류하며 프로젝트 도입을 추진 중이다. 또한 프로젝트에 참여하는 사람들이 서로 정보를 교환하는 디지털 커뮤니티 플랫폼을 만들어 이용하고 있다. 이 거버넌스 플랫폼은 시민의 삶의 터전에 존재하는 문제들과 함께함으로써 공동 창조적 해결 방식을 제공하는 장이 되었으며, 시민의 공동체적 참여 문화를 조성했다.[19]

---

18 https://citylab-berlin.org/de/blog/giess-den-kiez/.

19 과학연구자 도나 해러웨이Donna Haraway는 저서 『트러블과 함께하기Staying with the Trouble』에서 "함께-만들기making with"라는 의미로 "심포이에시스Sympoiesis"를 언급했다. 해러웨이가 이 단어

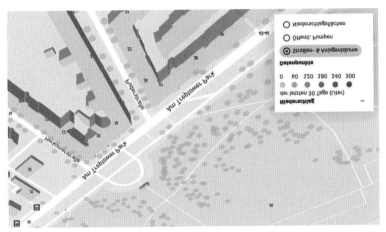

'기스 덴 키츠' 프로젝트의 가로수 위치와 정보를 표기한 오픈 스트리트맵. 메타버스 지도를 통해 누구나 베를린시 거리에 심어진 나무의 종류와 물 흡입량, 마지막 관수일, 펌프 위치 등을 확인할 수 있다.[20]

베를린시 거리에 설치된 지하수 펌프. 시민들은 이곳에서 물을 길어 가로수에 물을 준다. 물을 준 뒤에는 오픈 스트리트맵에 접속하여 어느 나무에 얼마만큼 물을 주었는지 데이터를 입력한다.[21]

2023년 유럽리빙랩네트워크의 '오픈리빙랩 데이즈OpenLivingLab Days'[22] 주제는 "전환의 시대를 위한 리빙랩—사람 중심 혁신이 우리 삶을 바꾸는 법"이다. 독일 스마트시티 헌장과 새로운 베를린 스마트시티 전략에서 강조하듯이, 이제 "기술이 도시 개발을 주도해서는 안 되며, 디지털화는 공동선을 지향하는 방식으로 도시를 형성하는 데 도움이 되어야" 한다.[23] 그리고 베를린시는 도시 사회의 모든 그룹이 처음부터 스마트시티 전략 개발에 참여하도록 하는 '함께하는 디지털: 베를린Gemeinsam Digital: Berlin'을 선포했다.

'함께하는 디지털: 베를린'의 중심 무대에는 참여가 있다. 이는 도시 사회의 모든 그룹이 처음부터 전략 개발에 참여했음을 의미한다. 이들은 아이디어를 제공하고, 행정 기관과 함께 미래의 스마트 베를린을 향한 '전환 프로그램'을 마련했다. 도시의 시민들은 '함께하는 디지털: 베를린'의 구현에 적극적으로 참여한다. 이는 모든 사람의 참여가 있어야만 작동하는 오픈 러닝 프로세스이다. 그 결과 베를린 디지털 전략과 베를린 스마트시티 전략의 결합으로 만들어진 '함께하는 디지털: 베를린'이 탄생했다.[24]

로 강조하는 바와 같이, 시티랩 베를린에서는 도시 개발의 기획부터 실천까지 모든 단계에서 시민이 참여하도록 이끈다. 그리고 도시의 모든 구성원이 함께 공동 창조하는 도시 구축을 꾀하고 있다.

20 https://citylab-berlin.org/de/blog/herbstputz-bei-giess-den-kiez/.

21 https://citylab-berlin.org/de/blog/vier-staedte-viele-baeume-eine-leidenschaft-giess-den-kiez/.

22 유럽리빙랩네트워크European Network of Living Labs(ENoLL)는 유럽 리빙랩 협회로, 매년 리빙랩 관계자들이 모여 새로운 아이디어를 공유하는 '오픈리빙랩 데이즈' 행사를 주최하고 있다. https://openlivinglabdays.com/.

23 BMI, 2020.

'함께하는 디지털: 베를린'의 핵심은 참여이다. 도시에서 수집된 데이터를 기반으로 민간인, 전문가, 이해관계자 들이 다양한 도시 상황을 놓고 협의하여 도시 문제를 해결한다.

이 새로운 전략의 핵심은 디지털 커머닝 기반의 '참여'이다. 참여를 통해 사람이 도시의 주체가 되고, 우리 삶을 혁신적으로 바꾸며, 지속 가능하고 회복탄력성 있는, 자원을 분산하는 디지털 커머닝 도시를 만들 수 있다. 이렇듯 베를린시는 스마트시티 디자인에 '함께'라는 중요한 가치를 담고 자원의 공유와 분산을 통해 디지털 통합 도시를 꾀하고 있다.

인간의 욕망과 도시 개발

베를린 스마트시티의 철학은 '여기에서 미래가 생성된다Hier entsteht Zukunft'[25]이다. 말 그대로 지금 여기에서 미래가 시작하고 미래는 현재

---

24 https://smart-city-berlin.de/smart-city-berlin/strategieprozess.

에 만들어진다는 의미다. 지금 여기에서 인간이 어떤 활동을 하느냐에 따라 미래 도시가 달라질 수 있다는 것이다. 첨단 도시를 일컫는 ICT형 스마트시티에서 중심은 기술자와 건설회사 그리고 허가를 내주는 정부였다. 인문적 사유와 철학의 자리는 찾기가 힘들다. 그러나 베를린 도시 디자인의 바탕에는 철학이 있다. 철학은 '인간이 어떻게 살아야 하는가'라는 질문을 던지는 학문이다. 욕망에 이끌리는 인간이 어떻게 행위해야 올바른 길을 찾을 수 있는지 숙고하게 하는 학문이다. 인간의 모든 행위에서 철학적 가치와 질문은 빠질 수 없고 빠져서도 안 된다. 하지만 우리는 가장 근본이 되는 철학을 잊을 때가 많다. 그렇기에 스마트시티라는 도시 개발의 흐름에서 많은 도시가 가장 먼저 제기해야 하는 철학적 질문을 놓친 채, 자본주의적 이익과 기술을 향한 욕망을 먼저 떠올리고 좇아가는 오류를 범하곤 한다. 여기서 우리는 인간의 전형이라고 하는 '파우스트'를 떠올리게 된다. 기술을 향한 욕망의 중력에 이끌리는 인간의 모습이 지식과 향락에 대한 욕망으로 악마와 거래하는 괴테의 『파우스트』의 주인공과 맞닿아 있다. 신과 악마 메피스토펠레스의 내기가 시작되는 「천상의 서곡」에서 악마는 파우스트를 이렇게 묘사한다.

> 내면의 들끓음이 그를 먼 곳으로 몰아가는데,
> 그자도 자신의 미친 짓을 반쯤은 의식하고 있습니다.
> 하늘로부터는 가장 아름다운 별을,
> 땅으로부터는 모든 최상의 향락을 요구합니다.

---

25 https://projektzukunft.berlin.de/themen.html.

그래서 가까운 것이나 먼 것 모두

깊숙이 격동하는 그의 가슴을 만족시키지 못하지요.[26]

메피스토펠레스에 따르면, 파우스트는 미친 짓임을 알면서도 "내면의 들끓음"에 이끌려 자신을 "먼 곳으로" 몰아간다. 스마트시티를 건설하는 현실의 인간 역시 기술 지상주의를 추구하며, 기술을 향한 욕망에 몸을 싣고 기술과 자본을 향해 스스로를 내몰아 간다. 파우스트는 "하늘로부터는 가장 아름다운 별을, 땅으로부터는 모든 최상의 향락을 요구"하는 인물이다. 그의 이상이 너무나 높기에 지상의 어떤 것도 그의 내면을 오롯이 채워주지 못한다. 그는 현실의 삶에서는 만족할 수가 없다. 파우스트도 이러한 욕망의 들끓음을 미친 짓으로 인식하지만, 그 힘의 세기를 조절하지 못하고 정처 없이 전진한다. 그는 "한계 없는 욕망 추구와 무한대의 목적 실현을 본질로 하는 존재"[27]인 것이다.

인간은 노력하는 한 방황하기 마련이다.

……

착한 인간은 어두운 충동 속에서도

올바른 길을 잘 의식하고 있노라고.[28]

그러나 신의 언명대로 "착한 인간은 어두운 충동 속에서도" 자아의

---

26 요한 볼프강 폰 괴테, 『파우스트: 한 편의 비극 1』, 김수용 옮김, 책세상, 2012, 24-25쪽.

27 신종락, 「『파우스트』에 나타난 대립구도를 통한 인간 욕망 비판」, 『인문과학』 76권, 2020, 52쪽.

28 괴테, 2012, 25-26쪽.

깊은 본성 안에서 "올바른 길"을 성찰하며, 어둠 안에서 밝은 빛을 찾아 나아간다. 이 일련의 과정이 바로 인간의 "방황"이며, 방황의 동요 과정 안에서 인간은 또한 "노력"한다. 이 파우스트적인 인간의 모습이 스마트 시티를 건설하는 과정에도 투영된다.

기술 만능에 기반한 기업의 이익과 자본가의 권력이 헤게모니를 장악한 초기 스마트시티의 부작용은 실제 여러 스마트시티의 건설 과정에서 나타났다. 기술의 이용 범위를 넓히고 기술의 완성도에 몰두한다고 내세웠지만, 기술은 사회를 통합하지 못했다. 기술은 공동체의 필요에 맞게 만들어지고 적용될 때 비로소 그 가치를 갖는다. 하지만 초기 스마트시티에서는 기술이 자본의 권력에 따라 움직였기에, 기술은 시민 공동체에 스며들어 시민의 삶의 질을 향상시키기보다는 일종의 수익형 모델로 전락했다.

베를린의 스마트시티 디자인은 파우스트적인 "노력"과 "방황"의 과정을 거치며 스마트시티의 열쇠를 '기술'이 아니라 공동선을 향한 '디지털 커먼즈'로 전환했다. 2020년 베를린시가 추진한 '다시 시작하는 스마트시티'의 프로젝트명은 "베를린 살기 좋은 스마트"[29]이다. '사람 Menschen', '참여Patizipation', '가치Werte'를 앞세워, 시민들의 적극적인 참여를 바탕으로 시민이 직접 살기 좋은 현명한 도시를 건설하자는 것이다. 이 프로젝트는 현재 개념 공유 단계를 거쳐 시민들의 의견을 반영한 프로젝트 개발 단계를 진행하고 있다. 그 핵심은 시민 참여와 공동의 이익을 위한 디지털 커먼즈 활용이다. 따라서 베를린시는 일반 시민들이 직

---

29 BMI, 2020, p. 7.

접 각 프로젝트에 아이디어를 제공할 수 있도록 '나의 베를린mein.berlin'
이라는 디지털 커먼즈 플랫폼을 구축하고 시민들이 자율적으로 의견
을 나눌 수 있는 공간을 구성했다. 베를린 스마트시티의 모토는 프로젝
트명이 말해주듯, "지능적이고 인도적인 디지털화를 통한 살기 좋은 스
마트 도시"[30]를 만드는 것이다. 여기서 '스마트'는 창의적이고 개방적이
며 공동 참여적이라는 의미를 갖는다. 도시 개발과 디지털화에서 새로
운 기술의 사용은 도시의 사회적 가치와 민주적 공동체를 강화하는 데
기여한다.[31] 이제 '스마트'는 공동의 이익과 공동체의 가치를 위해 모두
가 협력적으로 작업하면서 지속 가능한 방식으로 도전 과제를 해결하는
동시에 탄력적인 방식으로 디지털 커먼즈 활용을 꾀한다는 의미를 담고
있다. 따라서 도시 디지털화의 과정에는 참여, 협력, 공유가 중요하다.
이러한 맥락에서 베를린은 '함께하는 디지털: 베를린'이라는 이름을 내
걸고 시민 참여를 통한 도시의 디지털 커머닝을 실천한다.

베를린 스마트시티는 이제 시민 참여 없이는 구동이 어려운 도시
운용 방법론을 도입했다. 도시를 구성하는 모든 주체가 도시 디자인에
참여하고 더 이상 "기술이 도시 개발을 주도"하지 않는 방향을 지향한
다. 이로써 과거의 기술 중심적 스마트시티에서 벗어나 새로운 개념의
시민 참여형 공동 창조적 디지털 커머닝 스마트시티를 위해 도전하며,
욕망이 들끓는 파우스트적 거래를 끝내기 위해 노력 중이다.

---

30 BMI, 2020, p. 7.
31 https://mein.berlin.de/text/chapters/14715/?initialSlide=15.

진정한 협력, 공유, 분산을 향하여

　자연 사물을 변형하여 자신의 삶에 필요한 환경을 일구고 만들어내는 문화적 존재인 인간은 '기호'와 '의미'의 해석이라는 '디-자인de-sign' 활동과 행위를 통해서 삶의 의미를 생산해내는 인간 고유의 세계를 건설한다. 다시 말해서 문화적 인간의 근본 활동인 디-자인을 통해 인간은 삶의 가치를 찾는다. 스마트시티 구축에서도 디자인의 과정과 방향이 중요하다. 기술 중심의, 기능 중심의 도시는 인간의 심미적 욕구를 채울 수 없다. 따라서 인간의 삶의 질을 높이는 데 필요한 기술적 측면과 '행복'이라는 내면적 욕구를 함께 충족할 수 있는 스마트한 새로운 도시 디자인을 제시해야 한다. 이 스마트한 도시 디자인이 바로 공동선을 추구하는 디지털 커머닝이다.

　공동선을 충족하는 도시 디자인을 위해서는 계획과 설계라는 디자인 행위가 중요하다. 이는 인간에게 필요한 기술을 찾아내고 수단으로 기술을 사용하는 과정이기도 하다. 베를린시는 이 디자인 과정의 구체적 시각화를 통해서 '지금, 여기'의 문제를 발굴하고 미래를 구상하는 작업을 토대로 도시를 건설하고 있다. 앞에서 보았듯이 베를린시는 '여기에서 미래가 생성된다'라는 스마트시티 구축 철학을 제시하고 있다. 이는 인간 삶에 내재된 일련의 알고리즘 단계를 총체적으로 들여다봄으로써 각각의 알고리즘을 개선하는 방식으로 스마트시티를 구축하고 있음을 보여주는 예이다. 이처럼 문화적 미래를 구상하고 현재의 문제 해결 방향을 제시하며 현재를 재구축하는 백캐스팅Back-Casting 방식의 스마트시티 디자인 방법론은 아직 시작 단계이거나 진행 중이지만 스마트시티 구상에서 좋은 선례이다.

오늘날 세계의 도시들은 스마트시티가 삶과 문화에 대한 고찰 없이 기술 인프라의 도입만으로는 이루어질 수 없다는 한계를 실감하고 있다. 이에 많은 도시가 시민의 공동 이익을 위한 여러 사업을 추진하기 위해 노력하고 있다. 그런데 공동선을 추구하는 디지털 커머닝은 스마트시티의 또 다른 과제가 아니라 스마트시티를 가능하게 하는 근본 조건이다. 오늘날 사람들은 디지털 공간에서 다양한 소통을 실현하고 다양한 연결망을 만들어가고 있다. 특히 이 관점에서 시민이 창조하는 스마트시티 디자인을 위한 디지털 커머닝 문화가 필요하다.

루이스 멈퍼드는 1961년에 저서 『역사 속의 도시』에서 "도시를 1차적으로 기업이나 정부의 터전으로 생각하지 말고 새로운 인간 개성, 즉 '한 세계의 인간'으로 표현하고 구체화할 본질적인 기관으로 구상해야"[32] 한다고 강조했다. 멈퍼드에 따르면 "도시 속에 구현되어야 하는 것은 이제 한 사람의 신격화된 지배자의 의지가 아니라 자기 지식, 자기 통치, 자기 행동을 목적으로 하는 개인과 시민의 단합된 의지"[33]이다. 이처럼 도시를 창조하는 데 시민들의 자발적인 공동의 참여가 중요하다고 강조한 멈퍼드의 통찰은 초기 스마트시티가 범한 오류, 즉 정부와 기업이 주도하는 기술 중심 도시 개발을 반성하게 한다.

디지털 커머닝 기반 도시를 지향하는 독일 베를린시는 시민 참여형 디지털 전환을 핵심으로 하는 스마트시티 판으로의 이동을 시작했

---

32 루이스 멈퍼드, 『역사 속의 도시 II』 김영기 옮김, 지식을만드는지식, 2016, 1216쪽.

33 멈퍼드, 2016, 1217쪽.

다. 특히 디지털 플랫폼 공유지라는 새로운 가상현실 공간을 활용함으로써 효율적이고 효과적으로 판을 전환하고 있다. 그리고 도시의 다양한 구성원이 자율적으로 운영 원리를 세우고 이에 참여하는 협력 활동인 거버넌스 플랫폼, '디지털 커머닝 리빙랩'은 디지털 도시로의 전환 행동을 위한 혁신 플랫폼이다. 사회의 혁신은 행위자의 자기 인식을 통해 시민 자신이 지향하는 것과 필요한 것, 그리고 실행 가능한 것을 판단하고, 이를 실천함으로써 이루어진다. 이 실천의 토대가 스마트 디지털 전환 도시를 위한 협력형 거버넌스, 디지털 커머닝 리빙랩이다. 디지털 커머닝 리빙랩은 기술을 향한 인간의 욕망을 비판적으로 성찰하게 하고, 문화적 존재로서 공동 창조하는 시민 참여형 공유 문화의 판의 전환을 실현하는 원동력이 될 것이다.

참고문헌

괴테, 요한 볼프강 폰, 『파우스트: 한 편의 비극』 1·2, 김수용 옮김, 책세상, 2012.

멈퍼드, 루이스, 『역사 속의 도시 II』 김영기 옮김, 지식을만드는지식, 2016.

성지은 외, 「리빙랩의 운영 체계와 사례」, 『STEPI Insight』 127권, 2013, 1-46쪽.

_____, 「지역문제 해결을 위한 국내 리빙랩 사례 분석」, 『과학기술학연구』 16권 2호, 2016, 65-98쪽.

슈밥, 클라우스, 『4차 산업혁명의 충격: 과학기술 혁명이 몰고올 기회와 위협』 김진희·손용수·최시영 옮김, 흐름출판, 2016.

신종락, 「『파우스트』에 나타난 대립구도를 통한 인간 욕망 비판」, 『인문과학』 76권, 2020, 33-57쪽.

오민정 외, 「문화적 인간의 미래 생활환경으로서 메타버스」, 『한국융합학회논문지』 13권 2호, 2022, 167-176쪽.

_____, 「사람 중심의 스마트한 도시 디자인」, 이종관 외, 『미래도시와 기술혁명의 공공성』 산과글, 2021, 102-123쪽.

이광석, 『피지털 커먼즈』 갈무리, 2021.

이태동, 『환경에너지 리빙랩: 사용자 주도의 미세먼지, 기후변화, 순환도시 문제 해결』 연세대학교 대학출판문화원, 2019.

BMI, "Modellprojekte Smart Cities", 2020.

Bundesinstitut für Bau-, Stadt- und Raumforschung, "Smart City Charta. Digitale Transformation in den Kommunen nachhaltig gestalten", 2017.

Haraway, Donna J., *Staying with the Trouble*, Durham and London: Duke University Press, 2016.

https://projektzukunft.berlin.de/themen.html.

https://gemeinsamdigital.berlin.de/en/.

https://citylab-berlin.org.

https://openlivinglabdays.com/.

https://www.de.digital/DIGITAL/Redaktion/DE/Smart-City-Navigator/Projekte/giess-den-kiez.html.

https://mein.berlin.de/text/chapters/14715/?initialSlide=15.

6장
자유를 향한 항해, 온-오프라인
하이브리드 시대의 전략
: 기업의 생존을 위한 미래 방향성 탐색

최윤지

최근 전 세계적으로 일어나고 있는 변화를 바라보면, 다양한 산업 속 여러 기업들에게 공통된 의무를 제시하고 있는 듯하다. 인류의 역사를 돌아볼 때 인간은 스스로 만들어낸 불평등한 환경으로부터 탈피하기 위해 크고 작은 무수한 '자유 투쟁'의 과정을 거쳐왔다. 자유를 위한 투쟁에는 여러 갈래가 있을 텐데, 기업이 앞으로 더더욱 마주해야 하는 자유는 디지털 시장에서 점차 확대되고 있는 사회적 측면에서의 자유이다. 초창기 인터넷 환경에서는 그저 1차원적인 수준에서 정보를 제공받는 것만으로도 혁신으로 간주되었으나, 쌍방 간 소통이 발전하고 나아가 '소셜social'이라는 단어가 덧붙는 정도에 이르면서 현재 디지털 생태계의 연결 수준은 거대한 '터전'이 되었다고 해도 과언이 아니다. 이러한 연결은 분명 앞으로 더욱 확대되고 촘촘해질 것이다.

'터전'이라는 단어를 국어사전은 이렇게 풀이하고 있다. 1. 집터가 되는 땅 2. 자리를 잡은 곳 3. 살림의 근거지가 되는 곳 4. 일의 토대.

스마트폰의 출현 덕분에 이것을 가진 사람은 누구나, 언제 어디서 든 온라인 세상으로 쉽게 진입할 수 있게 되었다. 그리고 많은 사람이 디지털 생태계를 활용해 생계를 위한 수입을 얻고 있으며, 이러한 추세 는 앞으로 더 증가할 것이다. 디지털 생태계를 통해 소득을 벌어들이는 사람이 많아질수록, 즉 자신의 생계가 디지털 세계와 더 밀접해질수록 디지털 공간에서 형성된 자유를 해치는 요소들에 대한 불평은 더 커질 수밖에 없다. 이제 오프라인과 더 이상 분리될 수 없고 공간의 제약이라 는 것이 사라진 디지털 환경에서도 역시 인간은 자신의 터전을 지키기 위해, 생존을 위해 자유 투쟁에 목소리를 내고 있다. 자유를 해치는 요 소들을 제거하기 위한 투쟁의 과정은 지금까지도 있어왔지만, 앞으로 더욱 강력한 수준으로 펼쳐질 것으로 보인다.

디지털 공간 속 제약, 억압, 통제로부터의 자유 정신

누군가 당신을 통제control하는 것을 좋아하느냐는 질문에 "예"라고 대답할 사람은 많지 않을 것이다. 누군가에게 구속당하거나 자기 마음 대로 행동할 수 없도록 제약당하는 상태를 나타내는 '통제'는 사회적 안 정을 위한 방편으로서의 순기능도 있지만, 대체로 부정적인 느낌을 불 러일으킨다. 이 단어에서 울타리 안에 갇혀 밖으로 나올 수 없는 상태를 떠올려보면, 울타리를 중심으로 안과 밖이 있고, 이때 '밖'은 통제로부터 의 벗어남, 억압으로부터의 해방 같은 이미지를 연상하게 한다. 공간의 제약이 없는 인터넷 생태계에서는 클릭 몇 번으로 지구 반대편 가게를 방문할 수 있고, 얼굴 한 번 본 적 없고 어디에 있는지 알지 못하는 사람들과 이런저런 활동이나 놀이를 함께 할 수도 있다.

공간이라는 구속을 탈피함으로써 빠르게 확장된 인터넷 환경에서 활동자가 늘어나고 '플랫폼'이 탄생하여 사용자가 많아지면서 플랫폼의 질을 유지하고 개선하기 위해, 또는 매출을 증대하기 위해서라도 플랫폼 스스로 서비스 제공 정책과 사용자의 규칙을 마련하게 되었다. 이러한 규칙과 제약은 플랫폼마다 다르며 점점 다양하고 복잡해졌다. 특정 플랫폼이 독점이나 과점 지위에 오르게 되면 기존 사용자에게 강도 높은 규칙 준수를 요구하게 된다. 이러한 상황이 사용자에게 통제로 다가가면 서비스의 성장은 저해되고, 문제의 통제 요인이 제거된 신규 경쟁 서비스들이 탄생하고 성장하는 배경이 되기도 했다. 카카오톡이 빠르게 성장할 수 있었던 데는 기존의 유료 문자 서비스(채팅)를 무료로 제공한 것이 주된 요인 중 하나로 보인다. 내가 학생이었을 때 문자를 보내려면 '알'을 구매해야 했다(알 요금제). 하루에도 수십 통씩 친구와 유료 문자를 주고받았는데, 카카오톡이 등장하고 '무료'로 사용할 수 있다는 이야기를 듣고는 친구들과 바로 카카오톡으로 대화했던 기억이 난다. 그 뒤로 알 요금제를 쓸 일은 없었고 카카오톡이 무서운 속도로 확산해 일상의 온라인 소통 서비스로 자리 잡았다. 카카오톡이라는 서비스가 비용의 통제로부터 우리를 해방해준 셈이다.

인간의 지각 능력에 따르면, 컴퓨터나 스마트폰 화면을 볼 때 일반적으로 10초 이상의 지연은 사용자의 주의를 분산시키고 집중을 해쳐 진행 중인 작업을 중단할 여지를 만든다. 1초의 지연은 사용자가 지연을 인지할 수 있을 정도이고, 0.1초의 지연은 지연으로 인지하지 못한다고 한다. 온라인상에서 제공하는 서비스의 인터페이스가 반응하는 시간이 0.1초 이하여야만 사용자가 그 반응을 즉시 발생하는 것으로 느낄 수 있다는 것이다. 일례로 글로벌 전자 상거래 플랫폼 아마존Amazon의 경우 페이지 로드 시간이 단 1초만 느려져도 매출 손실이 16억 달러에 이르며[1] 월마트Walmart의 경우 페이지 로드 시간이 1초 향상될 때마다 전환율이 2퍼센트 증가한다.[2] 응용 프로그램 속도의 개선은 '시간의 통제'에서 우리를 해방하기 때문에 우리는 더 빠른 속도를 요구하게 된다. 이처럼 사용자를 어떠한 통제, 제약으로부터 해방할 수 있는 서비스를 가진 주체라면 디지털 세계에서 마치 어디로 튈지 모르는 아이처럼 뛰놀고 싶어 하는 사용자들을 불러들일 수 있는 막강한 힘을 보유한 셈이다. 제약이 존재하는 현실 세계보다 디지털 생태계에서 사람들은 더 높은 '자유'를 추구한다.

매질은 힘이나 파동을 전해주는 역할을 하는 매개물이다. 예를 들어 공기 중의 소리의 경우 이를 전달하는 것은 공기이며, 물에 돌을 던졌을 때 파동을 만들어내는 매질은 물이다. 줄을 통해 파동이 전달될 때의 매질은 줄이 된다. 그렇다면 디지털 세계에서 기업이 만든 서비스가 잘 퍼져 나가야 한다면 이때 매질은 무엇인가? 디지털 세계 그 자체라고 볼 수 있다. 따라서 디지털 세계를 이루고 있는 요소들, 예컨대 사람, 기업, 기관 혹은 서비스, 기술 등과 어우러지는 데 어떤 제약이나 통제가 가해

---

1   "How One Second Could Cost Amazon $1.6 Billion In Sales", Fastcompany, https://www.fastcompany.com/1825005/how-one-second-could-cost-amazon-16-billion-sales.

2   "Walmart pagespeed-slide", Slideshare, https://www.slideshare.net/devonauerswald/walmart-pagespeedslide.

져서는 안 된다. 통제가 파동의 힘을 약화할 것이기 때문이다. 가능한 한 통제 없이 자유롭게 활용하고 변형할 수 있게 해야 매질들이 강력한 파동을 만들어낼 것이다.

자유롭게 활용, 변형할 수 있게 한다는 것은 무슨 뜻일까? 해가 거듭될수록 산업을 분류하거나 구분하기가 점점 까다로워지고 있다. 금융산업과 디지털이 만나 '핀테크'를 만들고, 제조업이 디지털 환경과 접목하며, '스마트 팩토리' 등을 포함해 다양한 업종이 융합되면서 아직 명명조차 되지 않은 '융합산업'들이 나타나고 있다. 이러한 '융화融和, 融化', '융합融合'의 측면은 디지털 세계에서 산업에만 국한되는 것이 아니다. 파동은 매질의 상태에 따라 그 강도나 수준이 달라지므로 기업의 서비스가 파동의 질적 수준을 높이고자 한다면 기술의 변화를 뒤쫓으려 하기보다 기술 변화에 발맞춰 자연스럽게 변화될 수 있는 서비스 구조를 고안해야 한다. 즉 연결하려는 주체가 아니라, 연결을 당할 수 있는 주체가 되는 것이다. 연결을 당하기 위한 핵심은 다양한 '구멍'과 '씨앗'을 만드는 데 있다. 구멍과 씨앗을 위해서는 다음과 같은 성질이 필요하다.

- 폐쇄적이지 않은, 변화를 인정하는 개방성
- 계획 변경의 유연함
- 뜻하지 않은 사건이 기존의 것을 뛰어넘는 것에 대한 인정

구멍이란 현존하는 기술과 서비스, 산업뿐만 아니라 미래에 존재할 것들까지 다양한 방식으로 연결될 수 있는 접점과 같다. 씨앗은 그러한 구멍으로 들어올 무언가가 스파크를 일으킬 수 있게 하는 기본 원료

와 같은데, 이렇게 구멍으로 들어오는 무언가에 영향을 미칠 뿐만 아니라 씨앗 스스로가 다른 여러 구멍으로 진입해 스파크를 일으킬 수도 있다. 접점에서 무엇이 연결될 때 접합이 이루어지고 그 접합을 통해 결정체가 만들어지게 되는데, 이 결정체는 예측할 수 없는 결과물이다. 결정체가 만들어지도록 영향을 미친 배경은 씨앗일 수도 있고 구멍 자체일 수도 있으며 씨앗과 스파크가 튄 또 다른 무엇일 수도 있다. 그 힘의 주요 주체는 이렇게 복합적이고 판단하기 어렵지만, 이러한 결정체를 만들어내는 것들 또한 파동의 근원이 되는 '매질'이라 볼 수 있을 것이다.

트위터, 마이크로소프트, 애플, 구글, 리눅스. 다양한 연결 구멍을 만들고 많은 씨앗을 뿌렸으며 연결과 새로운 형태의 탄생을 적극적으로 권장한 기업들이다. 이들은 자신들의 씨앗을 매질과 일체화할 수 있는 방향으로 설계한다. 기업 존속의 강력한 힘이 바로 여기서 나올 수 있다. 그들의 씨앗과 구멍은 특정한 주체들만 접근할 수 있는 것이 아니라 인터넷에서 활동하는 무수한 요소들과의 접합을 만들어낼 수 있다. 가령 오픈 API, 오픈 SDK 같은 오픈 소스 기술들은 사용자가 별도의 승인이나 절차 없이 해당 기술에 접근하고 필요한 서비스를 이용할 수 있게 한다. 물론 서비스 이용 전에 약관 동의나 특정 사용 기준 준수를 요구하기도 하지만 기준을 충족한 후에는 대체로 자유롭게 사용할 수 있다. 이러한 접근 방식은 다양한 분야의 사람들이 활용할 수 있게 함으로써 해당 기술이나 서비스의 범용성과 포용성을 높인다.

어린 시절부터 컴퓨터를 매우 좋아하던 대학생이 교수가 취미로 만든 교육용 운영체제인 컴퓨터를 이리저리 가지고 놀다 우연히 개발한 운영체제가 리눅스의 시초다. 리눅스 최초 개발자인 리누스 토르발스

Linus Torvalds는 창업자가 학교에서 빨간 모자만 쓰고 다녔다 하여 사명이 빨간모자가 된 오픈 소스 소프트웨어 기업 '레드햇'에 리눅스를 제공하고 감사의 의미로 일부 주식을 받았다. 레드햇은 기업용 오픈 소스 기술을 개발하는 기업인 만큼 '오픈 소스'의 강력함을 아주 잘 알고 있다. 레드햇은 운영체제, 클라우드 인프라, 네이티브 애플리케이션 개발, 자동화 솔루션 등과 같이 IT스택의 기술 연동에 필요한 요소들을 제공하며, 디지털 세계에서 이미 구현되었거나 앞으로 구현될 서비스들을 자신들이 제공하는 솔루션과 최대한 쉽게 연결(=접합) 가능한 구조로 만들어놓았다.

이렇게 연결 지점을 구축함으로써 레드햇은 성장하고 견고해질 수 있었다. 레드햇이 뿌려놓은 씨앗-구멍으로부터 형성된 매질의 강력함은 그들이 만든 솔루션이나 오픈 소스 기술의 1차적 사용에만 국한되는 것이 아니다. 레드햇이 오픈 소스로 공개한 소스 코드를 사용자들이 활용해 새로운 오픈 소스가 탄생한다. 이는 부모의 성질을 물려받는 트리 구조나 순차적인 것과는 다르다. A와 B가 결합해 BA 혹은 AB가 나오거나 A와 B 다음 순서로 예상할 수 있는 C가 나오는 것이 아니라, 이와는 무관한 G나 Z, 혹은 1, '가'가 나오는 형태다. 아예 예상도, 기대도 하지 않았던 것들이 창출되는 것이다. 이런 형태로 창출되는 것이 많아지고 시장이 확장된 뒤에 돌아보면, 모든 것의 시초에는 아주 조그마한 씨앗들이 있었음을 확인하게 된다.

동식물을 이루는 가장 작은 단위인 세포 하나하나가 모여 다양한 생명체를 만들어내듯이, 구멍을 많이 만들어놓은 사업 모델은 그것을 미리 계획했든 아니든 결국 자유로운 접목과 사용의 유연함을 만들어내게 된다. 리눅스 혹은 이를 관리하여 제공하는 레드햇이라는 주체가 사라진다면 이들의 씨앗을 일부라도 가지고 있던 디지털 세계의 많은 결과물은 어떻게 될까? 물론 다른 서비스를 찾아 나서겠지만 레드햇이 갑작스럽게 망하기를 원하진 않을 것이다. 한편으로 그들의 서비스가 더욱 강력해져 자신들의 서비스에 이로움을 가져다준다면 든든한 효자가 될 것이다. 즉 레드햇은 홀로 스스로를 지키는 것이 아니다. 이 기업과 연결되어 탄생한 모든 결과물이 함께, 레드햇이 유지하고 싶어 하는 것을 동시에 지키고 단단하게 만들고 있다. '지킨다'는 것은 누군가 개입해서 의무화하기보다 '자발적'이 될 때 더욱 강력해진다. 시키지 않아도 자신의 이익이나 이해관계 때문에 혹은 자신의 도덕성에 대한 주변의 기대를 충족하기 위해서 등과 같은 가치의 수준, 도덕성 기준과의 부합 여부와는 관계없이, 어떤 사유든 간에 자신들이 만든 서비스 사용자가 자발적으로 생태계를 유지하려는 힘을 만들어낼 수 있는 기업은 그 힘을 기반으로 오랫동안 존속할 수 있다.

레드햇의 매출은 꾸준히 상승 곡선을 이어왔으며 주가 역시 2010년 20달러대에서 2019년 187달러로 가파른 우상향을 유지했다. 그리고 2019년에 IBM이 레드햇을 340억 달러(주당 190달러)에 인수했다. 불과 10년도 안 되어 약 열 배 수준의 기업 가치를 만들어낸 것이다.

비트키퍼BitKeeper, CVS, 머큐리얼Mercurial 등 모든 버전 관리 시스템VCS[3]을 단번에 누르고 세계 최대 점유율을 달성 중인 '깃Git'은 리누스

---

3   Version Control System. 문서나 설계도, 소스 코드 등의 변경점을 관리해주는 소프트웨어로, 소프트웨어 개발과 유지 보수 과정에서 발생하는 소스 코드의 생성, 변경, 삭제 이력 등을 관리할 수 있도록 고안되었다. 이를 활용하면 파일 복구, 변경 사항 비교, 변경 시기 추적 등이 가능하다.

레드햇의 주가 추이, 2004-2019년.[4]

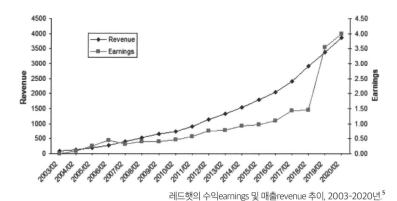

레드햇의 수익earnings 및 매출revenue 추이, 2003-2020년.[5]

토르발스가 2주 만의 코딩으로 창안한 또 하나의 괴물이다. 리눅스를 오

---

4 https://www.investing.com/equities/red-hat-inc-chart.

5 https://seekingalpha.com/article/4242391-red-hat-merger-good-deal-for-investors-time-
   frames-under-10-years.

픈 소스 방식으로 개발하는 과정에서 많은 개발자가 소스를 공유하는 방식에 불편함을 느낀 토르발스는 자신이 필요한 VCS를 아예 새롭게 만들어버렸다.

버전 관리 시스템에는 로컬형, 중앙형, 분산형 세 종류가 있다. 로컬형은 하나의 로컬(현재 자신의) 컴퓨터에서만 파일을 관리하는 방식으로 팀 단위에는 어울리지 않는다. 중앙형 버전 관리 시스템은 중앙 서버에 최종본(소스 코드)이 있고 그 서버로부터 원하는 파일을 로컬로 가져와 수정해서 다시 해당 서버에 업로드하는 방식이다. 하나의 클라이언트만 접근 가능한 로컬과 달리 다양한 클라이언트 컴퓨터에서 중심에 있는 서버를 통해 정보를 받을 수 있는 만큼 팀 단위에 적합한 중앙집중식 버전 관리 시스템이 오랫동안 널리 사용되었다. 그러나 중앙형은 서버가 단일 지점에 있으므로 보안에 취약하고 해당 서버에 문제가 발생하면 모든 정보가 손실된다. 이러한 문제를 해결하기 위해 나온 것이 분산형 버전 관리 시스템Distributed Version Control System(DVCS)이다. 한 곳에 정보를 저장하는 중앙형과 달리 분산해서 정보를 저장하고 관리함으로써 일부 서버에 문제가 생겨도, 또 오프라인 상태에서도 정보를 유지하며 빠르게 동기화할 수 있어서 중앙형의 고질적인 문제를 해결해준다. 깃Git은 이러한 분산 버전 관리 시스템의 하나이다. 깃이 최초는 아니고, 이전에도 비트키퍼, 바자Bazaar, 머큐리얼 같은 분산형 버전 관리 시스템이 있었다. 그러나 현재 버전 관리 시스템 점유율 현황을 보면 깃이 90퍼센트 가까운 점유율을 확보하고 있다.[6] 즉 버전 관리 시스템 하면

---

6 https://6sense.com/tech/version-control.

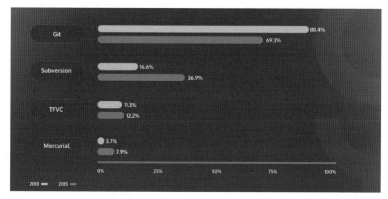

버전 관리 시스템 점유율, 2015-2018년.

곧 깃이라고 해도 무방한 수준인 것이다. 사실 깃 덕분에 버전 관리 시스템의 활용도가 극적으로 높아졌다. 그렇다면 후발주자인 깃이 빠른 속도로 대중을 파고들 수 있었던 요인은 무엇일까?[7]

리누스 토르발스는 많은 개발자와 함께 리눅스 커널을 만들던 때에 비트키퍼라는 기존의 버전 관리 시스템을 비상업적 사용을 전제로 무료로 사용하고 있었다. 그런데 한 리눅스 개발자가 비트키퍼의 프로토콜을 리버스 엔지니어링[8]하여 오픈 소스용 클라이언트를 개발하려 한 시도가 발각되었고, 이후 비트키퍼가 무료 사용 라이선스를 철회하는 등 통제가 점차 강화되었다. 대안을 찾아야 했던 토르발스는 오픈 소스 원칙을 견지하는 자신의 철학에 따라 제한적 사용성에 갇힐 수밖에 없는 당시의 상용 프로그램들은 적절하지 않다고 판단했고, 당시 커뮤니

---

7   https://blog.gitopia.com/post/2022/07/git-the-monomyth/.

8   Reverse Engineering. 타깃이 되는 프로그램 혹은 소프트웨어를 분석해서 작동 방식을 연구하여 동일한 기능을 할 수 있도록 만들어내는 것.

티에서 비트키퍼와 같은 비오픈 소스 도구를 사용하는 것에 대한 논란 또한 공존했던 상황에서 결국 자체 버전 관리 시스템을 만들기로 결정했다. 이렇게 해서 지금의 깃이 만들어진 것이다. 상용 서비스로 제공되는 방식이 보편적이었던 기존의 버전 관리 시스템을 벗어나서 깃은 아예 오픈 소스로 풀어버렸다. 이와 함께 개발자들이 커뮤니티를 통해 오픈 소스 프로젝트에 더 많은 기여와 공유를 할 수 있게 되면서 깃 서비스가 빠르게 확장할 수 있었다.

오픈 소스로 제공했다는 측면이 마치 구멍을 많이 만든 것과 같다면, 그들이 뿌린 씨앗도 살펴볼 필요가 있다. 깃과 자주 비교되는 머큐리얼 버전 관리 시스템의 경우 사용자 친화적인 인터페이스를 목표로 한 만큼 쉬운 사용성을 제공했지만, 지켜야 할 규칙이 너무 많고 사용자가 이미 완성형 단계인 패키지들 안에서 서비스를 이용해야 했던 반면, 깃은 아예 코어 기능을 가능한 한 적게 만들어서 단순하게 필요한 기본 기능만 제공하고 나머지는 사용자가 좌우할 수 있게 했다. 즉 사용자가 이리저리 가지고 놀 수 있도록 최대한 규칙을 배제해 자유도를 높인 것이다. 이렇게 하면 개발자가 명령어와 옵션에 익숙해지는 시간이 조금 더 걸릴 수는 있으나 그 이후에는 더 많은 제어권과 유연성을 확보할 수 있게 된다. 이러한 유연성은 깃을 접목한 새로운 툴과 서비스를 탄생시키고 서비스들 간에 연결이 이루어지게 하며, 거기서 또다시 새로운 서비스를 탄생시키는 등 예측 불가능한 무한성의 연결이 가능하도록 문을 열어주었다. 바로 이 지점이 파동이며 깃의 점유율을 거의 독점 수준까지 끌어올린 일등 공신인 셈이다.

깃의 점유율을 극적으로 높인 또 하나의 배경이 있다. 이제는 개발자들의 놀이터라 불리는 소스 코드 저장소 '깃허브GitHub'다. 깃허브는 깃 사용자들이 증가하면서 발생하는 문제들을 개선한다. 깃허브가 아직 없던 시절 깃 저장소에는 다양한 오픈 소스들이 저장되어 있었지만 이것을 공유하려면 이메일 등을 경유해야만 했다. 특히 팀으로 운영되는 등 소스를 관리하는 담당자 수가 많아질수록 매우 비효율적이고 불편이 커졌다. 깃허브는 이러한 문제를 해결하는 데 중점을 두어 모든 깃의 소스 코드를 업로드할 수 있는 호스팅 서버와 함께 GUI 형태로 된 웹사이트를 구축함으로써 윈도 CMD 같은 검은 화면에 명령어를 입력해 컴퓨터를 제어하기 어려운 사용자도 깃을 활용할 수 있게 했다. 또 소스코드를 이메일로 주고받을 필요 없이 해당 호스팅 서버를 통해 웹사이트상에서 바로 공유할 수 있게 함으로써 개발자들이 원활하게 협업하는 커뮤니케이션 장이 되었다. 2008년 소규모 회사로 출발한 깃허브는 꾸준히 성장하고 영향력을 키워 2018년 마이크로소프트에 인수되었다.

리눅스, 깃 등은 오픈 소스 소프트웨어로서 '디지털 커먼즈'[9]와 밀접한 관련이 있다. 디지털 커먼즈는 디지털 생태계 내에서 정보와 지식의 '자유로운 접근'과 '공유'를 중시하고, 창의적 협력과 지식의 민주화를 촉진하고자 하는 것이다. 즉 공유, 접근성, 협업의 가치를 지향하며, 오픈 소스 소프트웨어가 이를 실현하게 하는 대표적인 예라고 할 수 있다. 앞에서 살펴본 오픈 소스 서비스들은 전 세계 개발자들이 코드를 공유하고 협력하면서 혁신적인 솔루션을 개발할 수 있는 환경을 제공하는데,

---

9 커먼즈Commons라는 용어의 핵심은 공동의 이익과 지속 가능한 관리를 통해 장기적으로 공동체 전체에 이익이 되는 방식으로 자원을 사용하고 보호하는 것을 목표로 한다는 데 있다.

이는 디지털 커먼즈의 근본 목표인 지식과 자원의 자유로운 흐름을 보다 강화하는 측면이 된다. 위키피디아 역시 디지털 커먼즈의 예로 볼 수 있다. 무료로 접근 가능하고, 전 세계 사용자들이 자유롭게 작성하고 편집하는 온라인 백과사전인 위키피디아는 지식의 민주화를 촉진하며 전 세계 사람들이 정보에 쉽게 접근할 수 있게 한다. 디지털 커먼즈가 추구하는 평등하고 열린 정보 접근의 가치를 반영하는 것이다.

깃을 포함한 버전 관리 시스템, 그리고 깃의 문제를 해결하려는 깃허브 출현까지의 역사는 통제를 벗어나기 위한 과정이었다고도 할 수 있다. 디지털 커먼즈적 특징들은 이러한 자유를 위한 투쟁 과정에서 많은 사람들에게 확장성을 이끌어내는 데 영향을 준 요인이다. 공간의 제약이 없고 자유로운 선택이 가능한 디지털이라는 장에서 통제나 제약은 언제나 불편하기 마련이다.

자유의 완성: 소유 인정과 자기 통제의 권리

이제는 디지털 세상에서의 나의 위치가 곧 실제 세상에서의 위치가 되어가고 있다. 타인에 대한 나의 존재 방식은 디지털 세계에서 표현된 나의 모습을 기반으로 형성된다. 유튜브, 인스타그램 같은 소셜미디어의 팔로워 수가 그 사람의 사회적 위치나 영향력의 척도로 판단되기도 한다. 온라인은 이제 오프라인과 분리될 수 없고, 심지어 누군가에겐 오프라인에서의 나보다 온라인에서의 나가 더 중요할 정도로 중추적인 pivotal 터전이 되었다. 인간은 유전적 본능에 따라 자신과 가족의 안전을 위해, 즉 생존을 위해 자연스럽게 자신의 터전을 지키려 한다. 터전을 지키기 위한 방안으로 모두에게 공통적으로 적용되는 사회 질서가 필요했고 힘으로 생존하는 세상은 비합리적이며 경제적이지 않다는 것을 깨닫는다. 그리고 사회 질서를 만들고 유지해나가는 과정에서 서로 지켜야 할 규율과 규칙, 권리와 권한, 리더십과 권력, 문화적 가치관과 교육, 자기 자신에 대한 인정 등이 자리 잡게 된다. 이러한 것들은 자신의 터전을 지키면서도 스스로 자유를 찾기 위한 과정이라 할 수 있다.

페이스북, 인스타그램과 같은 소셜앱의 초창기 시절을 떠올려 보자. 이들은 시장에 나오자마자 이전에 있었던 다른 서비스들과는 비교가 안 될 정도로 '연결의 힘이 바로 이것'이라는 위력을 보여주었고, 우리는 이런 서비스들로부터 실제로 많은 이점을 얻기도 했다. 한편 이러한 연결의 힘을 바탕으로 성장한 기업들은 현재 '공룡기업'이라는 다소 부정적인 용어로 불리기도 한다. 사용자들이 이들 서비스를 사용할 때 축적되는 데이터는 대체로 중앙형 방식으로 저장, 관리되고 있다. 내가 업로드한 콘텐츠를 그들이 마음만 먹으면 마음대로 조작하거나 복사, 삭제하는 통제가 가능하다는 뜻이다. 일례로 유튜브 채널을 운영하는 사용자에게 사이트 담당자가 채널이 삭제되었다고 갑자기 통보하는 경우가 있다. 원인을 제대로 규명해주지도 않은 채 통보만 하는 식이다. 물론 이런 조치는 서비스의 질을 유지하기 위해 유튜브 측에서 고심하여 만든 정책일 수도 있다. 저작권을 반복적으로 침해하는 채널을 이런 정책이 효과적으로 차단할 수도 있다. 따라서 이를 단순히 나쁘다, 좋다하는 단편적인 시각으로 평가해서는 안 된다. 그러나 유튜브에서 만든 정책들을 보면 사용자들이 다 인지하기에는 너무 방대한 항목을 포함하고 있어서 제대로 지켜지기는 쉽지 않아 보인다.

한편 유튜브는 사용자가 자신의 콘텐츠에 대해 수익을 배분받는 구조를 만들었다. 이후 이러한 수익 구조 모델이 빠르게 퍼져 나갔다. 2008년 비트코인의 등장과 함께 블록체인 기술이 알려졌는데, 채굴을 통해 블록체인 네트워크의 생태계를 유지한다는 측면과 함께 보상으로 비트코인을 받는 채굴자들의 역할도 알려지게 된다. 비트코인 이후 만들어진 새로운 메인넷 기술에서는 보다 다양하게 보상 방식이 설계되었고 지금도 진행 중이다.

유튜브와 블록체인은 직접 행위를 한 만큼 보상해준다는 점은 유사하지만 수익을 배분받기까지의 구조에서는 유튜브가 중앙집중화, 블록체인이 탈중앙화라는 점에서 명확한 차이가 있다. 유튜브에서의 수익은 구글이 운영하는 중앙집중식 플랫폼을 통해 생성되는 것으로 수익 분배의 규칙과 비율을 구글이나 유튜브 측에서 직접 결정하고 관리하며, 사용자는 기본 규칙조차 알 수 없다. 만약 수익 배분 알고리즘을 공개한다면 많은 채널 운영자가 해당 알고리즘에만 맞추어 콘텐츠를 만들 수 있다는 등의 문제점 때문에라도 공개에 신중을 기하는 것이 맞을지 모른다.

한편 블록체인에서의 보상(가령 채굴로 새로운 블록을 생성하면 보상을 받는다)은 초기에는 블록체인 네트워크를 기획하고 구축한 개발자 팀에 의해 설계되지만, 이 내용이 모두 공식문서를 통해 투명하게 공개되고 보상의 정도를 대부분 계산할 수 있다. 그리고 설계된 보상 구조(이를 통상 합의 알고리즘이라고 한다)는 이미 공개된 코드대로 움직이며, 탈중앙이라는 블록체인의 근본 특성을 벗어나 중앙에서 갑작스럽게 조작하거나 변경함으로써 사용자의 신뢰를 저버리는 일이 일어날 가능성은 작다.

탈중앙을 보여주는 핵심은 보상 후 해당 자산에 대한 실제 '권한'에 있다. 내 디지털 지갑으로 들어온 보상은 은행과 같은 제3의 주체가 관리하는 것이 아니다. 오프라인 지갑에 현금이 유입된 것과 같이, 보상받은 주체 스스로 관리하고 운영해야 한다. 스스로 관리한다는 것은 제3기관에서 내 신용을 어떻게 평가하는지, 그로부터 어떤 혜택과 불이익을 받는지 계산할 필요가 없으며, 내가 맡긴 돈을 잘 관리하고 있는지, 혹시 화재나 해킹, 문서상의 실수 등으로 인해 중앙 데이터베이스에 저장된 내 정보에 누락이 생기는 것은 아닌지도 걱정할 필요가 없다는 뜻이다. 그러나 중개 기관을 통하면 (은행의 경우 내가 맡긴 금융자산을 활용해 이자를 지급하는 등의) 다양하고 편리한 관리 서비스를 제공받을 수 있는 만큼, 탈중앙의 이점만을 내세워 제3의 주체 자체를 부정하거나 사용하지 말자고 하는 단편적인 관점을 제시하려는 것이 아니다. 직접 통제가 가능한 영역에 있을지, 그러지 않을지를 스스로 자유롭게 선택하면 된다.

유튜브와 블록체인은 모두 내가 한 만큼 수익을 가져갈 수 있는 구조를 시장에 내놓은 셈이다. 더 나아가 블록체인에서는 디지털 지갑을 통해 저장되는 토큰token[10] 구조를 기반으로, 그동안 쉽게 복사, 붙이기가 가능했던 디지털 공간에서 제3자가 아닌 나 스스로 통제 가능한 '나의 자산'을 가질 수 있게 되었다. 이는 전에는 깨닫지 못했던 중앙형 방식의 불편한 진실들이 점차 수면 위로 올라오는 계기가 되기도 했다. 자

---

10 블록체인에서 '토큰'은 디지털 자산이나 특정 권리를 대표하는 단위로 볼 수 있는데, 많이 사용되는 유틸리티 토큰Utility Tokens의 경우 블록체인 기반 플랫폼 내에서 특정 서비스나 기능을 이용할 수 있는 권리를 제공한다.

신의 소유권을 증명하는 대체 불가능 토큰NFT[11]이 지금 더 많은 주목을 받는 것은 사용자들이 디지털 공간 안에서 플랫폼 소유가 아닌 내 소유 자산이 되어 다른 이가 통제하거나 침범할 수 없는 권리에 눈을 뜨고 있기 때문인 듯하다. 앞으로 이러한 소유의 측면, 권한 및 권리의 측면과 관련된 발상과 아이디어는 단지 NFT에 국한되지 않고 더 다양한 모습으로 우리에게 나타날 것이다.

　　Web3라는 용어의 탄생도 이러한 배경과 분리될 수 없다. Web3는 블록체인, 암호화폐, 분산원장기술DLT을 기반으로 하는 새로운 인터넷 '패러다임'으로 표현되곤 한다. 국어사전에 따르면, 패러다임이란 "어떤 한 시대 사람들의 견해나 사고를 근본적으로 규정하고 있는 테두리로서의 인식의 체계, 또는 사물에 대한 이론적인 틀이나 체계"를 뜻한다. Web3는 그동안 당연시되던 개념인 중앙집중식 서비스에 대한 의존도를 줄여 사용자가 데이터와 디지털 자산을 직접 소유하고 통제하는 데 초점을 맞춘다. 탈중앙을 하자는 것이다. 그동안 중앙 서버로 운영하는 것을 당연시하던 우리의 사고 체계가 디지털 시장의 기술 발전을 토대로 이와 같은 패러다임 전환이 필요하다는 인식에 이른 것이다. 이 역시 억압과 통제에서 벗어나 자유를 찾으려는 시도이다. Web3가 추구하는 탈중앙을 전제로 한 '소유'에 대한 관점은 사유재산을 지키려 시도했던 역사적 사건들과 그리 달라 보이지 않는다. 사진 한 장 올리는 데도 몇 시간이 걸리던 시절이었다면 이러한 '소유권', '탈중앙'이라는 개념은 제

---

11 None-Fungible Token. 저마다 고유한 속성을 가지고 있어서 서로 대체할 수 없다는 것이 특징이다. 주로 디지털 예술, 수집품, 게임 아이템 등 고유한 디지털 자산 자체의 소유권을 증명하는 역할을 한다.

시될 가능성이 매우 낮았을 뿐만 아니라 제시되었다 해도 당시 인터넷 생태계 사용자들의 주목을 거의 받지 못했을 것이다.

인스타그램과 페이스북, 유튜브 같은 소셜미디어가 블록체인 네트워크와 연동되면 어떻게 될지 상상해보자. 페이스북과 인스타그램에 콘텐츠를 게시할 때는 두 플랫폼에 동시에 업로드할 수 있다. 그러나 여전히 '수정edit' 단계에서는 동시에 업로드한 경우라 해도 어느 한쪽 콘텐츠를 수정했을 때 다른 쪽에 수정 내용이 곧바로 적용되는 기능은 없다. 같은 내용이라 해도 양쪽 플랫폼의 콘텐츠를 모두 수정하는 중복 편집을 해야 하는 것이다. 유튜브는 아예 다른 기업의 플랫폼이므로 모두 메타플랫폼스가 운영하는 인스타그램-페이스북처럼 싱크되는 콘텐츠를 만들기는 현재로서는 어렵다. 연동이 가능해지려면 각자 중앙에서 보관 중인 데이터를 호환할 수 있는 환경을 먼저 갖추어야 한다. 이처럼 다른 기업 플랫폼 간 콘텐츠가 싱크되지 않는 상황에서, 틱톡의 폭풍 성장에 따라 최근 소셜 플랫폼들이 내놓은 1분짜리 영상 서비스에 새 영상을 업로드하려면 유튜브, 인스타그램, 페이스북, 틱톡 플랫폼별로 동일한 작업을 네 번 해주어야 한다.

그런데 만약 블록체인 네트워크에 콘텐츠가 저장되고 소셜 플랫폼들이 이 네트워크와 연동되는 형태라면 어떨까? 예를 들어 블록체인 네트워크에 동영상 콘텐츠가 담긴 NFT를 만든다고 해보자. 동영상을 설명하는 글, 제목, 해시태그를 메타데이터로 입력하여 NFT를 만든다. 이 NFT에 식별 기능을 하는 암호화된 주소를 부여한다. 페이스북과 인스타그램에 콘텐츠를 올릴 때는 식별 가능한 암호화된 주소를 넣으면 NFT의 메타데이터 정보가 기존의 인스타그램, 페이스북 포맷 그대로 나온다. 수정 측면에서도 블록체인 네트워크에 있는 NFT 자체 정보(메타데이터)만 수정(갱신)하면 인스타그램에서 콘텐츠를 수정한 다음 페이스북에서 다시 수정하는 식의 반복 작업이 불필요하게 된다. 게다가 콘텐츠에 대한 소유권이 나에게 있어서, 특정 플랫폼에서 내가 업로드한 콘텐츠를 삭제해도 이미 블록체인 네트워크에 해당 콘텐츠가 NFT로 만들어져 있으므로 완전히 삭제된 것이 아니다. 암호화폐나 돈을 받고 해당 콘텐츠의 소유권을 넘길 수도 있다. 플랫폼에서는 절대 관여할 수 없는 상태로 말이다. 물론 때로는 개별 플랫폼에 맞춘 설정이 필요할 수도 있기에 무조건 이 방식을 고수해야 한다는 얘기는 아니다. 그리고 블록체인 네트워크를 사용하지 않고도 중복 작업의 불편을 줄이는 방안이 있을 수 있다. 여기서 주목해야 할 포인트는 역시 통제, 억압으로부터의 자유다. 플랫폼별로 비슷한 서비스들이 나오면서 플랫폼마다 동일한 콘텐츠를 올리기 위해 중복 작업을 해야 하는 불편함이 생기는 점은 사용자에게 일종의 시간 낭비, 비효율적 '통제'로 여겨질 수 있다. 이를 해소하는, 즉 불편함의 통제에서 벗어날 수 있는 서비스가 나온다면 많은 사람이 해당 서비스 사용자가 될 가능성이 매우 크다.

또한 '탈중앙', '데이터 소유권' 같은 인식이 확산되면서 중앙형 플랫폼의 데이터 관리 측면을 두고 '중앙통제기관'[12]이라는 표현까지 등장하는 등 플랫폼 자체가 '통제'의 산물로 여겨지고 있기도 하다. 바꾸어 말하면, 인간의 역사가 그래왔듯 디지털 터전에서의 주체들은 계속해서

---

12 「웹 3.0(Web 3.0)'의 특징과 과제, '탈중앙화'를 꿈꾸는 미래형 인터넷」, KT Enterprise, 2022. 5. 13, https://enterprise.kt.com/bt/dxstory/1083.do.

통제를 벗어나 자유를 향해 나아가려 시도하고 있다. 기업이 신규 서비스를 만들거나 기존 서비스를 고도화해야 한다면 이미 진행 중인 이와 같은 패러다임의 변화를 인식한 상태에서 기획해야 한다. 단순히 블록체인 기술을 도입하자는 것이 아니라, 현재 터전이 나아가고자 하는 자유의 방향을 잘 탐색할 필요가 있다는 것이다. 디지털 생태계에서 스스로 만든 것에 대해 '나의 자산이 되어야 한다'고 인식하기 시작한 대중에게 권한을 인정해주어야 하는 영역과 인정해줄 수 있는 것이 무엇인지, 이를 위해 플랫폼에서 해당 권한을 통제하거나 관여하지 않는 환경을 어떻게 구현하여 사용자의 신뢰를 얻어낼 수 있을지를 깊이 고민할 필요가 있다.

한편 우리의 디지털 터전에서 나의 디지털 자산, 나의 소유물을 잘 지키기 위해서는 공통의 규약이 필요하게 될 것이다. 여기서 법으로 강제된 규칙이 아니라 '공통의 규약'이라고 한 것에 주목하자. 인터넷에 익명으로 댓글을 달 수 있는 기능이 처음 나왔을 때 인간으로서 차마 상상하기 어려운 악성 댓글이 쏟아지기 시작했다. 현재 악플에 대한 법적 조치가 취해지고 있지만 이러한 경향은 지속되고 있다. 인터넷이라는 환경에서 특정한 권력 주체(국가, 기관, 공룡 플랫폼 등)가 만든 의무적 규약이나 규칙은 아무리 강제성을 띤다 해도 사용자가 얼마든지 법망을 피해갈 수 있다. 다른 국가, 지역의 사이트나 서비스를 손쉽게 이용할 수 있고 필요하다면 익명으로 활동할 수 있기 때문이다. 악플의 경우도 다르지 않다. 악플러가 코웃음 치며 해당 법 테두리를 벗어난 방법으로 활동 기반을 바꾸면 그만이다. 여기에 더해 중앙을 벗어나려는 탈중앙의 패러다임까지 출현한 점을 고려하면 강제된 의무는 오히려 반발을 불러일으킬 수 있다. 자신의 소유권에 대한 인식이 강화, 확대되고 있는 디지털 생태계에서 공간의 무제약성 같은 환경적 특징까지 감안한다면, 의무와 처벌에 의한 강제보다 자기 자산을 지키기 위해 자발적으로 형성된 규약이 더 효율적이지 않을까.

인터넷 사이트를 이용하는 이라면 누구나 ⓒⓒ/CC 기호를 본 경험이 있을 것이다. 이 기호는 CC 라이선스, 즉 크리에이티브 커먼즈 라이선스Creative Commons License(CCL)를 의미하며, CCL은 저작자가 자신의 저작물을 일정한 조건 아래 다른 사람들이 자유롭게 이용할 수 있도록 허용하는 저작권 라이선스이다. CC 라이선스와 ⓒ 기호로 표시되는 저작권copyright 등록은 기본 개념과 효과 면에서 본질적으로 다르다. 저작권 등록은 누군가가 허가 없이 저작물을 사용했을 때 저작권자가 저작권 침해 소송을 제기할 수 있는 등의 법적 보호를 받음으로써 무단 사용을 차단하는 데 목적이 있지만(법적 보호 공식화), CC 라이선스는 저작권이 있는 작품을 보다 유연하게 공유하고 재사용을 촉진하기 위한 체계이다. 자신의 저작물을 어느 정도 공개하고 싶은지, 다른 사람들이 그것을 어떻게 사용해야 하는지에 대해, 즉 저작물의 이용 방법 및 조건을 규격화해서 명시할 수 있다. 이 라이선스는 단지 저작자의 작품을 예의 있게 사용하자는 취지의 약속으로서 사용자 스스로 양심껏 약속에 따라 행동하리라는 '자발성'에 의존할 뿐, 힘이나 법으로 강제하는 것이 아니다. 그럼에도 불구하고 CC 라이선스가 부여된 오픈 저작물이 25억 개가 넘을 정도로 널리 사용되고 있다.[13]

---

13 Creative Commons, "The Report 'STATE OF THE COMMONS 2022'", 8p.

CCL 표시의 예. '저작자 표시, 비영리, 동일 조건 변경 허락' 유형이다.

악플러 처벌과 같이 법을 통해 강제로 어떤 행위를 금지하는 것과, CC 라이선스처럼 법적 효력 같은 강제나 의무를 부과하지 않고 자발적으로 특정한 약속에 동참하도록 하는 것 중 어느 쪽이 효과적일까? 다양한 측면에서 깊은 검토가 필요하겠지만, 무분별하고 예측 불가능한 행위가 끊임없이 이어지는 온라인 공간에서 현재 일어나는 일뿐만 아니라 앞으로 일어날 모든 문제에 대해 매번 법적 규제를 가할 수는 없는 일이다.

한편 CC 라이선스 역시 저작자가 저작물의 사용과 공유를 유연하게 허용하는 체계라는 점에서 '창의적이고 자유로운 정보 공유를 촉진'하는 디지털 커먼즈의 구성 요소를 가지고 있다. ctrl+c, ctrl+v 두 번의 동작으로 어떤 콘텐츠든 복사複寫, copy되고 ctrl+d 한 번의 동작으로 복제複製, uplicate되는 광활한 공간에서 모든 사람의 활동을 감시한다는 것은 비용이 많이 드는 일이다. CC 라이선스의 예에서 보듯 더 좋은 터전이 되는 방안으로 '자발적 참여'를 끌어낼 수 있는 규약이 강제적 의무보다 더 효과적일 수 있다. 하지만 CC 라이선스를 사용 중인 저작자가 다른 저작자의 저작물을 이용할 때 양심껏 약속을 잘 지키고 있는지를 확인할 길이 없다. 내 자산을 다른 사람의 자산보다 더 중요하게 여기는 것은 온라인에서도 마찬가지여서 자기 작품 보호에만 열심이고 다른 사람의 작품에 대해서는 무심할 수 있는 것이다. 게다가 CC 라이선스를 잘 알지 못하는 사람들은 라이선스가 적용된 작품을 약속된 조건을 무시하고 사용하곤 한다.

우리의 터전에서 공통된 규약이 양심에 따라 잘 지켜지고 있는지 감시할 필요가 있지만 이는 비용이 많이 들거나 불가능에 가까운 일이다. 하지만 현재 기술 발전의 흐름을 볼 때 공통 규약에 따라 행동하는지 아닌지를 직접 눈으로 확인하는 것이 아니라 코드를 통해 행동 범주를 계약화함으로써 규약이 지켜지도록 할 수 있다. 공통의 계약은 터전의 모든 사람이 공감하고 자발적으로 참여하게 해야 하므로 그들의 의견을 수용해야 한다. 머리가 아주 뛰어난 소수의 사람이라 해도 국가 단위를 뛰어넘는 디지털 공간의 모든 것을 예측할 수는 없으므로 소수의 특정 인물들이 아니라 전 세계 다양한 사용자로부터 의견을 수용해 계속 변화, 발전해갈 수 있어야 하며, 이렇게 해서 보다 많은 자발적 참여를 끌어낼 수 있다. 이는 마치 어떤 마을에서 마을 사람이 모두 모여 마을이 더 잘되기를 바라는 마음으로 다양한 방안을 함께 계획하고 마련해나가는 것과 비슷하다. 마을 사람 개개인이 자신의 자산을 지키는 것은 마을에서 정한 정책과 매우 관련이 깊다. 예를 들어 야생동물의 침입을 차단하기 위해 마을 한쪽에 강력한 울타리를 설치할 것인지, 우리 집 염소가 다른 집 울타리를 넘어가도 내 소유권이 유지되는지와 같은 사안들이 내 자산의 존속에 많은 영향을 미친다.

기업은 사용자가 서비스로부터 취득하는 자산 소유권이 사용자에게 있도록 하는 방안을 마련해야 하며, 서비스가 이루어지는 광활한 터전에서 사용자의 소유물과 콘텐츠가 잘 유지되고 성장할 수 있도록 사용자의 의견을 반영하는 가운데 코드화된 룰에 의해 공통 규약이 지속적으로 갱신되는 환경을 구축할 필요가 있다. 게다가 서비스 이용자들을 보다 적극적으로 참여하게 하려면 실제로 의견이 반영되는 구조가 맞는지, 조작을 하는 것은 아닌지 등 신뢰성 문제도 고려해야 한다. 나의 소중한 의견이 실제로 반영되어야 하고, 그 의견에 대한 과거의 기록까지 조작 없이 유지될 수 있어야 한다.

스마트 콘트랙트smart contract는 블록체인 2세대 기술로, 계약 당사자 간 거래 내용을 코드로 기록해 블록체인에 올려두고(이를 '발행'이라 한다), 계약 조건이 충족됐을 때 계약이 자동으로 이행되는 시스템이다. 스마트 콘트랙트가 발행되면 발행 주체와 코드 내용이 모두 투명하게 공개된다. 스마트 콘트랙트 기능을 더함으로써 블록체인 기술의 첫 주자인 비트코인에 이어 제2의 블록체인이라 불리는 것이 이더리움이다. 이더리움이 성장, 확장하면서 이더리움 스마트 콘트랙트를 통해 '토큰'을 만들고 애플리케이션과 원활하게 상호작용할 수 있도록 하기 위해 공통으로 인정된 '표준'이 필요해졌는데 이러한 표준 규약 만들기를 목표로 하는 것이 'ERC'[14]이다. ERC는 개발자와 커뮤니티 구성원 등 누구나 이더리움의 확장성, 상호 운용성, 그리고 기타 기능적 측면을 개선하기 위한 의견을 자유롭게 제안할 수 있도록 열어놓았다. 그리고 이렇게 제안된 의견들을 실제 이더리움 서비스 이용자들이 직접 사용해서 평가한

---

[14] Ethereum Request for Comment의 약자로, 이더리움 네트워크에서 사용되는 기술 표준을 제공하는 문서를 말한다.

후 다시 재수정한다. 이런 과정을 거쳐 표준을 채택한다. 특정 소수에게 한정된 것이 아니라 무수한 사용자들의 수정, 보완, 개선을 거쳐 채택이 이루어지는 것이다. 또 전 과정을 투명하게 공개함으로써 특정 소수가 자신들의 이익을 위해 만든 것이 아니냐는 의구심을 없애고 신뢰도를 높인다.

ERC 중에서 가장 많이 알려진 것이 ERC-20(표준화된 토큰 인터페이스)와 ERC-721(대체 불가능한 토큰)이다. 여기서 우리가 또 하나 인지해야 할 포인트는 수요와 공급에 따른 채택이 이루어지고 있다는 점이다. 시장가격은 수요와 공급에 따라 균형점을 찾아간다. 수요와 공급에 따라 규약, 문서 등을 채택한다면 시장의 의견을 잘 반영하는 것이다. 시장에서 실제로 더 많이 사용되었다는 것은 그만큼 편리한 규약임을 증명하는 것과 같다. 기업이 정책과 규약을 만들면 비용을 들여서 직접 시범 테스트를 해야 한다. 그러나 시장의 니즈 및 수요와 공급에 따라 만들어진 규약은 테스트를 할 필요가 없다. 많은 사람이 사용함으로써 규약의 개선도 빠르게 진행될 것이다. 더 주목할 점은 ERC에 대한 관리를 이더리움 재단이 하지 않고 커뮤니티 자체에서 제안, 토론, 채택, 발전 과정을 거치고 있다는 것이다. 중앙에서 비용과 노력을 들여 모든 것을 해결하려고 하는 관점을 파동의 매질이 되는 디지털 생태계 내 사용자들이 직접 해결해가는 관점으로 옮겨야 한다.

이제 위의 내용을 기업의 서비스 관점에서 생각해보자. 기업은 기술이 발전하고 시대가 변함에 따라 서비스를 계속 수정, 보완, 개선해가야 한다. 그리고 서비스를 운영하고 제공하는 주체가 직접 수행해야만 이러한 수정, 보완, 개선이라는 변화가 이루어질 수 있으리라는 생각에서 벗어나야 한다.

우리는 그동안 디지털 커먼즈의 특징을 지닌 요소들이 디지털 시장에서 꽤 성장한 사례를 보았다. 결국 우리가 새로운 서비스를 통해 이루려는 바는 핵심이 되는 씨앗과 여러 구멍을 만들어서 강력한 파동을 일으키는 것이다. 따라서 서비스의 수정, 보완, 개선에서도 내부 인력만으로 해결하기보다 서비스를 이용하는 사람이라면 누구나 주체가 되어 개선해나갈 수 있는 프로세스를 구축하는 기업은 급격한 시대 변화에도 두려움 없이 지속 가능할 것이다.

무한 공간에서의 자강 전략

인간에게 자유란 무엇일까? 오프라인에서 추구하는 자유와 온라인에서 추구하는 자유는 그 해결 방식은 달라도 궁극적으로 통제와 억압에서 벗어난다는 측면은 동일할 것이다. 우리 터전의 범위는 이제 온-오프라인이 통합되는 데 이르렀다. 디지털 세상에서는 공간의 제약뿐만 아니라 행동의 제약도 없으니 사실상 우리의 터전은 무한한 공간이자 언제 어떤 일이 벌어질지 알 수 없는 정글이 된 셈이다. 그러나 진정한 자유는 무법 지대에서는 실현될 수 없다. 더 많은 사람이 디지털 세상에서 더 많이 연결될수록 단순히 힘으로 얻는 자유가 아니라 보다 공정한 자유를 지향하며 이러한 흐름은 더 강해지고 있다. 즉 우리의 터전에서 보다 큰 자유를 누리기 위한 시도가 계속되고 있다. 기업은 이러한 자유 투쟁의 현황을 계속해서 탐지하고 이를 토대로 발전 방향을 모색할 때 생존과 성장의 강력한 원동력을 얻을 수 있을 것이다.

학문 높은 선비도 그 기가 여러 번 꺾이게 된다는 『주역周易』의 64괘 중 건괘乾卦에는 이런 문장이 나온다. "天行健, 君子以自强不息." 하늘은 건장하게 운행하니 군자는 그 운행을 본받고 스스로를 강하게 하는 데 쉼이 없어야 한다는 뜻이다. 여기서 핵심은 단연 자강불식自强不息이다. 그렇다면 스스로를 강하게 만드는 방법은 무엇일까. 경쟁자의 출현, 빠른 기술의 발전 속도 앞에서 무엇을 선택해 집중해야 할지를 생각하면, 캄캄한 망망대해 앞에 서 있는 듯 느껴지기도 한다. 그러나 어둠 속에서도, 완벽한 목적지는 아니더라도 저 앞에 무언가 존재함을 알려주는 빛을 향해 나아가는 노력은 헛되지 않을 것이다. 그 한 줄기 빛이란, 새로운 계획과 전략을 세울 때 미래의 자유를 향한 정신과 방향에 대한 탐색이 될 수 있다. 자강불식과 자유는 같은 한자(自)를 사용한다. 여기서 말하는 자유는 앞에서 몇 차례 언급했듯이 무엇이든지 마음대로 행동할 수 있는 무법 상태의 자유를 말하는 게 아니다. 울타리 안에 갇힌 것과 같은 억압에서 벗어나고자 하는 자유이자 자신의 소유를 보장받는 자유를 의미한다. 기업이 스스로[自]를 단단히 하는 한편 사회 전체의 자유自由를 위해 보다 강력한 영향력을 미칠 수 있는 방향을 향해 간다면, 이러한 의지는 결코 헛된 것이 아니며 뜻하는 바를 이룰 열쇠가 되어줄 것이다.

7장

플레이노동은 노동인가, 여가인가
: 여가, 놀이, 게임 플레이의 관계를 중심으로

양재성

디지털 커먼즈와 디지털 게임, 그리고 플레이노동

이 장에서 우리는 디지털 게임을 플레이하는 경험이 지닌 노동적 특징에 관해 논할 것이다.[1] 현재 디지털 게임 산업은 디지털 커먼즈적 활동이 가장 활발히 펼쳐지는 분야라고 해도 과언이 아니다. 디지털 게임을 플레이하는 플레이어들은 온라인과 오프라인을 막론하고 게임을 즐기며 느낀 체험과 게임에서 승리하기에 더 좋은 전략이나 게임의 문제점에 관해 서로 이야기를 나눈다. 그리고 게임 제작사는 공식적이든 비공식적이든 게임에 관한 의견을 주고받기 위해 마련된 플레이어들의 커뮤니티에서 게임의 특정 부분에 대한 반응을 확인한 후 게임 패치의

---

[1] 논의 전개의 편의상, 이 장에서는 디지털 게임과 비디오 게임을 '게임'으로 지칭한다. 여기서 필자는 디지털 게임과 보드 게임 혹은 축구 같은 전통적인 게임의 차이를 규명하려는 것이 아니다. 따라서 이 장에서 다루는 '게임'은 디지털 게임이나 비디오 게임으로 한정된다.

조정 방향을 결정한다. 이러한 과정을 거쳐 결정된 게임의 패치는 다시 구체적인 게임 플레이를 결정한다. 행위자들의 상호작용은 게임 외부에서만 이루어지는 것이 아니다. 예컨대 플레이어 간 경제적 가치를 교환할 수 있는 MMORPG(대규모 다중 사용자 온라인 롤플레잉 게임)에서는 각 플레이어의 구체적인 플레이가 게임 내 전체적인 경제 흐름을 결정하고, MOBA(다중사용자 온라인 전투 아레나)나 팀 단위 FPS(1인칭 슈팅 게임)에서는 게임 커뮤니티에서 유행하는 전략이 각 플레이어의 전략을 결정하는 요인이 될 수 있다. 이처럼 우리는 게임의 영역에서 디지털 기반 커먼즈가 각 플레이어와 커뮤니티, 커뮤니티와 게임 회사, 또 게임 회사와 플레이어 사이에 형성돼 있음을 확인할 수 있다.

그런데 디지털 게임의 커먼즈적 영역에서 한 가지 흥미로운 현상이 발견된다. 전통적으로 여가 활동으로 분류되었던 게임 플레이에서 노동의 특성이 확인되고 있는 것이다. 이제 게임은 단순히 즐거운 체험을 향유하는 소비적 매체인 동시에 게임 외적인 가치, 특히 금전적 가치를 생산하는 매체다. E-스포츠 분야가 발전함에 따라 프로 플레이어가 많은 연봉을 받거나, 플레이어가 게임 내 재화를 제작하고 판매함으로써 게임 외 재화를 획득하는 일을 흔히 볼 수 있게 되었다. 이와 같은 게임 플레이의 커먼즈적 측면과 관련하여 이미 여러 연구가 진행되고 있다. 류철균과 신새미는 "놀이와 여흥의 동기에서 시작된 가상 세계 체험이 현실 세계의 노동과 똑같은 인내심을 요구하는 진지하고 몰입되는 체험"이라고 말하며 이를 '재미노동'이라는 개념으로 규정한 바 있다.[2]

---

2 류철균·신새미, 「가상 세계의 재미노동과 사용자 정체성」, 『한국콘텐츠학회 논문지』 7호, 2007,

이뿐만 아니라, 김은정은 게임 플레이를 통해 재화를 생산하는 현상을 '레이버테인먼트Labourtainment'로 규정하고 플레이어들이 더 이상 "게임 개발자가 제공한 게임 환경을 단순히 소비하는 것이 아니라, 게임을 진행하는 과정 속에서 제품으로서의 온라인 게임 자체를 변형하고 창조해 나가는 프로슈머Prosumer로서의 플레이어의 역할이 뚜렷하게 부각"되는 현상을 구체적인 게임 플레이에서 발견할 수 있다고 논한다.[3] 그러나 게임 플레이에서 발견되는 노동적 특징을 프로슈머적 활동으로 이해하는 관점에는 문제가 있다. 이들이 주장하는 것처럼 게임 플레이를 통해 게임 외재적 가치, 즉 실제 현실에서 통화로 사용할 수 있는 화폐 가치가 발생하는 것은 사실이다. 하지만 게임 플레이를 통한 생산물이 노동의 대가로 플레이어에게 정당하게 지불되는지에 관해서 이들은 침묵하고 있다.

게임 플레이의 노동 구조에 관한 비판적 논의를 살펴본다면, 우리는 게임 산업의 정치-경제적 구조에 대한 비판을 더 많이 직면하게 된다. 대표적으로 율리안 퀴클리히Julian Kücklich는 게임 플레이의 노동적 측면을 단순히 프로슈머적 활동으로 이해할 수는 없다고 주장한다. 그는 모드 제작의 사례를 분석함으로써 게임 플레이를 통해 창출한 게임 외적인 가치가 실제로 플레이어에게 노동의 대가로 주어지지 않는다는 점을 밝히고 이를 비판한다.[4] 더불어 닉 다이어-위데포드Nick Dyer-Witheford

---

184쪽.

3 김은정, 「디지털 게임의 '생산적 소비' 행위에 관한 연구: 레이버테인먼트 게임의 기호학적 분석을 중심으로」, 『한국게임학회 논문지』 10호, 2010, 81쪽.

4 Julian Kücklich, "Precarious Playbour: Modders and the Digital Games Industry", The Fi-

와 그릭 드 퓨터Greig De Peuter 역시 골드 경작gold Farming의 문제를 중심으로 게임 플레이의 노동 문제를 다룬다.[5] 타이지수Tai Zixue와 후평빈Hu Fengbin은 중국의 골드 경작에 관한 사례를 더욱 상세히 제시하며 다이어-위데포드와 드 퓨터의 입장에 찬동한다.[6] 국내 연구의 경우 방희경, 원용진이 프로 게이머의 노동 구조를 비판했으며, 신현우는 게임 플레이의 노동적 특성이 기반하는 구조 전반에 노동 착취적 면모가 있음을 명료하게 밝힌다.[7]

이처럼 '플레이노동Playbour'은 게임 플레이의 놀이적 특성과 노동의 특성이 동시에 발견되는 플레이를 의미하는 개념으로, 넓은 의미에서 게임을 플레이하여 게임 규칙과 무관한 외재적 가치를 생산하는 행위를 의미한다. 플레이노동 개념을 허용하는 담론, 즉 플레이노동 담론은 현재 게임 플레이의 노동 구조에 관한 분석에서도 적극적으로 활용되고 있다. 예컨대 김동찬, 김해인은 플레이노동 개념이 시사하는 게임 플레이의 노동 구조의 문제점을 밝히고 P2E(Play to Earn) 게임 내에서 게임 플레이의 노동이 공정한 분배 구조를 실현할 수 있는지를 모색한다.[8]

breculture Journal, issue 5, 2005.

5 Nick Dyer-Witheford · Greig De Peuter, *Games of Empire: Global Capitalism and Video Games*, Minneapolis: University of Minnesota Press, 2009; 닉 다이어-위데포드 · 그릭 드 퓨터, 『제국의 게임』, 남청수 옮김, 갈무리, 2015.

6 Zixue Tai · Fengbin Hu, "Play between love and labor: The practice of gold farming in China", *New Media & Society*, vol. 20, 2018, pp. 2370-2390.

7 다음을 참고하라. 방희경 · 원용진, 「프로게이머의 노동: 탈근대적 양식, 근대적 윤리」, 『한국언론정보학보』 74호, 2015, 7-37쪽; 신현우, 「디지털 게임에서의 '플레이노동'에 대한 이론적 연구: 플레이의 '기계적 예속'의 정치경제학 비판」, 『한국언론정보학보』 97호, 2019, 7-36쪽; 신현우, 「플레이노동 연구: 디지털 게이밍 문화의 자본주의적 전유 비판」, 서울과학기술대학교 박사학위 논문, 2020.

8 김동찬 · 김해인, 「'놀이'에서 '노동'으로: 블록체인 기반 P2E 게임의 가능성」, 『한국게임학회 논문지』

그런데 플레이노동과 관련하여 한 가지 흥미로운 점이 있다. 이는 플레이노동과 관련한 선행 연구들 대부분이 넓은 의미의 마르크주의적 관점에 입각해 해명되고 있다는 점이다.[9] 플레이노동 연구자들은 플레이어가 게임 내에서 플레이를 통해 게임 외재적 가치를 생산하는 행위를 안토니오 네그리Antonio Negri와 마이클 하트Michael Hardt의 '비물질노동immaterial labor' 개념[10]을 경유하여 규정한다. 플레이노동 연구자들에 의해 원용되곤 하는 로런스 M. 힌먼Laurence M. Hinman의 소외된 놀이alienated play와 소외된 여가alienated leisure 개념이 카를 마르크스Karl Marx의 소외된 실천alienated praxis 개념을 전용함으로써 규정된다는 점을 주지할 필요가 있다. 신현우는 이 같은 게임 플레이에 관한 마르크스주의적 시선이 "노동, 여가, 플레이가 '자유로운 의식적 활동이자 자기실현적인' 자유 시간"으로부터 분리되고 "플레이의 소외에서 상품화로 이르기까지의 진앙 지점을 발견"하고 있다고 논한다.[11]

그렇다면, 플레이노동 담론은 지금, 우리에게 무엇을 경고하고 있는가? 플레이노동 담론이 제기하는 문제의식은 게임 산업과 각 플레이

23호, 2023, 15-24쪽.

9 카를 마르크스는 노동가치설을 통해 노동과 여가에 관한 고전적 구별을 받아들이지만, 마르크스주의 이론가인 힌먼은 노동과 여가가 서로 배제적으로 구별되지 않는다고 주장한다. 뿐만 아니라 네그리와 하트 역시 마르크스가 논하지 않은 비물질 노동을 새로운 노동 양식으로 제시한다. 따라서 이들의 영향을 받은 플레이노동에 관한 논의가 전통적인 마르크스의 이론에 따라 이뤄진다고 보기는 어렵다. 다음을 참고하라. Laurence M. Hinman, "Marx's theory of play, leisure and unalienated praxis", *Philosophy & Social Criticism*, vol. 5, 1978, pp. 192-228; Antonio Negri · Michael Hardt, *Empire*, Cambridge, MA and London, England: Harvard University Press, 2001; 안토니오 네그리 · 마이클 하트, 『제국』, 윤수종 옮김, 이학사, 2001.

10 네그리 · 하트, 2001.

11 신현우, 2020, 50쪽.

어 사이에서 형성된 커먼즈의 면모를 여가, 노동 그리고 게임 플레이라는 측면에서 드러내고 있다. 따라서 게임 플레이와 관련하여 발생한 커먼즈가 무엇인지 이해하기 위해서는 플레이노동 개념이 무엇인지 먼저 살펴보아야 할 것이다. 이제 우리는 플레이노동 개념을 검토하기 위해, 먼저 노동과 여가에 깃든 특성의 차이를 확인하려 한다.

노동과 여가 사이: 비물질 노동으로서의 플레이노동

노동과 여가의 차이[12]

노동labor은 외재적 가치를 지니는 재화나 서비스를 생산하는 활동이다. 우리는 노동을 통해 활동 외부적인 가치를 생산하고 대가를 받는다. 우리는 일반적으로 노동 활동 그 자체로부터 어떤 가치를 누리진 않기 때문이다. 이처럼 노동은 타인이 향유할 수 있는 재화를 생산하는 활동이지만, 노동을 통해 생산된 재화를 항상 타인이 소비해야 하는 것은 아니다. 예컨대 자급자족하는 어부가 생산한 물고기는 어부 자신을 위한 재화이지, 다른 사람들이 소비하는 생산품은 아니다. 이 경우 우리는 어부의 노동의 대가가 어부의 노동을 통해 생산한 것과 동일하다고 논할 수 있다. 이처럼 노동에는 다음과 같은 세 가지 특징이 있다. (1) 노동은 자신뿐만 아니라 타인에게도 가치 있는 것을 생산하는 일이다. (2) 노동

---

12 이 내용은 Michael Cholbi, "Philosophical Approaches to Work and Labor", *The Stanford Encyclopedia of Philosophy*, Edward N. Zalta and Uri Nodelman (eds.), 11. Jun. 2022, https://plato.stanford.edu/entries/work-labor/를 참고했음을 밝힌다.

생산물은 노동 활동 자체의 내재적인 가치가 아닌 노동 외재적인 가치를 지닌다. (3) 노동의 대가로는 노동 외재적인 가치를 지닌 것이 주어져야 한다.

반면, 외재적 가치를 지닌 재화나 서비스를 대가로 받지 않고 하는 일도 있다. 취미로 우쿨렐레 연주를 즐기는 사람의 연주 활동은 연주자에게 분명히 주관적인 즐거움을 제공한다. 하지만 해당 연주자가 다른 사람들이 느낄 즐거움까지 염두에 두고 우쿨렐레를 연주하는 것은 아니다. 이처럼 여가leisure는 분명히 활동 자체로부터 주어지는 내재적 가치를 얻기 위해 수행하는 활동이다. 물론 우리가 하는 다양한 여가 활동 중에는 외재적인 가치를 창출하는 활동도 있다. 예를 들어, 가죽공예 활동을 여가로 하는 사람도 공예 활동을 통해 금전적 가치로 교환될 수 있는 재화를 생산하는 경우가 있다. 그러나 이 사람이 가죽공예를 지속한다면, 약간의 금전을 대가로 받으려고 작업을 하는 것은 아닐 터다. 아마도 가죽공예를 진정 여가로 즐기는 사람이라면, 자신이 생산한 공예품의 외재적 교환가치와 관계없이 이러한 여가 활동을 지속할 것이다. 공예 활동 자체가 본인에게 즐거움을 선사하기 때문이다. 이처럼 여가 활동은 노동과 달리 활동을 통해 생산된 외재적 가치와 독립적으로 지속될 뿐만 아니라, 이에 따른 대가와도 독립적이다. 여가를 즐기는 주체는 여가 활동 자체에서 수반되는 내재적 가치를 향유할 따름이다.

이처럼 노동과 여가는 오랫동안 행위의 동기 측면에서 구별돼왔다. 그렇다면, 우리의 모든 활동은 노동이거나 여가일까? 이처럼 둘 중 하나로만 분류될 수 있을까? 우리가 수행하는 행위의 동기적 측면을 고려해보자면, 일견 우리의 모든 활동은 노동이거나 여가 중 하나로 분류되어야 할 것 같다. 그러나 우리의 행위는 이처럼 단순하게 구별되지 않는다. 이제 우리는 노동과 여가의 특성이 동시에 확인되는 대표적인 사례로서 게임 플레이의 노동적 측면에 대해 논의한 플레이노동 담론을 검토할 것이다. 이를 위해서는 먼저 네그리와 하트의 비물질 노동 개념을 살펴보아야 한다.

새로운 노동의 형태: 비물질 노동

네그리와 하트는 현대 자본주의적 체제 내에서 놀이를 포함한 여러 인간적 활동이 경제적 자원으로 환원되는 경로에 대해 논한다. 이들이 주목하는 것은 경제적 탈근대화post-modernization 과정에서 확인되는 비물질 노동immaterial labor이다. 여기서 경제적 탈근대화는 제품 생산과 제조업 중심의 자본주의 패러다임에서 서비스와 정보 처리 중심의 패러다임으로 전환되는 현상을 일컫는다. 그리고 이처럼 변화한 경제적 패러다임 내에서 우리는 새로운 노동 양식을 확인할 수 있다. 네그리와 하트는 이 새로운 노동 양식이 바로 비물질 노동이라고 진단한다. 이들에 따르면, 비물질 노동은 우리의 일상적 맥락과 관습적 규범을 재구조화함으로써 우리의 삶을 재편한다. 여기서 비물질 노동은 서비스나 정보와 같이 물질성이 없는 제품을 생산하는 데 투입되는 노동을 말한다.

비물질 노동은 세 가지 경로를 통해 자본주의적 패러다임 내로 편입된다. 먼저, 비물질 노동은 기존 산업적 생산과정에서 커뮤니케이션 네트워크로 활용된다. 이러한 예로 노동경제학적 측면에서 포드주의에서 도요타주의로의 변화가 제시된다. 생산과 소비의 영역이 구별되었던 포드주의적 모델과 달리 도요타주의는 생산 분야가 소비자 요구를 즉각 반영할 수 있는 Just-in-Time(적기 생산방식), 즉 생산과 소비 사이에 커뮤니케이션 네트워크를 설립하고 이를 새로운 경제적 자원으로 활용하는 생산 체계적 이념을 의미한다. 둘째로, 비물질 노동은 정보처리 및 정보 제공 노동으로서 기존 경제체제에 편입된다. 예컨대 현대 자본주의 체제에서 정신노동적 작업은 적지 않은 비율을 차지하고 있을뿐더러 점점 그 비중이 확대되고 있다. 마지막으로 비물질 노동은 기존 경제체제에 정동 노동affecive labor으로서 포함된다. 예를 들어 노약자 돌봄 서비스나 문화산업 내에서 발생하는 노동, 예컨대 예술 활동이나 놀이에서 파생되는 노동은 많은 경우 노동자들의 정동을 자원으로 삼는다.[13] 정리해보자면, 네그리와 하트는 비물질 노동을 "생산과정과 생산되는 상품들의 인식적인 그리고 정서적인 측면들"을 통해 정의하며, 이러한 종류의 노동이 "고도의 의사소통 협력, 네트워크로 연결된 기술들의 이용, 그리고 노동시간과 여가시간의 희미해진 경계들"과 같은 조건 아래에서 실행된다고 논한다.[14]

네그리와 하트의 비물질 노동 개념은 놀이를 비롯한 인간적 활동이 경제적 가치를 생산하는 현상 자체를 분석할 수 있는 논의의 장을 열었다. 그렇다면, 이들의 논의는 플레이노동 담론에서 구체적으로 어떻게 반영되고 있을까? 이를 검토하기 위해, 우리는 쿼클리히의 모드 제작에 관한 논의를 살펴볼 것이다.

---

13 플레이노동 연구자들은 게임 플레이의 정동 노동적 특성에 주목하여, 게임 플레이의 노동적 측면을 비물질 노동으로 해명하려 한다.

14 네그리·하트, 2001, 119쪽.

플레이노동 담론

플레이노동과 커먼즈

각 산업이 현대 자본주의 체제 내에서 발전해왔듯, 디지털 게임 산업 역시 끊임없이 발전하고 있다. 산업적 관점에서 보자면, 전통적으로 가치를 생산하는 측은 게임을 제작하는 게임사였다. 하지만 게임 산업이 발달하면서 게임을 플레이하는 행위 자체가 넓은 의미에서 가치 생산을 수반하게 되었다. 게임의 규칙이나 편의적 기능을 변조하는 모드 제작이 게임을 향유하는 한 가지 방법으로 제시되었으며, 게임 내 화폐를 현실의 화폐로 전환하는 골드 경작이 성행하는 일도 일어났다. 물론, 골드 경작을 조직적으로 수행함으로써 게임 내 화폐를 현실 통화로 전환해내는 전문 작업장이 게임 내 통화로 구성된 시장 질서를 교란시키는 일이 잦았기 때문에 게임 내규상 혹은 법적으로 작업장을 운영하는 일은 금지되어왔다. 이처럼 오랫동안 게임 내 플레이로 경제 가치를 생산하는 일은 음지에서 암묵적으로 이뤄지는 일로 간주되어왔다. 그러나 게임 플레이가 외재적 가치를 생산하는 현상은 이제 더 이상 물 밑에서만 이루어지는 것이 아니다. 최근에는 블록체인 기술의 발전에 힘입어 게임 플레이를 통해 획득한 아이템이나 재화를 대체 불가능 토큰Non-Fungible Token(NFT) 형태로 발행하여 플레이어가 게임을 통해 NFT 아이템이나 암호화폐 등으로 보상받을 수 있는 게임의 형태인 P2E 게임이 등장하기도 했다.[15] 이처럼 게임 플레이와 노동은 사회, 기술의 측면

---

15 김동찬·김해인, 「'놀이'에서 '노동'으로: 블록체인 기반 P2E 게임의 가능성」, 『한국게임학회 논문지』

에서 서로 밀접하게 연결되어가고 있다. 이러한 사회 변화로 말미암아, 상품이나 경제적 가치를 생산하는 노동의 관점에서 디지털 게임을 플레이하는 양상을 플레이노동이라는 개념으로 분석한 연구가 수행되었다.

플레이노동은 퀴클리히가 가장 먼저 사용한 개념으로, 게임 플레이의 노동적 특성과 사회적, 정치경제적 구조 간 상호작용을 포착하기 위해 제안한 개념이다.[16] 그는 게임 플레이가 일종의 비물질 노동으로서 상품가치를 생산하는 노동임을 보이기 위해, 플레이어의 게임 플레이 외적 행위에 주목한다. 그가 주목한 플레이어의 게임 외적 활동은 프로그램 언어를 능숙하게 다루는 플레이어들이 게임 내 오브젝트, 환경 및 상호작용 등의 요소를 결정하는 게임 엔진과 코드를 조작하여 기존 게임을 변경하는 행위인 모드mod 제작이었다.[17] 모드 제작에 참여하는 플레이어는 모드 제작을 통해 작게는 게임 내 오류를 수정하거나 편의적 기능을 간단히 추가하며, 더 나아가 기존 게임과는 완전히 다른 게임을 만들어내는 데까지 관여하기도 한다.

이처럼 모드 제작이 프로젝트의 규모에 따라 아주 작은 규모에서 큰 규모에 이르기까지 다양하게 이뤄진다는 점에서 우리는 새로운 모드를 원하는 모드 이용자들과 새로운 모드를 제작하고자 하는 모드 제작자들, 또 모드 제작자를 연결해주는 공동체가 모두 이 작업에 깊숙이 관

23호, 2023, 16쪽.

16 Kücklich, 2005.

17 퀴클리히는 모드 제작이 게임 플레이의 연장선상에서 논의될 수 있다고 생각한다. 모드 제작은 게임을 향유하는 여가적 활동으로서 활동 내재적 동기를 지니기 때문이다. 신현우 역시 이에 동의한다. 신현우, 2020, 24쪽 참고.

여하고 있다는 점을 알 수 있다. 게임 모딩의 생산과 소비와 관련된 커먼즈적 공동체가 작동하고 있는 것이다. 예컨대 우리는 이러한 현상을 가장 큰 모드 제작 공동체인 넥서스 모즈Nexus Mods에서 확인할 수 있다. 넥서스 모즈 내 〈엘더스크롤 5: 스카이림The Elder Scrolls V: Skyrim〉(2011)이나 〈폴아웃 4Fallout 4〉(2015), 〈스타듀 밸리Stardew Valley〉(2016) 게시판에서 플레이어들은 자발적으로 게임 모딩에 필요한 코드를 만들고 싶어하는 플레이어들을 연결해주고 플레이어들의 집단 작업을 통해 제작된 모드를 점차 축적해가며, 일종의 디지털 커먼즈적 환경을 형성해나가기 때문이다.[18] 그렇다면, 플레이노동 담론에서 모드 제작은 구체적으로 어떻게 노동으로서 다뤄지는가?

모드 제작과 플레이노동: 비물질 노동으로서의 플레이노동

본격적인 게임 모드 작업은 1997년 〈둠Doom〉의 개발 스튜디오인 이드 소프트웨어id Software에서 〈둠〉의 소스 코드를 공개하며 시작되었다. 게임 역사상 가장 유명한 게임 모드는 〈퀘이크 IIQuake II〉의 모드로, 마이크로소프트의 프로그래머 두 명이 창립한 밸브 소프트웨어Valve Software에서 제작한 〈하프라이프Half-Life〉(1998)였다. 그리고 흥미롭게도 역사상 가장 성공적인 모드는 〈하프라이프〉의 모드로 시작한 〈카운터스트라이크Counter-Strike〉(1999)였다. 밸브 사는 이 게임을 매입하고 〈카운터스트라이크〉를 제작한 모더였던 민 리Minh Le는 밸브의 일원이

---

18 Finja Walsdorff, "Video Game Modding and Money: from Precarious Playbour to Reimbursed Labor of Love?", *Spiel Formen*, 2022, pp. 166-167.

될 수 있었다.

퀴클리히는 밸브의 최종 사용자 라이선스 계약EULA을 검토하면서 모드 제작자, 즉 모더는 게임의 소스 코드를 통해 게임을 플레이할 수 있는 권한은 가지지만, 자신이 모딩한 게임을 판매할 수는 없다는 점에 문제가 있다고 지적한다.[19] 모드 제작이 시작됐던 시기에도 이는 마찬가지였다. 예컨대 〈둠〉의 모드를 플레이하려는 사람들이 있다고 해보자. 〈둠〉의 모드를 플레이하기 위해서는 원본 소프트웨어가 필요하기 때문에, 사람들은 〈둠〉을 구매해야 한다. 일종의 통행료를 지불하는 셈이다. 그러나 〈둠〉의 모드는 따로 판매될 수 없었기 때문에 모더들은 자신의 생산물이 실질적으로 경제적 가치를 생산했음에도 불구하고 정당한 대가를 받을 수 없었다. 거기에 게임사는 모더와 플레이어가 게임의 브랜드를 구축하고 마케팅 작업을 대신 해준다는 점에서 무상으로 추가 이익마저 누려왔다.

이러한 상황에 대해 퀴클리히는 모드 제작이 실제로 무상 임금노동과 다를 바 없다고 주장한다. 모더들은 모드 게임에 관한 지적재산권을 주장할 수 없으며, 모드 게임에 관한 소유권은 오리지널 게임 개발사에게 귀속되기 때문이다. 그런데 모드 제작은 오리지널 제품이 게임으로서 지닌 수명을 연장할 뿐 아니라 원 게임에 대한 고객 충성도를 높이는 추가 효과마저 발생시킨다.[20] 물론 이 경우에도 게임사가 모더들이

---

19 Kücklich, 2005.

20 우리는 〈워크래프트 3Warcraft 3〉(2002)와 〈DotA〉(2003)의 사례를 통해 모드 제작이 어떻게 특정한 게임에 내재된 상품 가치보다 더 많은 가치를 부여하는지 살펴볼 수 있다. 블리자드 스튜디오는 〈스타크래프트Starcraft〉(1998)와 〈워크래프트 3: 레인 오브 카오스Reign of Chaos〉(2002)를 발매하면서 게임 내 엔진을 활용하여 사용자가 원하는 대로 게임을 재구성할 수 있는 일종의 모드 제작

창출한 마케팅 효과에 대가를 제공하는 일은 없었다. 게임사는 모더 집단을 아마추어 게임 개발자 집단으로 여겼을 뿐, 이들의 모드 제작이 노동 활동이라고는 생각하지 않았다. 운 좋게 게임사의 눈에 띈 모더는 자신의 노동을 인정받을 수 있는 개발사에 취직할 수 있었지만, 그러지 못한 경우에는 어떠한 보상도 받지 못했다.

모드 제작에 정당한 대가가 주어지지 않는 원인을 규명하기 위해 퀴클리히는 모드 제작 활동 자체의 특징을 검토하려 한다. 그는 모드 제작을 비물질 노동으로 규정한다. 퀴클리히가 모더들의 모드 제작 활동을 단순히 자율적인 여가 생활의 일환이라고 보지 않는 까닭은 다음과 같다.[21]

(1) 모드 제작은 집단적 커뮤니티 내에서 커먼즈적 상호작용을 통해 이뤄진다.
(2) 모드 제작은 플레이어들의 요구를 즉각적으로 반영한다.
(3) 게임 플레이적 체험, 즉 플레이어들의 정동이 모드 제작의 자원이 된다.
(4) 모드 제작은 활동 외재적인 가치를 생산한다.

그럼에도 불구하고, 상술한 바와 같이 모드 제작은 게임 업계에서 노동으로 인정받지 못했다. 〈심즈Sims〉(2000)의 제작자인 윌 라이트Will

---

툴을 게임에 탑재했다. 게이머들은 이 모드 제작 툴을 사용하여 〈워크래프트 3〉의 장르적 특성인 영웅 기반 RTS에 공성 디펜스 게임의 장르적 규칙을 추가해서 〈DotA〉를 제작했다. 많은 게이머들이 〈DotA〉에 열광했고 〈DotA〉는 〈워크래프트 3〉 자체가 지닌 게임의 생명력이 소진된 이후에도 사람들로 하여금 〈워크래프트 3〉을 구매하게 했다.

21 Kücklich, 2005.

Wright가 어떤 모더들과 어떤 관계를 맺었는지 생각해보자. 그는 앞으로 게임 생산이 게임 개발자와 플레이어 간의 긴밀한 협력 과정이 되리라고 예측한 바 있다. 실제로 〈심즈〉는 본편 게임에서 부족한 면을 플레이어가 제작한 다양한 게임 모드를 통해 보완함으로써 막대한 수익을 올렸다. 그럼에도 불구하고 좋은 모드를 제작한 플레이어에게 개발사는 어떤 보상도 제공하지 않았으며, 모더들 역시 자신들의 작업물이 경제적 가치를 산출한다는 점을 전혀 문제 삼지 않았다. 모더들과 게임사 모두 모드 제작이 일종의 취미 생활에 불과하다고 생각했기 때문이다.

이처럼 퀴클리히는 모드 제작 활동이 수익을 얻기보다는 재미로 하는 여가 활동으로 인식된다는 점에 주목한다. 그는 개발사와 플레이어, 그리고 심지어 모더들까지도 모드 제작을 놀이로, 다시 말해 여가 행위로 인식한다는 점을 밝힌다. 게임 산업에 형성된 이러한 착취 관계는 모드 제작이 노동이 아니라 여가 활동으로 분류된다는 사회 규범으로부터 형성되고 있다. 분명 모드 제작은 모더가 재미를 향유하기 위해 하는 활동이다. 하지만 그런 생산물이 모드 제작의 대상이 된 게임을 다층적으로 발전시켜 게임에 내재된 가치보다 더 많은 상품 가치를 해당 게임에 더한다는 점 역시 무시해서는 안 된다. 모드 제작 공동체의 규범이 모드 제작 측면에서는 공동 작업을 통해 게임 플레이를 더욱 풍성하게 하는 데 기여한다는 점에 주목해보자. 모드 제작으로 인한 경제적 가치가 발생할 경우에 그 공동체의 규범은 경제적 가치를 게임사가 전유할 수 있는 수익으로 탈바꿈시키는 데 기여한다. 다시 말해, 플레이어들이 게임 플레이 외적으로 게임을 향유하는 경험은 플레이어 공동체 안에서 발생하지만, 이런 경험에서 비롯하는 경제적 가치는 자신들이 속한 공동체 규범에 의해 플레이어 자신들에게 되돌아가지 않는 것이다. 퀴클리히는 이 규범의 기원이 '모드 제작은 여가 활동일 뿐이다'라는 결론을 유도하는 노동과 여가의 이분법적 교설에서 생겨났다고 진단한다.

결론적으로 퀴클리히에 따르면 모드 제작이 지닌 노동으로서의 불안정성precariousness은 모드 제작과 같은 플레이노동이 비물질 노동으로서 전통적인 노동과 여가의 범주에 전혀 속하지 않는다는 점에서 비롯한다. 물론 우리에게는 여전히 한 가지 의문이 남아 있다. 분명 플레이노동은 게임 플레이의 노동적 측면을 파악하기 위해 제안된 개념이다. 그러나 모드 제작은 게임이라는 대상을 향유하는 여러 방식 중의 하나일 뿐이지 게임 플레이 자체에 해당한다고 보기는 어렵다. 어떤 회화 작품을 평론하고 패러디하는 일에 작품 감상이 포함될 수는 있으나 평론과 패러디는 분명히 감상 자체와는 구별되기 때문이다. 따라서 우리는 모드 제작보다 게임 플레이 자체가 어떻게 상품화되는지 확인할 필요가 있다.

게임 플레이와 플레이노동: 놀이의 노동화

퀴클리히는 MMORPG 플레이어의 게임 플레이 양상 자체가 노동화되고 있다고 논한다.[22] 그는 MMORPG 내 플레이어들의 구체적인 게

---

22 Julian Kücklich, "Virtual Worlds and Their Discontents: Precarious Sovereignty, Govern-mentality, and the Ideology of Play", *Games and Culture*, vol. 4, 2009. 퀴클리히를 비롯한 많은 플레이노동 연구자들이 특히 MMORPG 플레이에 주목하는 까닭은 〈월드 오브 워크래프트 World of Warcraft〉(2004)나 〈로스트아크Lost Ark〉(2018)와 같은 MMORPG에는 흔히 '경매장'이 존재하기 때문이다. 경매장에서 플레이어들은 게임 내 아이템을 구매하거나 판매한다. 경매장에 올려진 아이템들의 교환가치는 각기 다르다. 어떤 아이템은 게임의 승리 조건을 만족하거나, 원활한 플레이에 반드시 필요하고 캐릭터의 성장에 정말 중요한 역할을 하는데, 이러한 아이템들은 수

임 플레이에 관한 닉 이Nick Yee와 샐 험프리스Sal Humphreys의 연구를 적극 인용하며, 게임 플레이의 양상이 노동처럼 되어가는 현상에 대해 다음과 같이 논한다. "닉 이는 컴퓨터 게임 플레이에 수반되는 노동량에 주목하면서 '매일 많은 [MMORPG 플레이어]들은 출근하여 사무실에서 다양한 사무 업무와 물류 계획 및 관리를 수행한 뒤, 집에 돌아와서 이와 똑같은 일을 MMORPG에서 한다'고 지적한다."[23] 이어서 닉 이는 "비디오 게임은 우리로 하여금 더 부지런한 게임 노동자가 되도록 훈련시킨다"[24]고 주장한다. 험프리스는 닉 이보다 더 적극적으로 게임 플레이 자체가 플레이노동임을 주장한다. 그는 MMORPG에서 '플레이어의 활동은 여러 가지 방식으로 생산적'이며 대부분은 비물질적 또는 정동적 노동의 범주에 속한다고 주장한다. 플레이어의 게임 플레이 양상에서 그가 주목하는 지점은 많은 플레이어들이 더 좋은 전략으로써 승리하고 게임을 즐기기 위해, 커뮤니티에서 게임에 관한 피드백이나 제안을 내놓고 포럼, 블로그, 게시판 등에서 활동하며 게임에 관한 부수적인 정보를 유통하는 동시에 플레이어 커뮤니티를 활성화하기 위해 시간과 돈을 투자할 뿐만 아니라 이를 게임 플레이의 일환으로 여긴다는 점이었다. 다이어-위데포드와 드 퓨터는 이에 대해 구체적으로 다음과 같이 논한

고로운 레벨 업, 반복 사냥, 레이드에 필요한 자원 등 노동 활동에 상응하는 수고를 그 교환가치에 반영하기 때문에 굉장히 값어치가 높다. 이처럼 MMORPG에서는 플레이에서 발생하는 경제적 가치가 게임 내 시장인 경매장을 통해 사회적으로 측정될 수 있다. 자세한 논의는 신현우, 2019를 참고하라.

23 Kücklich, 2009, p. 342.

24 Nick Yee, "The labor of fun: How Video Games Blur the Boundaries of Work and Play", *Games and Culture*, vol. 1, 2006, p. 70.

다. "다중 접속 온라인 게임은 가상 거주민들의 '비물질적, 정서적, 집단적 생산'을 전유한다."[25]

그런데 다이어-위데포드와 드 퓨터의 논의는 조금 더 살펴볼 만하다. 이들은 게임 플레이의 노동적 측면을 짚어낸 앞선 논의들에서 한 걸음 더 나아가, 실질적으로 임금이 지불되는 구조와 노동 분업이 게임 플레이 내에서 어떻게 상호 교환 관계를 맺는지에 관해 논의했기 때문이다. 조금 더 구체적으로 살펴보자면, 이들은 게이머의 플레이 경향에서 온라인 게임에서 게임 내 재화를 효율적으로 축적하는 플레이를 일컫는 골드 경작과 게임 내 재화와 현금 간 거래, 즉 '현질'이 일반화되고 있다고 논한다.[26] 더 나아가 이들은 작업장의 생산구조가 산업자본주의 시대에서나 나타났던 고강도 임금노동과 테일러주의적 분업 형태를 띠고 있다고 주장하며 플레이노동의 가장 어두운 면모를 보여주고 있다. 신현우는 MMORPG의 주요 콘텐츠 중 하나인 레이드Raid를 사례로 들어, 실질적으로 게임 플레이 안팎에서 집단적 분업 노동이 발생하고 있다는 다이어-위데포드와 드 퓨터의 주장에 동의한다.[27] 이어서 그는 게임

---

25 다이어-위데포드·드 퓨터, 2015, 109쪽.

26 "중국의 골드 농장(작업장)들은 소규모 영업소에서 수백 대의 컴퓨터와 고용 노동자가 있는 공장형 기업들까지 다양하다. […] 기업들은 온라인 게임 계정을 구입하고, 신속하게 아바타들을 최고 레벨까지 올려 높은 수익이 나는 게임 지대에 접속할 수 있도록 한다. 피고용자들은 24시간을 교대로 작업한다. […] 어떤 골드 농장들은 음식과 숙소를 제공하거나, 키보드 옆에 단순히 잠을 잘 만한 깔개를 제공하기도 한다. 게임 이용자들은 할당량을 달성하기 위해 퀘스트를 완료해 금전적 보상을 얻거나, 화폐나 재물을 갖고 있는 크리처를 죽인다. 대부분의 경우 획득물들은 다른 게임 이용자에게 판매되는데, 이는 화폐로서 골드(게임 내 화폐)가 더욱 협상에 용이하기 때문이다." 다이어-위데포드·드 퓨터, 2015, 318-319쪽 참고.

27 이에 대해 신현우는 다음과 같이 논한다. "MMORPG의 레이드 플레이에서 각종 아이템의 교환가치가 매겨지기 시작하고, 가치 순환의 회로가 가동되기 시작된다. 수십 명의 플레이어와 협업해 보

플레이의 노동화 현상과 게임 플레이를 통해 외재적 가치를 생산해내는 과정이 별개의 과정이 아님을 보인다. "플레이가 곧 골드가 되고, 플레이어들은 골드를 만들기 위해, 채집과 반복 사냥을 나서며, 시장에는 골드만을 전문적으로 생산하는 골드 작업장의 재화와 골드가 대량으로 유입된다. 골드의 가치는 낮아지고, 싼 값에 재화와 골드가 대량생산되기 때문에 일반 플레이어는 가격 경쟁에서 밀려난다. 가격 경쟁에서 이길 수 없기 때문에, 플레이어들은 플레이를 노동이 아닌 유희의 영역으로 유지하기 위해 아이템 거래소에서 실제 화폐로 골드를 구매하기 시작한다. 골드 작업장의 인부들은 임금을 받으며 경작 노동을 하는 반면에, 개인 이용자는 자영업자나 프리랜서로 남아 불안정한 플레이노동 Precarious Playbour에 노출된다."[28] 이처럼 플레이노동 담론은 게임 산업에 편입된 디지털 커먼즈 영역에서 자연스러운 인간적 행위가 어떻게 자본 내 자원으로 전유되어 착취를 낳으며 불안정한 노동으로 변질되는지를 우리에게 보여준다. 그렇다면, 플레이노동 담론은 진정 유의미한 담론인가? 실제로 플레이어가 게임 플레이로써 창출한 교환가치는 플레이어에게 주어지지 않으며, 우리의 게임 플레이 자체 역시 노동화되고 있는가? 이에 답하기 전에 우리는 먼저 플레이노동이 게임 플레이에 관련된 개념인지 검토해야 한다.

스를 잡는 일은 수학적 통계로 계산이 가능하기 때문에 (HP, 데미지, 방어력 공격 패턴 등) 레이드에 들어가는 이용자들의 동작과 입력 하나하나가 양적으로 추상화될 수 있다. MMORPG 게임 이용자들은 분당 데미지Damage Per Second(DPS)를 계산하는 측정 애드온 프로그램과 아이템의 회소성에 따라 등급을 매기는 프로그램을 자발적으로 만들었다." 신현우, 2019, 22쪽 참고.

28 신현우, 2019, 24쪽.

플레이노동과 게임 플레이의 본성

노동과 여가의 이분법적 교설

우리는 앞서 게임 플레이를 일종의 비물질 노동으로 이해한 플레이노동 담론을 살펴봄으로써 "구체적으로 플레이의 상품화는 어떤 양태로 실현"되는지 확인했다.[29] 여기서 게임 플레이의 상품화를 이해하기 위해서는 단순히 게임 플레이가 노동화되거나 교환가치를 창출해내는 개별적 현상이라기보다 이 두 현상이 서로 연결되는 양상을 보이는 것이라는 점에 주목해야 한다. 이 같은 현상을 이해하기 위해 우리는 여가의 소외와 노동의 소외가 서로 얽혀 있다고 주장한 힌먼의 논의를 살펴볼 필요가 있다.

힌먼은 여가의 소외가 노동의 소외와 현대 자본주의 체제 내에서 긴밀하게 연결되어 있다는 점을 밝힌다. 물론 그가 노동과 여가의 특성과 이 활동들이 동기적 측면에서 서로 구분될 수 있다는 논제 자체를 허용하지 않는 것은 아니다. 그에 따르면 여가는 "그것 자체를 위해 행해지는 활동"으로 정의되는 반면 노동은 활동 "외부의 무언가를 위해 행해지는 활동"으로 정의되기 때문이다.[30] 이처럼 그는 노동과 여가가 그것 자체가 목적인 활동과 수단에 불과한 활동으로 규정할 수 있다는 점은 받아들인다. 그러나 힌먼이 인간의 모든 행위가 노동이거나 여가로 분류되어야 한다는, 노동과 여가에 관한 이분법적 논제를 허용하는 것은

---

29 신현우, 2020, 50쪽.

30 Hinman, 1978, p. 200.

아니다.

힌먼은 먼저 현대 사회의 노동과 여가가 모두 소외된 노동과 소외
된 여가의 양태를 보인다고 주장한다. 여기서 소외된 노동은 내재적 가
치와 목적이 결여된 활동이고 소외된 여가는 외재적 가치, 목적이 결여
된 활동이다. 힌먼이 보기에 여가의 소외와 노동의 소외는 밀접하게 연
관되어 있으며, 소외된 노동과 소외된 여가는 노동과 여가의 이분법에
서 기인한다. 그는 많은 마르크스주의 연구자들이 다룬 노동의 소외가
아니라, 여가의 소외에 우리가 주목해야 한다고 본다. "일과 여가의 구
별은 두 영역의 소외를 영속화하여 여가에서 발견되는 자유와 창의성을
사소하게 만들기" 때문이다.[31]

힌먼에 따르면 여가의 소외는 노동의 소외, 다시 말해 노동과 여가
가 지닌 긍정적 가치들이 근대적 자본주의의 이데올로기에 포섭되고 변
질되어 착취당하는 과정에서 발생한다. 그는 여가 소외가 발생하는 일
곱 가지 경우를 논하며, 소외된 노동과 소외된 여가가 분리된 것이 아님
을 밝힌다.[32] 그는 소외된 노동과 소외된 여가의 불가분한 관계로부터
노동과 여가가 본래 분리된 활동이 아님을 도출한다. 이어서 그는 노동
과 여가의 이분법을 극복할 수 있는, 내재적 가치와 외재적 가치, 행위
수단과 행위 목적의 분리가 극복된 자유롭고 창조적인 인간의 활동, 즉

---

31 Hinman, 1978, p. 200.

32 힌먼이 제시하는 소외된 여가의 일곱 가지 경우는 다음과 같다. (1) 여가를 전혀 갖지 못하는 경우.
(2) 여가가 생산성 향상으로만 귀결되는 경우. (3) 노동자들이 더 많은 급여를 벌기 위해 여가를 희
생하는 경우. (4) 여가가 사유재산에 의해 지배되어, 여가 활동을 하는 것이 아니라 여가를 가져야
만 하는 경우. (5) 여가 활동이 소비 활동으로 전환되는 경우. (6) 여가가 노동 소외를 확대하거나
강화하는 경우. (7) 여가가 소외적 노동의 도피처가 되는 경우. Hinman, 1978, p. 195 참고.

소외되지 않은 실천적 행위praxis를 제시하고 이로써 여가 소외의 근원인 노동 소외 현상으로부터 여가의 소외가 어떻게 귀결되는지 우리에게 보여주려 한다.[33]

그런데 힌먼의 연구에서 무엇보다 흥미로운 점은 그가 우리의 실천적 행위를 소묘하기 위해 놀이play를 분석했다는 것이다. 일반적으로 우리는 노동labor과 일work은 삶을 꾸리기 위해 필요한 사항들의 제약 아래서 이뤄지는 활동인 반면, 놀이는 이러한 삶의 제약이 필요치 않은 활동이라고 생각한다. 노동은 삶에 필요한 것들이나 우리의 욕구를 충족하기 위한 수단으로 수행되는 반면, 놀이는 이러한 욕구를 일시적으로 정지시키기 때문이다. 문제는 노동과 여가를 단순히 특성이 다른 활동이라고 이해하는 것에서 더 나아가, 인간의 모든 활동이 노동과 여가 둘 중 하나로 분류되어야 한다는 노동과 여가의 이분법적 교설을 받아들인다는 점에 있다. 놀이는 인간에게 필요한 것을 충족하는 활동이 아니기 때문에, 자연스럽게 여가적 행위에 포함된다고 생각하는 것이다. 바로 이것이 힌먼이 보기에 소외된 노동과 소외된 여가가 연결되는 지점이다.

그렇다면, 힌먼의 입장에서 플레이노동 담론은 노동과 여가의 이분법적 교설에 관한 비판을 함축하고 있을까? 그렇다. 아마도 힌먼은 현재 플레이어들의 게임 플레이를 소외된 여가 활동이라고 이해할 것이

---

33 힌먼에 따르면 마르크스가 주장한 소외되지 않은 실천적 행위Praxis는 여러 특징을 지닌다. 소외되지 않은 실천적 행위는 (1) 생산적일 뿐만 아니라 (2) 자유로우며 (3) 즐거움의 원천이 된다. 더불어 이는 (4) 사유와 행위의 단계에서 사람들 사이를 매개하고 (5) 개체성과 인간의 본성을 매개하며 (6) 인간의 욕구들로부터 기인한다. 힌먼은 마르크스가 제시한 소외되지 않은 실천적 행위에 세 가지 특성을 덧붙인다. 소외되지 않은 실천은 (7) 인간과 자연을 매개하고 (8) 상상력으로부터 기인하며 (9) 다방면에 걸쳐 있다. Hinman, 1978, p. 202 참고.

다. 힌먼의 관점에서는 게임 플레이야말로 노동과 여가의 전통적 이분법에 부합하지 않는 비물질 노동으로서 "생산성을 높이는 수단이 되는" 불안정한 노동이자, 실질적으로 교환가치를 지니는 게임 내 화폐를 더 잘 생산하기 위해 플레이의 방향을 "노동자의 생산성 증가"를 기획하는 것처럼 구성해나가는, 본질적으로 노동 활동과 크게 다르지 않은 여가 활동이기 때문이다.[34]

여가, 놀이, 게임 플레이의 관계

이쯤에서 우리는 플레이노동 담론이 여가나 놀이가 아니라, 엄밀히 말하자면, 게임 플레이에 한정된 개념임을 다시 떠올릴 필요가 있다. 먼저, 우리가 노동과 여가, 그리고 놀이와 여가의 관계에 대해 사람들이 일반적으로 받아들이는 다음의 두 논제를 다루는 것이 아님을 밝힌다. 우리는 여가와 노동, 놀이에 관해 플레이노동 연구자들이 전제하는 다음의 두 논제를 허용한다.

(1) 여가적 활동은 노동과 구분되는 특징을 갖는다.
(2) 놀이는 여가적 활동이다.

반면에 플레이노동 담론이 어째서 게임 플레이 자체에 관한 주장을 함축하는지를 묻는다면, 명료한 답을 제시하기 어려운 것처럼 보인다. 예컨대, 퀴클리히와 다이어-위데포드와 드 퓨터는 모드 제작을 사례

---

34 Hinman, 1978, p. 196.

로 제시함으로써 플레이노동이 실질적으로 디지털 커먼즈 내 비물질 노동이 되어가는 경향과 그런 노동의 불안정성을 비판하지만, 이들이 다루는 활동은 게임을 향유하는 넓은 의미에서의 놀이적 활동에 해당될 뿐이지 게임 플레이 자체가 아니기 때문이다. 모드 제작에 관한 논의를 제외하더라도 우리는 여전히 플레이노동 담론이 어째서 게임 플레이에 관한 논의인지 알 수가 없다. 플레이노동으로서의 게임 플레이에 관해 직접적으로 플레이를 논한 다이어-위데포드와 드 퓨터, 신현우의 논의 또한 게임 플레이가 어떤 점에서 놀이와 구분되는지 밝히지 않기 때문이다. 그러나 이들은 적어도 게임 플레이와 놀이에 관해 넓은 의미에서 다음의 관계를 받아들이는 것처럼 보인다.

(3) 게임 플레이는 놀이 활동이다.

플레이노동 연구자들뿐만 아니라 힌먼 역시 여가와 놀이, 게임 플레이를 구분하지 않는다. 그는 여가 활동을 표현하기 위해 Play라는 표현을 사용하길 주저하지 않는 데다 Play라는 표현을 단순히 여가 활동의 일종으로서 놀이를 가리키기 위해 사용하기 때문이다.[35] 그렇다면, 플레이노동 연구자들은 최소한 게임 플레이에 관한 어떤 모델을 지지해야 하

---

35 신현우는 힌먼이 게임 플레이와 여가를 실제로 구별하여 사용한다고 주장한다. 그러나 실제로 힌먼의 play라는 개념은 여가, 놀이, 게임 플레이를 모두 포함하는 개념이다. 그가 자신의 논의 전체에서 게임 플레이에 대해 이야기하는 것처럼 보이는 구절은 한 단락의 일부에 불과하다. 물론, 힌먼이 직접적으로 놀이와 게임 플레이의 본성적 차이를 규명한 것은 아니다. 따라서 그가 놀이, 게임 플레이를 실질적으로 여가에 포함된 개념으로 이해했다는 점과 놀이와 게임 플레이를 구별하지 않았다는 점은 확실하다. 신현우, 2020, 11쪽과 Hinman, 1978, p. 203 참고.

는가? 소외된 여가에 관한 힌먼의 논의와 플레이노동 연구자들의 논의를 종합해보자면, 이들의 논의는 다음과 같은 논증으로 정리될 수 있다.

> P 1. 게임 플레이는 노동이거나 여가, 둘 중 하나다. [노동과 여가의 이분법적 교설.]
>
> P 2. 게임 플레이가 노동이라면, 이는 소외된 노동이다. [노동으로서의 플레이노동.]
>
> P 3. 게임 플레이는 노동이다. (P 1로부터.)
>
> C 1. 게임 플레이는 소외된 노동이다. (P 2 & P 3으로부터.)
>
> P 4. 게임 플레이가 여가라면, 이는 소외된 여가다. [게임 플레이의 노동화.]
>
> P 5. 게임 플레이는 여가다. (P 1로부터.)
>
> C 2. 게임 플레이는 소외된 여가다. (P 4 & P 5로부터.)

이처럼 이들은 힌먼의 논의에서 살펴본 바와 같이 우리가 P 1, 즉 노동과 여가의 이분법을 허용할 경우, 어떤 경우에도 게임 플레이는 소외된 활동이 될 수밖에 없다고 강변한다. 그리고 P 2는 쿼클리히의 논의를 비롯한 플레이노동 담론에서 비롯하는 전제다. 플레이노동 연구자들은 게임 플레이에 노동적 측면이 있으며, 이 노동은 불안정한 노동으로서 소외된 노동이라고 주장한다. P 4는 힌먼의 또 다른 주장에서 비롯하는 전제다. 힌먼은 소외된 여가가 소외된 노동과 동일한 연원에서 비롯한다고 생각하기 때문이다. 그런데 그는 게임 플레이를 놀이와 구분하지 않을뿐더러 놀이가 여가 활동이라는 점 역시 받아들인다. 따라서 이 경우, 그는 게임 플레이 역시 소외된 여가라고 주장해야 한다. 그러므로 우리가 P 1을 받아들일 경우, 게임 플레이는 우리에게 소외된 노동이거나 소외된 여가일 수밖에 없다. 이러한 맥락에서 플레이노동 연구자들은 우리가 P 1, 즉 노동과 여가의 이분법적 교설을 허용해서는 안 된다고 주장한다.

그런데 문제는 플레이노동 연구자들이 앞서 상술된 여가, 놀이, 게임 플레이에 관한 (1), (2), (3) 논제를 동시에 허용한다는 점에서 발생한다. 물론 (1)을 허용한다고 해서 그들이 노동과 여가에 관한 이분법을 받아들인다는 것을 의미하지는 않는다. 그럼에도 (1), (2), (3) 논제를 함께 허용할 경우, 이는 실질적으로 게임 플레이에 관해 노동과 여가의 이분법적 교설을 적용하는 것과 다르지 않다. 다시 말해 (1)과 (2)와 (3) 논제를 동시에 허용할 경우, 우리는 게임 플레이가 노동이거나 유희 중 한 가지로 분류되어야 한다는 이분법적 전제 P 1을 받아들여야 한다. 이 경우, 게임 플레이는 본성상 이들이 주장하는 것처럼 소외된 여가 활동이나 소외된 노동으로 이해될 수밖에 없다. 그런데 플레이노동 연구자들이 모두 P 1을 거부해야 한다고 주장했다는 점을 다시 한번 상기해보자. 이들은 노동과 여가의 이분법을 허용하지 않기 때문에 P 1을 거부해야 한다. 오히려 플레이노동 연구자들은 게임 플레이가 노동이자 동시에 여가 활동이라고 주장한다. 플레이노동은 게임 플레이가 분명 여가의 특성을 지니지만 동시에 노동적 측면도 지니고 있다는 점을 지지하는 개념일뿐더러, 노동하는 플레이 노동자들이 착취당하는 현상을 파악해내기 위해 제안된 개념이기 때문이다. 따라서 이들이 여가, 놀이와 게임 플레이가 어떤 관계를 맺는지 명료하게 밝히지 않는다면, 우리로서는 플레이노동이 진정 유의미한 개념인지 알 수 없다.

그러므로 플레이노동 연구자들은 적어도 (1), (2), (3) 중 한 가지 논제를 거부해야 한다. 그렇다면, 이들은 어떤 논제를 거부해야 하는가? 흥미롭게도 힌먼의 논의는 이 문제를 해결할 실마리를 제공한다. 그는 요한 하위징아Johan Huizinga의 『호모 루덴스Homo Ludens』를 인용하여 다음과 같이 밝힌다. "하위징아는 모든 놀이 이론가들이 놀이의 무관심적 성격을 강조한다고 주장한다. (하위징아의 놀이는) '일상적인 삶에 포섭된 행위가 아니라 욕구와 식욕이 갖는 즉각적인 충족의 성격을 넘어서는, 실제로 입맛을 돋우는 과정을 방해하는 놀이'이다."[36] 그런데, 힌먼은 하위징아의 놀이 개념에 문제가 있다고 논한다. "놀이가 (삶에) 필요한 것들의 일시적인 중단을 포함하고 이러한 필요 조건이 인간 실존의 지속적인 특징들로 남아 있는 한, 일과 놀이의 구분을 극복하기란 불가능"하기 때문이다.[37]

하위징아가 보기에 놀이는 노동과 같이 활동 외재적인 가치를 목적으로 삼는 수단적 활동이 아니라 활동 자체에 내재한 가치를 향유하기 위해 자족적이며 자기 목적적으로 수행되는 여가 활동이다. 그러나 힌먼은 하위징아의 놀이 개념을 허용할 경우, 우리가 노동과 여가의 이분법적 교설을 받아들이게 된다고 주장한다. 그렇다면, 우리는 (2) 놀이와 여가의 관계를 검토해야 할까? 그보다는 (3) 놀이와 게임 플레이의 관계를 검토해야 한다. 힌먼과 하위징아 모두 게임 플레이가 놀이 활동

---

36 Hinman, 1978, p. 209.
37 Hinman, 1978, p. 209.

에 온전히 포함된다고 잘못 이해하고 있기 때문이다.

게임과 놀이의 혼재 문제

채드 칼슨Chad Carlson은 하위징아의 논의를 비롯한 놀이에 관한 많은 담론에서 게임과 놀이가 혼재되어 논의되고 있다고 주장한다.[38] 이 논의를 이해하기 위해, 우리는 먼저 하위징아와 로제 카이와Roger Caillois 의 놀이 개념을 검토할 것이다. 이들이 공통적으로 지적하는 놀이의 특성은 다음과 같다.

(ㄱ) 놀이는 자발적인 활동이다.

(ㄴ) 놀이는 비생산적인 활동이다.

(ㄷ) 놀이는 일상적 시공간으로부터 분리된 활동이다.

(ㄹ) 놀이는 반드시 지켜져야 하는 자의적인 규칙이 있는 활동이다.

하위징아는 "모든 놀이가 자발적 행위voluntary activity"이며 "명령에 의한 놀이는 더 이상 놀이가 아니"라고 주장한다.[39] 여기서 '자발성'은 놀이의 특성으로, 놀이가 우리에게 자연적으로 요구되는 육체적 필요나 특정한 효용을 위한 수단이 아니며 어떤 도덕적 의무를 실현하기 위한 활동도 아님을 의미한다. 이처럼 놀이는 자기 목적성autotelicty을 지니는 활동이다. 카이와는 놀이의 자기 목적성에서 놀이가 활동 외재적 가치

---

38 Chad R. Carlson, "The 'Playing' Field: Attitudes, Activities, and the Conflation of Play and Games", *Journal of the Philosophy of Sport*, vol. 38, 2011.

39 요한 하위징아, 『호모 루덴스: 놀이하는 인간』, 이종인 옮김, 연암서가, 2018, 43쪽.

를 생산하지 않는 무상성gratuité을 지닌다는 결론을 이끌어낸다. 그에 따르면, 놀이는 "낭비된 시간으로서 노동과 반대된다. 사실 놀이는 아무것도 생산하지 않는다".[40] 하위징아 역시 놀이의 특징 중 한 가지로 무사무욕성disinterestedness을 제시한다.[41] 이러한 맥락에서, 이들은 놀이가 지니는 (ㄱ) 자발성은 (ㄴ) 전형적인 여가 활동의 측면을 해명하는 근거가 된다고 생각한다. 그런데 칼슨은 놀이의 특성 (ㄱ)과 (ㄴ)과 달리, (ㄷ)과 (ㄹ)은 놀이라기보다는 게임의 특성처럼 보인다는 점에 주목한다.

하위징아는 "놀이는 장소와 시간에 있어서 '일상' 생활과는 뚜렷이 구분"된다는 점에서 놀이에 "시간과 공간의 특정한 한계"가 있으며 놀이 행위가 시간과 공간의 제약을 받는다고 논한다.[42] 카이와 역시 놀이는 "처음부터 정해진 명확한 시간의 범위 내에 한정되어 있다"고 논하며, 놀이가 일상에서 "분리된 활동"임을 밝힌다.[43] 그런데 "이 한정된 공간과 주어진 시간 속에서는 일상생활의 혼잡하고 복잡하게 얽힌 법칙들 대신에, 거부할 수 없는 명확하고 자의적인 규칙이 통용"된다.[44] 하위징아 역시 놀이가 이루어지는 공간, 즉 놀이터 내에 "특정하면서도 절대적인 질서"가 있음을 밝히며, "이런 질서에서 조금이라도 일탈"하면 그것은 "게

---

40 로제 카이와, 『놀이와 인간: 가면과 현기증』, 이상률 옮김, 문예출판사, 2018, 9쪽. 물론 카이와는 하위징아가 주장한 놀이의 무상성 개념에 문제를 제기한다. 카이와는 도박장에서 발생하는 내기나 우연놀이 역시 놀이의 범주에 포함되어야 함에도 불구하고 하위징아가 이를 배제했다는 점을 지적한다. 그러나 필자는 카이와의 지적이 놀이가 아닌 게임에 관한 논의로 분류되어야 한다고 생각한다. 카이와, 2018, 27쪽 참고.

41 하위징아, 2018, 45쪽.

42 하위징아, 2018, 46쪽.

43 카이와, 2018, 35쪽.

44 카이와, 2018, 30쪽.

임을 망쳐버리고", 놀이로서의 특징을 박탈해버림으로써 결국 무가치한 활동이 되어버린다고 논한다.[45]

이처럼 하위징아와 카이와의 논의는 "모든 놀이의 성질, 그 최대공약수를 명확하게 하려는"[46] 인류학적이거나 사회학적인 시도다. 반면 칼슨은 놀이와 게임 플레이의 형이상학적 본성에 차이가 있음을 밝히려 한다. 그는 먼저, 하위징아와 카이와 모두 놀이와 게임을 혼동하여, 두 용어를 동의어로 사용하거나 그 차이점을 해명하지 않고 놀이에서 게임으로, 또 게임에서 놀이로 논의를 전개한다고 비판한다.[47] 그는 놀이와 게임에 관한 논의에서 용어의 혼재 문제Conflation problem[48]가 발생하는 이유가 하위징아와 카이와가 놀이와 게임의 형이상학적 본성을 혼동하기 때문이라고 진단한다. 이들과 달리, 버나드 슈츠Bernard Suits는 놀이와 게임의 형이상학적 본성에 초점을 맞춘다.

슈츠는 놀이에 대한 하위징아의 주장은 받아들인다. 슈츠에게도 놀이는 "자기 목적적"이다. 놀이는 "그것 자체로 가치 있는 경험이며 주로 도구적 목적에 투여되는 자원들을 자기 목적적 활동들에 재분배real-location"하는 활동을 포함한다.[49] 반면, 그는 게임을 놀이와 구별하여 규정한다. 게임 플레이는 우리의 생활에 필요한 여러 욕구를 충족하는 데

---

45 하위징아, 2018, 47-48쪽.

46 카이와, 2018, 33쪽.

47 Carlson, 2011, pp. 75-76 참고.

48 칼슨이 말하는 혼재 문제란 두 가지를 부적절하게 하나로 결합할 때 발생하는 문제이다. 서로 밀접하게 관련된 두 현상의 고유한 차이를 간과하거나 착각할 때 발생한다.

49 Suits, 1977, p. 23.

"불필요한 장애물을 극복하려는 자발적인 시도"[50]다. 게임을 플레이하는 활동은 구성적 규칙, 목표, 불필요하게 제한된 수단과 이러한 규칙들로 구성된 도전을 경험하고 즐기는 것으로, 슈츠는 게임 플레이의 특징이 이 같은 유희적 태도lusory attitude에 있다고 주장한다.

그런데 한 가지 흥미로운 사실이 있다. 슈츠의 놀이와 게임에 관한 개념 분석에 에드문트 후설Edmud Husserl의 지향성intentionality 이론이 종종 도입되어 해석되고 있다는 점이다.[51] 칼슨은 후설의 노에시스-노에마 Noesis-noema 교설을 원용함으로써 게임과 놀이가 형이상학적 본성상 서로 구별될 수 있다고 주장한다.[52] 후설의 지향성 구조에 관한 교설에 따르면, 지향 작용과 지향적 대상은 서로 상관 관계를 맺는다. 이에 따라, 칼슨은 지향 작용과 지향적 대상들 사이의 상관적 관계 모델을 슈츠의 게임과 놀이에 대한 분석에 도입한다.

---

50 Bernard Suits, *The Grasshopper: Games, Life and Utopia*, Toronto: University of Toronto Press, 1978, p. 41.

51 칼슨뿐만 아니라, 로버트 스콧 크레치마Robert Scott Kretchmar 역시 플레이어와, 놀이 행위, 놀이터에 관한 분석을 후설의 지향성 이론을 도입한 버나드 슈츠의 놀이 이론을 통해 전개한다. R. Scott Kretchmar, "Husserl's three-part model for intentionality: an examination of players, play acts, and playgrounds", *Journal of the Philosophy of Sport*, vol. 50, 2023, pp. 229-246 참고.

52 Carlson, 2011, p. 81. 칼슨이 후설을 인용한 부분은 다음과 같다. "인식작용적 계기에 특수하게 속한 인식대상적 계기가 없다면, 어떠한 인식작용적 계기도 없다는 것은 어디에서나 증명되는 본질법칙이다." 에드문트 후설, 『순수현상학과 현상학적 철학의 이념들 1』, 이종훈 옮김, 한길사, 2009, 309쪽. 후설의 노에시스-노에마 교설, 즉 지향 작용과 지향적 대상의 상관 관계를 통해 게임과 놀이의 형이상학적 본성을 분석하려 한 칼슨의 시도는 매우 흥미롭다. 하지만, 그가 후설의 현상학을 깊이 이해하고 이런 시도를 하고 있는지는 알 수 없다. 칼슨이 인용한 부분은 아론 거비치 Aron Gurwitsch가 논하듯 "객관화 작용을 수행하는 심적 상태에 대한 기술적descriptive 진술"들과 지향적 경험의 일반적, 본성적 구조의 연관성을 밝히는 것이지만, 칼슨은 노에시스-노에마 교설을 단순히 여러 지향적 현상들에 대한 설명을 제공하기 위해 원용하기 때문이다. Aron Gurwitsch, "On the Intentionality of Consciousness", *Philosophical Essays in Memory of Edmund Husserl*, Cambridge, MA and London: Harvard University Press, 1940, p. 134 참고.

먼저, 지향 작용적 측면에서 놀이와 게임은 각각 놀이 태도와 유희적 태도로 구분될 수 있다. 먼저 놀이 태도play attitude는 (ㄱ) "자기 목적적이고 완전히 자기 충족적인"[53] 지향이다. 따라서 (ㄴ) 이 태도는 활동 외재적인 가치를 생산해내려는 동기와는 아주 멀리 떨어져 있다. 아마추어 우쿨렐레 연주자들의 연주는 우연히 획득될 수 있는 경제적 가치가 아니라 우쿨렐레를 연주하는 활동 자체를 목적으로 삼은 것이기 때문이다. 반면, 유희적 태도는 문제를 파악하고 최적의 해결책을 찾기 위해 노력하는, 즉 우리가 일상 업무를 처리하는 태도와 유사하다. 다만, 유희적 태도는 게임 플레이를 통해 우리가 풀려고 애쓰는 문제가 (ㄷ) 우리 삶에 불필요하기에 삶의 문제와 구별된다는 점과 (ㄹ) 문제를 푸는 방식이 우리 자신이 자발적으로 부과한 제한이라는 점에서 일상적 노동과 구별된다.

하위징아가 겪고 있는 놀이와 게임의 혼재 문제는 놀이 태도와 유희적 태도가 서로 완전히 구별되지 않는다는 점에서 기인한다. 하위징아가 게임과 놀이를 혼동하는 까닭은 우리에게 가장 인기 있는 놀이 활동 중 상당수가 게임 플레이이기 때문이다. 우리는 일상적으로 게임을 여가적 놀이로 플레이하지, 노동으로 플레이하지는 않는다. 일상적인 게임 플레이는 활동 자체의 내재적 가치를 얻기 위해 수행된다는 점에서 여가 행위인 놀이인 동시에 그것 자체로는 우리 삶에 전혀 필요하지 않은 목표, 예컨대 링 안에 공을 넣거나 십자선 안에 캐릭터를 맞추는 일을 수행한다는 점에서 유희적 태도로 수행하는 활동이다. 이처럼 두 태

---

53 Carlson, 2011, p. 79.

도에는 분명히 중첩되는 지점이 있다.

그러나 놀이 태도와 유희적 태도는 여전히 구분될 수 있다. 이 두 태도는 지향적 대상의 측면에서 놀이 태도와 상관관계를 맺는 구체적인 놀이 활동, 그리고 유희적 태도와 상관관계를 맺는 구체적인 게임 플레이가 서로 어떻게 다른지를 확인함으로써 더욱 명확히 구분된다. 예를 들어, 프로게이머들의 게임 플레이는 자기 목적적이지 않다. 그들이 자신의 게임 플레이가 생산하는 경제적 가치를 얻기 위해 게임을 플레이할 수 있기 때문이다. 이 경우, 그들은 놀이 태도를 취하지는 않지만 유희적 태도는 취하고 있다. 이들은 일상적 삶과 확실히 구별되는 게임의 자의적 규칙에 맞춰 승리하려 노력하지만, 분명히 그 활동의 목적이 승리하기 위한 플레이를 향유하는 것은 아니기 때문이다. 반면, 게임 플레이가 아닌 놀이 활동도 있다. 예컨대, 아이들의 역할극 놀이가 벌어지는 놀이터Playing field에는 그들이 해결해야 할 어떠한 문제도, 즉 승리 조건과 패배 조건이 주어지지 않는다는 점에 주목해보자. 더불어 여기에는 역할극에 참여하는 플레이어가 반드시 지켜야 할 어떤 규칙도 없다. 이처럼, 역할극 놀이는 유희적 태도를 취하는 활동이 아니지만, 그럼에도 여전히 놀이 태도를 취하는 활동이다. 아이들의 역할극 놀이는 역할극 활동 자체를 목적으로 삼으며, 이로부터 어떠한 가치도 생산하지 않는 무상한 행위이기 때문이다. 슈츠의 게임 플레이 개념은 플레이어가 활동 외재적 가치를 위해 게임을 플레이하는 행위를 엄연히 하나의 게임 플레이 행위로 허용한다.

플레이노동과 게임 플레이 모델

지금까지 우리는 플레이노동 연구자들이 지지할 수 있는 여가, 놀이, 게임 플레이의 관계에 관한 모델을 검토했다. 플레이노동 담론은 디지털 커먼즈의 영역이 점차 확대되는 지금, 어느 때보다 중대한 시의성을 지닌다. 노동과 여가의 영역이 점점 허물어지고 있는 상황에서 플레이노동 개념을 통해 두 활동 영역이 서로를 침범함으로써 발생하는 문제를 우리가 게임 플레이의 구체적 사례를 통해 확인할 수 있기 때문이다. 플레이노동 연구자들은 이런 문제의 근원이 노동과 여가의 이분법적 교설에 놓여 있다고 진단한다. 따라서 플레이노동 담론은 게임 플레이가 노동이자 여가 활동이라는 주장을 함축하고 있다.

그런데 플레이노동 담론에는 한 가지 문제가 있다. 이들이 전제하는 여가, 놀이, 게임 플레이의 관계에 대한 논제를 모두 받아들일 경우, 게임 플레이는 둘 중 하나, 즉 노동이거나 여가여야 하기 때문이다. 그러므로 이들의 주장이 타당해지려면, 놀이는 여가 활동이라는 논제를 포기하거나 게임 플레이는 온전히 놀이 활동에 포함된다는 논제를 포기해야 한다. 그런데 우리의 논의에 따르면, 슈츠의 놀이와 게임에 관한 분석은 이들이 받아들일 만한 놀이와 게임 플레이에 대한 이론적 모델을 제공할 수 있다. 슈츠의 놀이와 게임에 관한 주장은 놀이가 여가 활동이라는 논제는 허용하지만, 게임이 온전히 놀이 활동에 포함된다는 논제는 허용하지 않기 때문이다. 플레이노동 담론은 우리에게 게임 플레이에 관한 시의적이고 유의미한 관점을 제공해줄 수 있다. 물론 이 경우 우리는 게임 플레이에 관한 슈츠의 이론을 수용해야 한다. 그렇다면, 플레이노동 담론이 유의미하려면 놀이와 게임 플레이의 관계에 대한 특정 논제를 받아들여야 한다는 것은 우리에게 무엇을 시사하는가?

디지털 커먼즈는 어려운 문제다. 새롭게 등장한 현상이라는 점에서 이중적 문제를 내포하고 있기 때문이다. 먼저, 디지털 커먼즈라는 새로운 현상을 정확하게 기술해내기 위해서 우리는 이전까지 개별 분과에서 다뤄야 했던 문제들을 종합적으로 다룰 수 있는 새로운 관점을 제시해야 한다. 동시에, 디지털 커먼즈를 기술하기 위해 도입한 새로운 관점이 적어도 타당한 이론적 체계에 기초한 것인지도 검토해야 한다. 우리는 디지털 커먼즈 현상에 관해 이전과 구별되는 고유한 관점으로 기술한 플레이노동 담론을 살펴보았다. 플레이노동 개념은 게임 산업과 플레이어 사이에서 형성된 커먼즈를 이론적으로 포섭할 수 있게 한다. 그러나 이 개념이 포함하는 논제를 분석적으로 검토하지 않는다면, 플레이노동 개념에 기반한 진술들을 우리가 곧바로 받아들이기는 힘들 것이다. 그러나 반대로 플레이노동 개념이 실질적으로 유의미하다면, 이번에는 우리가 기존의 사회 현상을 바라보던 관점을 교정해볼 수도 있다. '플레이노동은 실재한다'는 진술을 우리가 실질적으로 유의미한 명제라고 생각한다면, 우리가 전통적으로 허용해왔던 여가와 놀이, 게임 플레이에 관한 특정 논제를 받아들여야 하는 것처럼 말이다. 종래에 존재했던 '커먼즈'가 '디지털'적 존재 양식을 띠고 새롭게 구성되는 지금, 많은 사람이 주장하듯 '디지털 커먼즈'가 정말로 도래하고 있다면, 우리는 이를 가능하게 하는 인간의 실존적 양태의 본래 기반이 무엇인지 반추해야 한다. 이러한 반성 없이 디지털 커먼즈가 무엇인지 논하는 일은 무의미하기 때문이다.

참고문헌

김동찬·김해인, 「'놀이'에서 '노동'으로: 블록체인 기반 P2E 게임의 가능성」, 『한국게임학회 논문지』 23호, 2023, 15-24쪽.

김은정, 「디지털 게임의 '생산적 소비' 행위에 관한 연구: 레이버테인먼트 게임의 기호학적 분석을 중심으로」, 『한국게임학회 논문지』 10호, 2010, 79-87쪽.

류철균·신새미, 「가상세계의 재미노동과 사용자 정체성」, 『한국콘텐츠학회논문지』 7호, 2007, 182-190쪽.

방희경·원용진, 「프로게이머의 노동: 탈근대적 양식, 근대적 윤리」, 『한국언론정보학보』 74호, 2015, 7-37쪽.

신현우, 「디지털 게임에서의 '플레이노동'에 대한 이론적 연구: 플레이의 '기계적 예속'의 정치경제학 비판」, 『한국언론정보학보』 97호, 2019, 7-36쪽.

신현우, 「플레이노동 연구: 디지털 게이밍 문화의 자본주의적 전유 비판」, 서울과학기술대학교 박사학위 논문, 2020.

Caillois, Roger, *Les Jeux et les Hommes : le masque et le vertige*, éd. revue et augmentée, Paris: Gallimard, 1967; 로제 카이와, 『놀이와 인간: 가면과 현기증』, 이상률 옮김, 문예출판사, 2018.

Carlson, Chad R., "The 'Playing' Field: Attitudes, Activities, and the Conflation of Play and Games", *Journal of the Philosophy of Sport*, vol. 38, 2011, pp. 74-87.

Cholbi, Michael, "Philosophical Approaches to Work and Labor", *The Stanford Encyclopedia of Philosophy*, Edward N. Zalta and Uri Nodelman (eds.), 11. Jun. 2022, https://plato.stanford.edu/entries/work-labor/, Accessed 08. Nov. 2023.

Dyer-Witheford, Nick·De Peuter, Greig, *Games of empire: Global Capitalism and Video Games*, Minneapolis: University of Minnesota Press, 2009; 닉 다이어-위데포드·그릭 드 퓨터, 『제국의 게임』, 남청수 옮김, 갈무리, 2015.

Gurwitsch, Aron, "On the Intentionality of Consciousness", *Philosohical Essays in Memory of Edmund Husserl*, Cambridge, MA and London, England: Harvard University Press, 1940, pp. 65-83.

Hinman, Laurence M., "Marx's theory of play, leisure and unalienated praxis", *Philosophy & Social Criticism*, vol. 5, 1978, pp. 192-228.

Huizinga, Johan, *Homo ludens: A Study of the Play-Element in Culture*, Boston: Beacon Press, 1955; 요한 하위징아, 『호모 루덴스: 놀이하는 인간』, 이종인 옮김, 연암서가, 2018.

Humphreys, Sal, "Commodifying culture-It's not just about the virtual sword", Proceedings of "The Other Players" conference, 2004, pp. 1-13.

Husserl, Edmund, *Ideas: General Introduction to Pure Phenomenology*, W. R. Boyce Gibson (trans.), New York: Routledge, 1931; 에드문트 후설, 『순수현상학과 현상학적 철학의 이념들 1: 순수현상학의 일반적 입문』, 이종훈 옮김, 한길사, 2009.

Kretchmar, R. Scott, "Husserl's three-part model for intentionality: an examination of players, play acts, and playgrounds", *Journal of the Philosophy of Sport*, vol. 50, 2023, pp. 229-246.

Kücklich, Julian, "Precarious Playbour: Modders and the Digital Games Industry", *The Fibreculture Journal*, issue 5, 2005.

_____, "Virtual Worlds and Their Discontents: Precarious Sovereignty, Governmentality, and the Ideology of Play", *Games and Culture*, vol. 4, 2009, pp. 340-352.

Negri, Antonio · Hardt, Michael, *Empire*, Cambridge, MA and London: Harvard University Press, 2001; 안토니오 네그리 · 마이클 하트, 『제국』, 윤수종 옮김, 이학사, 2001.

Postigo, Hector, "From Pong to Planet Quake: Post-Industrial Transitions from Leisure to Work", *Information Communication & Society*, vol. 6, 2003, pp. 593-607.

Suits, Bernard, "Words on Play", *Journal of the Philosophy of Sports*, vol. 4, 1977, pp. 117-131.

_____, *The Grasshopper: Games, Life and Utopia*, Toronto: University of Toronto Press, 1978.

Tai, Zixue · Hu, Fengbin, "Play between love and labor: The practice of gold farming in China", *New Media & Society*, vol. 20, 2018, pp. 2370-2390.

Walsdorff, Finja, "Video Game Modding and Money: from Precarious Playbour to Reimbursed Labor of Love?", *Spiel Formen*, 2022, pp. 163-188.

Yee, Nick, "The Labor of Fun: How Video Games Blur the Boundaries of Work and Play", *Games and Culture*, vol. 1, 2006, pp. 68-71.

3부
AI 시대와 디지털 커먼즈

8장
AI의 신화적 기원과 현대적 가치

김연순

시대 변화와 변신

인공지능은 21세기 인간이 실현코자 하는 자기 창조 욕망의 표현이다. 이 욕망은 서양 고대의 피그말리온Pygmalion 신화에서 현대에 이르기까지 추적해볼 수 있으며, 현대에는 급속히 발전하는 과학기술에 의해 상상을 넘어 구체적인 형태로 실현되고 있다. 이에 필자는 피그말리온 신화를 인공지능/인공지능 로봇의 고전적 밑그림으로 간주하고 그 신화적 기원을 현대적 시각에서 분석, 재해석하고자 한다. 이를 통해 현대의 인간을 21세기 피그말리온으로, 인공지능/인공지능 로봇을 21세기 갈라테이아Galateia로 간주하며, 피그말리온 신화를 시작으로 고대에서 현대까지 관통하는 창조자와 피조물의 파생 관계, 다시 말해 '태어난 자'와 '만들어진 자'의 미래 관계를 생각해보려 한다.

피그말리온 신화는 상아 조각상이 사람으로 변신하여 인간과 비인간의 관계가 형성되면서 펼쳐지는 피그말리온 가계家系의 이야기이다. 핵심은 피그말리온에 의해 만들어진 '상아 소녀'의 인간화이며, 신과 인간의 '창조자와 피조물의 원형 관계'를 모방한 '태어난 자와 만들어진 자의 파생 관계' 형성과 변형 그리고 피그말리온 가계의 종말이다. 피그말리온의 자기 창조 욕망은 고대에서 현대까지 다양하게 제시될 수 있고, 이런 현상을 필자는 '피그말리온 증후군'으로 간주한다. 피그말리온 증후군은 신화와 전설 그리고 근대 이후 예술을 통해 재생산되고, 21세기에 이르러 첨단 기술의 발전으로 인공지능 및 인공지능 로봇의 형태로 실현되고 있다.

세계적인 미래학자 레이 커즈와일Ray Kurzweil은 『특이점이 온다』에서 머지않아 첨단 과학기술이 가파르게 발전해 지금은 가늠할 수 없는 미래가 열리리라 예측했다. 이 예측을 영상화하기라도 하듯, 2014년에 개봉된 흥미로운 SF 영화 「트랜센던스」에서 주인공은 죽기 전에 자기 기

---

1 오비디우스, 『변신 이야기』, 천병희 옮김, 도서출판 숲, 2016, 478쪽. 같은 책, 주석 139와 주석 629도 참고하라. 오비디우스는 '피그말리온의 기도'에서 인간화된 상아 조각을 '상아 소녀'라 하고 갈라테이아라 부르지 않았다. 갈라테이아는 『변신 이야기』 13권 '아키스와 갈라테이아'에서 제시된다. 신화에는 갈라테이아가 두 명 등장한다. 한 명은 네레우스와 시칠리아 바다 여신의 딸로, 아키스의 연인이자 외눈박이 키클롭스 폴리페모스가 짝사랑한 바다의 요정이다. 다른 한 명은 람프로스와 결혼한 크레테 여성이다. 남편이 아들만 원한 탓에 딸 레우키포스의 성별을 속여 키우다, 아이가 성인이 되자 레토 여신에게 딸의 성을 바꾸어달라고 기도했고 레토가 그의 기도를 들어주었다. 갈라테이아는 처음에 "기원전 3세기 초반의 그리스 서정시인 테오크리토스의 『전원시 Eidyllia』 6번과 9번"에 아키스의 연인으로 등장했다. 마이어 라인홀트Meyer Reinhold에 따르면, '갈라테이아'란 이름은 1762년 장 자크 루소의 음악극 「피그말리온Pygmalion」에 등장했고, 19세기 영국 작가 길버트W. S. Gilbert가 희곡 「피그말리온과 갈라테이아Pygmalion and Galatea, Original Mythological Comedy」를 통해 오늘에 이르도록 널리 알린 듯하다. 다음을 참고하라. 피에르 그리말, 『그리스 로마 신화 사전』, 최애리 외 옮김, 열린책들, 2003, 42쪽; 이충훈, 「루소의 나르시스와 피그말리온 신화」, 『불어불문학 연구』 100집(겨울호), 2014, 497-500쪽; "Pygmalion and Galatea(play)", https://en.wikipedia.org/wiki/Pygmalion_and_Galatea_(play).

억을 가상공간에 업로드하는데, 나노공학·생명공학·정보공학 등 첨단 과학기술을 통해 육체가 복원되고 가상 세계에 업로드된 기억들이 다시 살아나 생명이 부활하는 모습을 보여준다. 커즈와일의 예측대로라면 미래에 인간은 질병과 노화뿐만 아니라 종국에는 죽음까지도 극복하게 된다. 장차 인간은 죽지 않고 영생을 경험할 수 있으며, 더 나아가 인간 지능이 지구를 넘어서서 우주까지 확장될 수 있다는 것이다. 상상하기도 벅차고 동의하기도 쉽지 않은 커즈와일의 시나리오에서 무엇보다도 주목되는 것은, 첨단 과학기술의 발전에 따른 기계의 진화 그리고 인간과 기계의 결합이다. 그가 예견한 시나리오대로 전개된다면, 인간의 생물학적 신체보다 비생물학적 신체가 훨씬 더 큰 비중을 차지할 것이며, 결국에는 생물학적 존재와 비생물학적 존재 간의 경계 또한 모호해질 것이다. 이른바 고대의 신화에서 접할 수 있었던 변신이 미래에는 실제로 이루어지게 되리라는 것이다. 이런 점을 생각하면 오늘날 많이 논의되는 트랜스휴먼과 포스트휴먼이 떠오르기도 한다. 그런데 이것은 놀랍게도 이미 부분적으로 실현되고 있다.

바이오아트Bio-Art로 이름을 알린 에두아르두 카크Eduardo Kac는 2000년에 유전자 변형에 따른 형광녹색토끼로 유명한 '알바Alba'를 현대판 변신 1호로 제시했다. 인간의 경우를 살펴보면, 선천적으로 전색맹이었던 닐 하비슨Neil Harbisson은 2003년 머리에 아이보그Eyeborg를 장착하여 소리로 색을 파악하게 되었으며, 이후 아이보그를 통해 자신의 존재성을 사이보그로 규정했다. 또한 불의의 사고로 전신이 마비된 매슈 네이글Matthew Nagle은 2004년 뇌에 전극 칩을 심어 외부와 소통하는 브레인게이트Brain Gate라는 뇌-컴퓨터 인터페이스 시스템을 이식했다. 이

형광녹색토끼 알바.　　아이보그를 장착한 닐 하비슨.[2]　　　　브레인게이트
인터페이스 모형.[3]

렇듯 오늘날 인간은 신체의 결핍을 보완하기 위해 기계를 장착하기 시
작했고, 인간과 비인간, 생물학적 존재성과 비생물학적 존재성의 혼용
현상은 그리 낯설지 않게 되었다. 커즈와일에 따르면, 기계 발전은 우리
생각보다 빠르게 진화할 것이고 아울러 인공지능도 조만간 인간의 지능
을 넘어설 것이며 기술문명 발전의 협력자로서 인간과 함께 공진화할
것이다.

　이러한 맥락에서 미국의 로봇공학자 한스 모라벡Hans Moravec은 기
술 진화에 힘입어 금세기 후반에는 지능이 인간보다 월등히 높은 로봇
이 세상을 지배할 것이라고 했다. 그가 보기에 인류의 모든 지식 문화와
가치관을 물려받을 로봇은 다음 세대의 자식과도 같은 존재이다. 요컨
대 인류는 자신이 발전시킨 문화에 의해 사라지고, 인간 지능을 최대로
활용해 손수 만든 로봇에게 자리를 내어준다는 것이다. 말하자면 인간
의 자연 선택적 진화는 더 이상 유효하지 않으며, 인간은 첨단 과학기술

2　https://en.wikipedia.org/wiki/Neil_Harbisson.

3　https://en.wikipedia.org/wiki/BrainGate#.

에 의해 파괴되고 있는 자연의 진화를 이제 기술 선택적으로 이어갈 것이다. 미래 세계의 중심은 더 이상 인간이 아니라 인간의 능력을 뛰어넘은 우월한 기술과 기계이고 이것이 생산한 인공지능 로봇일 수도 있다는 것이다. 이런 조짐은 이미 2016년에 드러났다.

2016년에 인공지능 알파고와 이세돌 9단의 바둑 대국이 있었다. 이 대결에서 모두의 예상과 달리 인공지능이 승리를 거두자 커즈와일이 주장한 특이점(인공지능이 인간 지능을 넘어서는 시점)의 도래에 관한 관심이 갑자기 높아졌다. 또한 알파고 개발자 중 한 사람으로 알파고를 대신해 바둑판에 바둑알을 놓은 아자 황Aja Huang도 특별히 관심을 받았다. 사람들은 인간의 손으로 만든 인공지능의 지시를 따라야 했던 아자 황의 역할에 주목했다. 그의 수동적인 행동은 인공지능에 의한 인간 통제로 해석될 수 있었고 더 나아가 인간 지배까지도 상상하게 하기에 충분했기 때문이다. 바둑은 바둑판 위에서 전개되는 수많은 경우의 수를 예측해야 하는 고도의 놀이로 그만큼 높은 지능을 요구한다. 이러한 놀이에서 인간은 총 다섯 차례 대국 중 한 번 이겼을 뿐이고, 나머지 네 국은 알파고가 승리했다. 바둑알을 바둑판에 놓은 인간 아자 황은 대결의 결과와는 아무 관계가 없다. 인공지능의 지시를 따르기만 하는 그의 모습은 사람들에게 충격을 주었다. 그때까지 SF 영화나 애니메이션에서 보아온, 인간이 통제되는 상황을 현실에서 직접 보게 되었기 때문이다.

이로써 사람들은 인공지능에 의존할 미래의 인간이 그것에 종속될 수도 있음을 깨닫게 되었다. 그러나 이런 자각에도 불구하고 인공지능은 오히려 사람들의 높은 관심과 투자로 빠르게 발전했으며, 특히 인공지능의 인간화에 연구가 집중되었다. 연구에 따르면 인공지능은 기능적

편이성과 효율성 면에서 인간과는 비교할 수도 없을 만큼 뛰어나 인공지능이 인간을 통제할 가능성이 더욱 커졌다. 하지만 이에 대한 심도 있는 논의보다는 인공지능 기술을 활용한 실생활의 편이성과 경제적 가치 창출이 우선하고 있다. 즉 장차 도래할 인공지능과의 공존에 대한 딜레마를 밀쳐두고 당장 향유할 수 있는 기술 발전에 몰입하고 있는 실정이다.

사실 인공지능이나 인공지능 로봇처럼 인간의 손으로 '만들어진 것'의 인간화는 21세기에 처음 제기된 상상이 아니다. 그 원형을 고대 서양 문화에서 찾을 수 있으니 바로 '피그말리온 신화'이다. 영웅 피그말리온 이야기를 기반으로 삼은 신화는 상아 조각상의 인간화를 통해 흥미롭게 제시되며, 인간이 된 조각상 갈라테이아는 오늘의 시각으로 보자면 인공지능 로봇이라 할 수 있다. 창조자인 신을 모방하여 피그말리온은 자기 창조 욕망을 상아 조각상으로 실현해내고, 신의 도움을 받아 갈라테이아를 창조한다. 더 나아가 피그말리온은 자신의 피조물과 결합하여 가계를 이루는데, 이후 전개되는 후손들의 신화적 이야기는 더욱 기이하고 흥미롭다. 피그말리온 가계의 형성과 몰락에 함축된 창조와 피조 및 융합과 융합의 결과에 대한 원형적 상상은 첨단 과학기술의 힘으로 편의를 누리는 21세기의 우리에게 시사하는 바가 크다.

피그말리온 신화의 현대적 해석

피그말리온 신화는 로마 시인 오비디우스가 기원후 8년에 완성한 『변신 이야기』에 등장한다. 『변신 이야기』는 천지창조 이야기를 비롯해 변화를 겪는 삼라만상의 생성사이기도 하다. 오비디우스는 250여 편의 흥미로운 이야기를 엮어 새로운 모습을 얻게 된 형상들을 노래했다. 피그말리온 신화는 『변신 이야기』 10권에서 제시된다. 피그말리온이 만든 상아 조각이 신의 힘에 의해 인간으로 변신하고 이후 피그말리온과 결혼한다는 서사를 기반으로 하는 피그말리온 가계에 관한 이야기다. 유명한 오르페우스와 에우리디케의 신화가 이 이야기의 배경이다.

피그말리온 신화는 '오르페우스와 에우리디케의 이야기'에서 오르페우스의 입을 통해 탄생한다. 뱀에 물려 죽은 아내 에우리디케를 잊지 못한 오르페우스는 그녀를 찾아 저승으로 길을 나선다. 오르페우스는 폭풍도 잠재우는 훌륭한 리라 연주 솜씨로 모든 장애를 극복하고 지하 세계로 내려간다. 마침내 지하세계의 지배자인 하데스를 만나고, 지하의 골짜기를 벗어날 때까지는 에우리디케를 절대 돌아보아서는 안 된다는 조건 아래 아내를 데려올 수 있게 된다. 그러나 막 지하를 벗어나려는 순간 아내가 제대로 따라오는지 너무나 궁금해 참지 못하고 뒤를 돌아보아, 하데스와 맺은 약속을 깨뜨리는 바람에 결국 아내를 영원히 떠나보내게 된다. 어쩔 수 없이 혼자 지상으로 올라온 오르페우스는 비탄에 잠긴 채 오직 리라를 연주하며 사람들에게 사랑법을 가르쳤다고 한다. 그가 부른 노래 중 하나가 「피그말리온의 기도」이다. 피그말리온 이야기를 약술하면 다음과 같다.

키프로스섬 남해안에 있는 아마투스는 베누스 신을 숭배하는 도시였다. 그러나 이 도시의 여인들이 베누스의 신성을 모독하고 주피터 제단을 피로 물들이자, 이에 분노한 베누스 신은 아마투스 여인들을 매춘부로 만들었다. 저주받은 아마투스 여인들의 문란한 생활을 혐오했던 피그말리온은 주변 여성들을 외면하고 가까이하지 않았다. 그러나 시간이 지나자 외로워져 내면에 있는 이상적인 여인상을 상아로 조각했다. 완성된 조각상은 실제로 아름다운 인간처럼 보였기에 피그말리온은 이를 연인이라도 되는 양 사랑했다. 사랑이 너무 깊어 피그말리온은 마침내 '상아 소녀'를 인간으로 변신시키기 위해 베누스 신에게 기도했다. 그의 간절한 기도에 응답해 베누스는 기꺼이 상아 조각에 생명을 불어넣었고, 피그말리온은 인간처럼 생명을 얻은 상아 소녀와 결혼한다. 그러나 피그말리온의 가계는 4대 만에 단절된다. 기이한 일은, 개인적인 사랑의 문제였든 사회적인 도덕의 문제였든 간에, 피그말리온이 주변 여인들을 거부하고 인간이 아닌 상아 조각과 함께하는 미래를 꿈꾸었다는 것이다. 신의 힘으로 이루어진 그의 소망은 인간과 비인간의 결합으로 이어지고, 그들은 파포스라는 딸을 낳는다. 이렇듯 새롭게 탄생한 하이브리드 존재인 파포스를 시작으로 4대에 걸친 후손들의 기이한 탄생과 죽음의 이야기가 전개된다.

피그말리온의 손자이자 파포스의 아들인 키니라스는 아름다운 딸을 낳는다. 키니라스의 딸 미르라는 성장하면서 아버지를 이상적인 남성으로 여겼고 더 나아가 이성으로 사랑하게 된다. 이것은 베누스의 저주였다. 키니라스의 아내 켄크레이스가 미의 여신 베누스 앞에서 감히 미르라의 아름다움을 자랑했기 때문이다. 신의 저주로 아버지를 사랑하게 된 미르라는 이 불가능한 사랑을 감당하기 어려워 자결하려 했으나, 우연히 유모에게 발각되고 사연을 알게 된 유모의 도움으로 이루어져서는 안 되는 사랑을 이루게 된다. 뒤늦게 사실을 알게 된 키니라스는 분노하지만, 이미 아이를 잉태한 미르라는 재빨리 도망친다. 그리고 신의 도움으로 나무로 변신하여 고통스러운 상황에서도 아이를 계속 품었고 결국 온전히 출산한다. 이 기막힌 사연으로 태어난 아이가 바로 아도니스이니, 그에게는 누이가 곧 어머니이고 아버지가 곧 할아버지인 셈이다. 이 기묘한 탄생의 비화를 간직한 채 아도니스는 요절한다. 전쟁의 신 아레스가 움직이는 거대한 멧돼지에게 죽임을 당한 것이다. 이로써 피그말리온의 가계는 단절된다. 신의 직간접적인 개입으로 시작되고 끝이 난 것이다.

피그말리온 가계에서 펼쳐진 기이한 이야기의 출발점인 피그말리온의 행위는 세 가지로 의미를 분석할 수 있다.

첫째, 피그말리온의 행위는 철저하게 나르시시즘에서 비롯된다. 피그말리온은 신의 저주를 받은 여인들을 역겨워하며 인간에게 완전히 등을 돌린 채 오직 자신에게 몰입하며 자신의 이상을 상아 조각에 투영한다. 상아 조각은 보통의 여인들은 도달할 수 없는 이상적인 여인상으로 재현되고, 이에 대한 사랑은 곧 자기애적 성격을 띤다.

둘째, 피그말리온은 아마투스에서 벌어진 문제를 사람들과 소통하며 풀기보다 인간관계를 외면하고 물질에서 해답을 찾는다. 저주받은 여인들의 부도덕성이 어디에서 비롯되었는지, 신의 노여움을 풀려면 어떻게 해야 하는지를 고민하지 않는다. 동시대의 일원으로 사람들과의 관계에서 해결책을 모색하려 하지 않는 것이다. 여인들을 외면한 채 오직 자신의 재능을 이용하여 관념적인 아름다움을 조각상에 재현해낸다. 조각상에 자신의 이상을 투영하고, 물질에 불과한 조각상을 사랑하기에 이른다. 피그말리온에 인간적인 사랑은 물질의 인간화로 충족된다.

셋째, 상아 조각에 생기를 불어넣기 위해 신의 힘을 빌린다. 상아

장 라우, 「자신의 조각상을 흠모하는
피그말리온」, 1717.

에티엔 모리스 팔코네,
「피그말리온과 갈라테이아」, 1763.

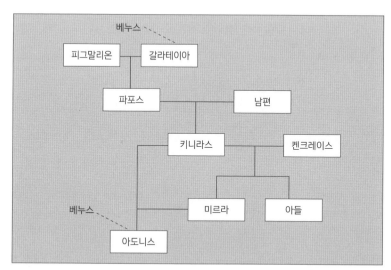

피그말리온의 가계도.[4]

조각은 인간이 아니기에 피그말리온의 인간적인 사랑은 한계를 가질 수밖에 없으니, 그는 나날이 깊어가는 사랑을 이루기 위해 신을 끌어들인다. 마침내 신의 도움으로 상아 조각이 인간으로 '변신'하자 그녀와 결혼하고, 새로운 종種이기도 한 딸 파포스를 탄생시킨다. 이런 기이한 행위를 통해 피그말리온은 인간의 자기 창조 욕망을 실현하고, 비인간과의 결합으로 혼융된 새로운 종의 가계를 형성하게 된다.

오늘날 인공지능 로봇을 만들어내는 인간에게서도 피그말리온의 행위에 함축된 의미를 엿볼 수 있다. 인간의 자기 창조 욕망이 고대에는 신화적 상상을 통해 피그말리온과 상아 소녀 갈라테이아로 형상화되었다면, 오늘날에는 첨단 기술을 통해 실제 인간과 인공지능 로봇으로 제시될 수 있는 것이다. 피그말리온이 인간보다도 상아 소녀와 소통하고 사랑했던 것처럼, 오늘날 사람들은 집사이자 말동무로서 애플의 '시리'나 삼성전자의 '빅스비'와 기꺼이 소통하고 있다. 이런 현상을 한층 깊이 파고든 영화 「그녀」(2014)는 비인간과의 소통과 사랑을 깊고 넓게 생각하게 한다.

영화의 주인공 테오도르는 이혼을 요구하는 아내와 별거 중이다. 외로운 일상을 이어가던 어느 날, 늘 갈등을 일으키는 인간과 달리 편리하게 사용할 수 있는 성장형 인공지능 서비스를 구매한다. 그는 인공지능을 사만다라 부르며 대화하고 공감하며 급기야 사랑과 같은 감정에

---

4   이 표는 천병희가 번역한 헤시오도스의 『신들의 계보』에 따로 첨부한 '주요 신들과 영웅들의 가계도'를 참조하여 만든 것이다. '주요 신들과 영웅들의 가계도'에는 피그말리온에서 키니라스까지만 제시되어 있다. 이 표에는 제시되지 않았지만, 헤시오도스에 따르면 피그말리온은 포세이돈과 리비아의 후손인 벨로스와 안키노에의 다섯 자녀 중 하나다. 헤시오도스, 『신들의 계보』, 천병희 옮김, 도서출판 숲, 2009, 244쪽 참고.

빠져들게 된다. 피그말리온이 그랬듯이, 인간관계에서 일어나는 문제를 회피하고 갈등 없이 자기중심적인 교류를 실행하는, 기계와 인간의 나르시시즘적인 교감을 즐기게 된 것이다. 테오도르의 모습은 사실 복잡한 인간관계를 기계로 대체하기에 이른 현대인의 자화상이기도 하다.

'태어난 자'와 '만들어진 자'의 결합과 그 의미

오비디우스가 제시한 변신에 관한 많은 이야기는 세상 만물의 생성 계기와 과정을 밝혀주는 것으로 해석된다. 신화에서 우주 만물의 창조는 오직 신의 권한이고, 신이 창조한 만물을 다양한 상황에서 변신시킬 수 있는 주체 또한 신이다. 그렇기에 신화에서 신은 삼라만상의 생성, 변화, 소멸 등을 모두 주관하고, 신을 중심으로 형성된 창조주와 피조물의 관계는 만물이 맺는 관계의 원형으로 제시된다. 피그말리온 신화에서 조각가로 알려진 피그말리온은 신의 창조 행위를 모방하여 인간의 형상을 본뜬 상아 조각을 만든다. 그러나 피그말리온은 조각상에 생명을 줄 수 없기에, 그와 조각상의 관계는 창조주와 피조물의 원형 관계에서 파생된 '태어난 자'와 '만들어진 자'의 변형 관계로 설정될 뿐이다. 또한 상아 조각에 대한 인간적인 사랑에 한계를 느낀 피그말리온이 상아 소녀를 아내로 맞이할 수 있도록 신에게 간절히 기도를 올린 결과 상아 소녀는 마침내 생명을 얻어 인간화한다. 이로써 태어난 자와 만들어진 자의 변형 관계는 신의 개입으로 다시 '태어난 자-신-만들어진 자'의 복합 관계를 이룬다.

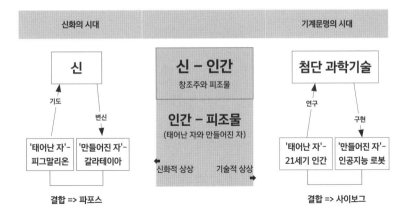

신화의 시대		기계문명의 시대

신

기도 / 변신

'태어난 자'- 피그말리온 | '만들어진 자'- 갈라테이아

결합 => 파포스

신 – 인간
창조주와 피조물

인간 – 피조물
(태어난 자와 만들어진 자)

신화적 상상 ← → 기술적 상상

첨단 과학기술

연구 / 구현

'태어난 자'- 21세기 인간 | '만들어진 자'- 인공지능 로봇

결합 => 사이보그

루이 고피에, 「피그말리온과 갈라테이아」, 1797.

238

이 복합 관계는 중세의 이야기에서도 찾아볼 수 있는데, 유대인 랍비가 골렘을 제작함으로써 '태어난 자-주문-만들어진 자'의 양상으로 펼쳐진다. 이렇듯 시대마다 다양한 이야기를 통해 재현되는 창조와 피조의 세계는 근대 이후 급속히 발전한 기술을 통해 변화하고 신화적 상상의 세계는 기술적 상상의 세계로 전환되었다. 신화적 상상에서 절대적으로 작용했던 신의 힘은 약화되고, 점점 더 힘을 발휘하게 된 기술적 상상은 21세기에 이르러 첨단 기술에 힘입어 실현되고 있다. '창조주-피조물'의 원형 관계는 '태어난 자-첨단 기술-만들어진 자'의 복합 관계로 발전하고, 신의 자리는 첨단 기술로 대체되기에 이른 것이다. 신화의 시대와 21세기 기계문명의 시대 간 유사점과 차이점을 238쪽의 도식으로 간략하게 표현할 수 있다.

그림에서 보듯이 피그말리온 신화에서 '태어난 자' 피그말리온과 '만들어진 자' 갈라테이아의 결혼으로 1차 변신이 제시된다. 이 변신으로 심화되는 피그말리온 신화는 딸 파포스의 탄생으로 일단락된다. 인간과 비인간의 융합적 존재인 파포스의 탄생으로 이전의 복합적인 관계는 소멸되고, 파포스를 기원으로 새로운 종의 계보가 형성되면서 피그말리온 가계는 파포스-키니라스-미르라-아도니스로 이어진다. 흥미로운 것은, 오비디우스는 아도니스의 죽음이라는 사건으로 피그말리온 가계를 단절시키고 이를 통해 영웅의 시대를 끝맺는다는 점이다. 피그말리온의 가계는 『변신 이야기』에서 인간의 시대에 포함되지 않는다. 피그말리온 가계의 정체성은 어디에도 속하지 않는 것이다.

피그말리온과 갈라테이아의 결혼, 그리고 피그말리온 가계의 종말이 제시하는 은유적 의미는 신화에만 국한되지 않는다. 첨단 과학기술

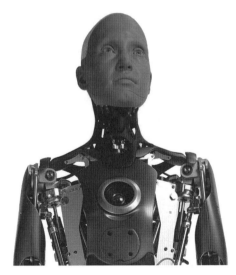

인간과 유사하게 설계된 인공지능 로봇 '아메카'. 2024년 2월 스페인에서 열린 세계 최대 이동통신 박람회 '모바일 월드 콩그레스 24'에 참여했다.[5]

의 발달로 자신을 강화하고 기계와 기꺼이 결합하려는 오늘날의 인간에게도 대입해볼 수 있다. 피그말리온처럼 현대인 역시 인간처럼 행동하고 생각하는 인공지능과 인공지능 로봇을 만들고자 하며, 심지어 이들과 사랑하고 결혼하는 사례까지 등장하고 있다.

2008년에 인공지능 연구가 데이비드 레비David Levy가 전문 서적 450권을 분석하여 인간과 로봇의 결혼 가능성을 제시했을 때, 사람들은 지나친 비약이라고 일축했다. 그러나 2016년 프랑스 여성 릴리Lilly는 자신이 손수 제작한 로봇과 약혼했고 합법적으로 인정받기 위해 입법을 기다린다고 하여 사람들을 놀라게 했다.[6] 심지어 중국의 인공지능 전문

5   https://commons.wikimedia.org/wiki/File:Ameca_Generation_1.jpg.

6   Nidhi Goyal, "This Woman is in Love With Her 3D Printed Robot and Now She Wants to Marry It", Industry Tap, February 6th, 2017, https://www.industrytap.com/woman-love-

가 정지아지아郑佳佳는 2017년 4월 어머니 앞에서 자신이 만든 인공지능과 결혼식을 올렸다.[7] 21세기 피그말리온들은 물질만능의 시대에 외모나 재산, 성격 같은 사회적 조건으로 인간을 판단하지 않고, 더 나아가 관계에서 어떤 상처도 입히지 않을 로봇을 통해 자신들의 인간적인 문제를 해결하려 한 것이다. 고대의『변신 이야기』를 21세기와 연결한다면, 신의 힘을 믿었던 '인간의 시대'가 첨단 기술의 힘을 믿게 된 '기계의 시대'로 이어지는 것이다. 기술 발전과 함께 시작된 기계의 시대가 '태어난 자-첨단 기술-만들어진 자'의 복합적인 관계를 구성해내고, 이 안에서 새로운 종인 포스트휴먼의 탄생이 예견되는 것이다. 피그말리온 가계의 단절을 생각해볼 때, 이제 우리가 숙고해야 할 문제는 기계의 시대 인류의 지속 가능성이다.

피그말리온 증후군

'만들어진 자'의 인간화에 대한 상상은 고대 이후 시대 환경을 반영하면서 계속 이어져왔다. 예컨대 피그말리온 신화에 등장하는 상아 소녀 갈라테이아 외에도 대장장이 신 헤파이스토스의 청동 인간 탈로스와 황금 하녀들, 중세 설화에서 주술로 생명을 얻은 골렘, 천재 레오나르도 다빈치Leonardo da Vinci의 상상 로봇, 르네상스 시대에 스위스 의학자이

3d-printed-robot-now-wants-marry/40688 참고.

7 「자신이 만든 'AI 로봇'과 결혼하기로 결심한 남성」, YTNPLUS, 2017. 4. 4, https://ytn.co.kr/_ln/0104_201704041411433771 참고.

자 연금술사인 파라켈수스Paracelsus가 창안하고 독일의 문호 괴테Johann Wolfgang von Goethe가 문학을 통해 재생산해낸 작은 인조인간 호문쿨루스Homunculus 등 피조물의 인간화는 마술과 상상 이야기로 다양하게 펼쳐졌다. 그러다 근대 이후 급속히 발전한 기술에 힘입어 초소형 태엽이 만들어지면서 제작된 자동인형과 이에 자극받아 탄생한『프랑켄슈타인』의 괴물은 주술 시대에서 과학 시대로 이행하는 시기의 동시대인들을 압도했다. 변화하는 시대가 새로운 차원의 갈라테이아를 상상해낸 것이다. 20세기 초에 체코 작가 카렐 차페크Karel Capek의 희곡에 처음 '로봇'이 등장한 이래로 1961년 기계팔 로봇 '유니메이트Unimate'가 공장에서 사용되기 시작했다. 이후 인간처럼 움직이고 생각하는 로봇에 대한 상상은 수많은 SF 소설과 영화를 통해 대중의 관심을 증폭시켰다. 마침내 2000년에는 일본에서 인간형 로봇 아시모ASIMO가 만들어지고, 한국에서도 인간적인 2족 보행 휴머노이드 로봇들이 제작되었다.

이런 현상은 피그말리온에 의해 제기된 자기 창조 욕망의 다양한 판본으로 '피그말리온 증후군'이라 통칭할 만하다. 증후군은 본래 의학 용어로서 흔히 신드롬Syndrome이라 한다. 이 의학 용어는 오늘날에는 문화 영역에서도 흔히 쓰이며 번아웃 증후군, 명절 증후군, 새내기 증후군 등 일상에서도 보편적으로 사용되고 있다. 필자가 시대별로 변주되어온 피조물의 인간화 현상을 '피그말리온 증후군'이라 명명하려는 이유는, 피그말리온이 자신의 이상을 투영한 상아 조각을 인간화하고자 신에게 기도하여 갈망을 실현했던 것처럼, 그런 욕망은 신화적 상상에서 기술적 상상에 이르기까지 시대마다 '그 시대의 갈라테이아'를 재생산해왔기 때문이다. 이를테면 19세기 근대에 탄생한 프랑켄슈타인의 괴물은 낭

커피를 따르는 유니메이트, 1967년.[8]   한국 과학자들이 개발한
휴머노이드 로봇 알버트.[9]

만적인 피그말리온 증후군의 산물이다. 새로운 종을 창조해 세상을 놀
라게 하기를 열망한 빅터 프랑켄슈타인은 자신이 "생명이 없는 것에 움
직임을 부여하는 능력"을 가졌다고 자만하며 발전하는 기술을 활용해
근대 피그말리온의 이상을 실현코자 했다. 그러나 프랑켄슈타인에 의해
'만들어진 자'는 고대의 갈라테이아와는 달리 일종의 괴물이었고, 이로
인해 프랑켄슈타인은 사랑하는 연인, 가족, 친구를 잃고 자신도 몰락한
다. 프랑켄슈타인의 이야기를 통해 작가 메리 셸리Mary Shelley는 만들어
진 자를 괴물로 제시함으로써 이전 시대와는 달리 피그말리온 증후군을
비판적 시각으로 재현한 것이다.

---

8 https://ko.wikipedia.org/wiki/%ED%9C%B4%EB%B3%B4.

9 https://en.wikipedia.org/wiki/Unimate.

갈라테이아의 21세기 버전은 인공지능 로봇이다. 21세기 피그말리온 증후군은 상상이라는 문화적 현상을 넘어 실생활에서 쉽게 활용할 수 있는 인공지능과 인간, 인공지능 로봇과 인간의 상호작용을 통해 심화되고 있다. 그동안 상상했던 인공지능 로봇이 현실에서 인간과 공존할 경우 여러 문제가 생길 수 있기에 사람들은 인공지능 인격화의 인정 문제를 고심하고 있다.[10]

　　문제는 인공지능 로봇을 활용하는 데서 더 나아가 인간이 직접 기계와 결합하려 한다는 것이다. 특히 21세기 갈라테이아는 인간보다 뛰어난 수행 능력을 보이므로, 장차 드러날 문제들에 대응하기 위해 인간은 자신의 신체와 정신을 업그레이드해야 한다고 생각하기에 이르렀다. 나날이 새롭게 발전하는 기계와 비교할 때 인간 자신은 열등하고 결핍된 존재로 여겨지기 때문이다. 이런 의미에서 오스트레일리아의 행위예술가 스텔락Stelarc은 신체의 퇴화를 주장하며 인간 신체를 빈 상태로 간주했다. 또 영국의 인공두뇌학자 케빈 워릭Kevin Warwick은 자발적으로 "인간과 기계가 조합된 최상의 뇌"를 가진 사이보그가 되려 했으며, 기존의 인간적인 가치와 당위 법칙을 지키기보다 그것을 뛰어넘는 새로운 '테크노휴먼techno-human'이 되어야 한다고 주장했다. 기꺼이 기계와 결합된 사이보그가 되어 주체자로 남고자 한 것이다. 그에 따르면, 시대 발전에 동참하지 않은 인간이 장차 무엇이 될지 어렵지 않게 예견된다.

10　일례로 핸슨 로보틱스 사의 인간형 인공지능 로봇 '소피아'는 2017년 사우디아라비아에서 시민권을 받았고, 같은 해 2월에 유럽연합도 인공지능 로봇을 '전자인electronic person'이라 칭하며 법적 지위를 부여하려는 움직임을 보였다. 이는 인공지능 로봇으로 인해 일어날 수 있는 법적·경제적 피해의 책임 문제에 직면하게 될 때를 대비해 해결책의 하나로 제시된 것이다.

현재 인간인 상태에 만족한다면, 지금 그대로 머무르면 된다. 하지만 잊지 말라. 우리 인간이 아주 오래전 침팬지에서 분리되었던 것처럼 사이보그도 인류에서 분화될 수 있다는 것을. 인간으로 남기를 원하는 사람은 아류가 될 것이다. 그들은 '미래 세상의 침팬지'로 전락할지도 모른다.[11]

따라서 수행 능력의 관점에서 보자면 자연 선택적 진화에 순응하는 인간은 기술 선택적 진화를 지향하는 인간에 의해 도태될 수밖에 없다는 것이다. 그러나 기술 선택적 진화를 선택할 경우 과연 인간의 정체성과 동질성에 어떤 문제도 나타나지 않을지 의문이다. 바로 이 점이 신화 속 피그말리온 가계의 단절을 연상시키는 21세기 피그말리온 증후군의 딜레마이다. 첨단 기술의 힘에 의한 인간과 인공지능/인공지능 로봇의 결합과 공존으로 인해 호모 사피엔스의 지속 가능성이 위태로워 보인다. 시대 변화에 따라 변신해야 할 인류의 새로운 시작이 호모 사피엔스가 극복해야 하는 21세기 인간의 딜레마인 것이다.

새로운 역사 앞에 선 21세기 피그말리온

미국의 역사학자 브루스 매즐리시Bruce Mazlish는 오랫동안 주장되어온 인간과 기계의 구별에 대립해서 인간과 기계의 '연속성'을 제시했다. 또한 『기술의 충격』과 『통제 불능』의 저자 케빈 켈리Kevin Kelly는 "생

---

11 케빈 워릭, 『나는 왜 사이보그가 되었는가』, 정은영 옮김, 김영사, 2004, 24쪽.

물과 제조품 사이에 쳐져 있던 베일이 벗겨지면서 그 둘이 사실은 하나이며 예전부터 지금까지 쭉 하나였음을 보여준다"면서, 그것이 "만들어진 것이든 태어난 것이든 '생명과 유사한 특성'을 갖고 있다면, 심지어 그와 같은 시스템을 '비비시스템vivisystem, 살아 있는 계'"로 보아야 한다고 주장했다.[12] 이런 의미에서 보면 인간과 인공지능, 인간과 인공지능 로봇의 관계는 태어난 자와 만들어진 자의 구별이 필요하지 않은 동등한 관계인 듯하다. 그런데 인간과 인공지능, 인간과 인공지능 로봇이 동등한 관계로 인정받는 것은, 과거에는 상상할 수 없었던 관계가 시대가 발전하면서 수용되는 것, 예를 들어 백인과 흑인의 결혼이나 동성 결혼이 인정받는 것과는 차원이 다르다. 만들어진 자의 세계가 태어난 자의 세계와 다르지 않더라도, 인간과 공존하는 존재로서 인공지능과 인공지능 로봇을 인정하는 문제는 인간들 사이의 갈등 문제를 넘어서고 인류의 생존에 맞닿아 있기 때문이다.

설사 인공지능의 존재를 인정하더라도, 동등성과 특수성에서 갈등의 소지는 남게 된다. 인공지능도 인공지능 로봇도 인간화되더라도 인간일 수는 없기 때문이다. 인간의 역사는 인정의 문제를 둘러싸고 끊임없이 싸움을 이어온 자취들로 엮여 있지 않은가. 이런 의미에서 21세기 피그말리온과 인공지능, 인공지능 로봇의 관계는 이중으로 복합적이다. 하나는, 인간이 기계와 결합함으로써 새로운 종이 탄생하여 호모 사피엔스를 넘어서게 되는 것이다. 다른 하나는, 도구였던 인공지능의 변신을 도모하여 인공지능의 인간화를 인정하고 인공지능과 역사를 함께 이

---

12 케빈 켈리, 『통제 불능: 인간과 기계의 미래 생태계』, 이충호·임지원 옮김, 김영사, 2015, 19쪽.

끌어가는 것이다.

인간은 끊임없이 변화해왔고 인간의 역사는 변화의 역사이다. 지나온 문명화의 과정이 그것을 여실히 보여준다. 새로운 인류의 탄생과 인공지능의 인간화는 포스트휴먼 시대의 도래와 맞물리는 21세기 변신 이야기라 할 수 있다. 첨단 기술에 힘입어 인간이 이제까지 자신의 정체성으로 제시했던 호모 사피엔스를 벗어던지려 할 때 새로운 인간종의 역사가 시작되는 것이다. 이런 의미에서 인간의 선택이 천국을 만들 수도 있고 지옥을 만들 수도 있다고 한 유발 하라리Yuval Noah Harari의 말을 인간과 인공지능 로봇의 관계, 더 나아가 인류 자신의 미래와 연관해서 곱씹을 필요가 있다. 이것은 호모 사피엔스의 종말이자 호모 사피엔스의 역사화를 의미하기 때문이다. 첨단 기술이 인간과 기계의 결합을 촉진하고 인간이 자신의 피조물과 결합하여 새로운 역사를 준비하고자 한다면, 21세기 피그말리온은 새로운 존재자로서 인류 역사에서 완전히 새로운 역사를 써나갈 것이다.

참고 문헌

김명진, 『20세기 기술의 문화사: 핵, 우주, 인공지능, 생명공학으로 본 야누스의 과학기술』, 궁리출판, 2018.

김종로, 「루소의 오페라 미학: 「피그말리온」을 중심으로」, 『유럽사회문화』 제20호, 2018, 75-98쪽.

매즐리시, 브루스, 『네 번째 불연속』, 김희봉 옮김, 사이언스북스, 2001.

버트하임, 마거릿, 『공간의 역사: 단테에서 사이버스페이스까지 그 심원한 공간의 문화사』, 박인찬 옮김, 생각의나무, 2002.

사르트르, 장 폴, 『실존주의는 휴머니즘이다』, 박정태 옮김, 이학사, 2014.

셸리, 메리, 『프랑켄슈타인』(1886년 오리지널 초판본 표지 디자인), 구자언 옮김, 더스토리, 2018.

「소피아 로봇, 로봇 최초로 시민권 받았다」, ZDNET Korea, 2017. 10. 27, https://zdnet.co.kr/view/?no=20171027110320.

오비디우스, 『변신 이야기』, 천병희 옮김, 숲, 2016.

워릭, 케빈, 『나는 왜 사이보그가 되었는가』, 정은영 옮김, 김영사, 2004.

이종호, 『로봇, 인간을 꿈꾸다』, 문화유람, 2007.

이충훈, 「루소의 나르시스와 피그말리온 신화」, 『불어불문학연구』 100집(겨울호), 2014, 473-512쪽.

「자신이 만든 'AI 로봇'과 결혼하기로 결심한 남성」, YTNPLUS, 2017. 4. 4, https://ytn.co.kr/_ln/0104_201704041411433771.

차페크, 카렐, 『로봇: 로숨의 유니버설 로봇』, 김희숙 옮김, 모비딕, 2015.

최진석, 「휴머니즘의 경계를 넘어서─근대 인간학의 종언과 인간의 새로운 변형 비교」, 『문화연구』 41(0), 2015, 381-411쪽.

커즈와일, 레이, 『특이점이 온다: 기술이 인간을 초월하는 순간』, 김명남·장시형 옮김, 김영사, 2007.

하라리, 유발, 『호모 사피엔스』, 조현욱 옮김, 김영사, 2015,

헤시오도스, 『신들의 계보』, 천병희 옮김, 도서출판 숲, 2009,

홈즈, 제레미, 『나르시시즘』, 유원기 옮김, 이제이북스, 2003.

American Psychoanalytic Association, *Psychoanlytic Terms & Concepts*, Lee Jaehoon

(Trans.), Korean Psychotherapy Institution, 2002.

Schneider, Irmela, "Von der Vielsprachigkeit zur 'Kunst der Hybridation' Diskurse des Hybriden", Irmela Schneider · Christian W. Thomas (Hg.), *Hybridkultur*, Köln: Wienand, 1997, pp. 13-66.

Neil Harbisson, "I listen to color", TEDGlobal, June 2012, https://www.ted.com/talks/neil_harbisson_i_listen_to_color.

9장
AI 창작력의 본질과 커먼즈화의 필요성

임형택

본질적인 변화는 무엇인가: AI 창작력 논의 향방의 정초

현상과 현실 문제에만 치우쳐 있는 인공지능(이하 'AI') 창작력에 대한 지금까지의 논의는 본질론의 시각에서 방향을 제시하고 보완할 필요성이 있다. 생성형 AI의 출현에 즈음하여 AI 창작력 논의도 급물살을 탄 듯한데 그중에는 저작권 논의가 가장 많았고 그 외에는 AI 창작력의 분석·검증이나 활용에 관한 논의가 주를 이루었다.[1] 한편 언론은 AI와 인간의 창작·예술 대결이나 비교 이벤트 같은 호사가들의 뉴스, 그리고 예술(가)의 위기와 저작권 문제 같은 표층 문제를 주로 다룬 것으로 파악된다.[2] 게다가 급속한 테크놀로지의 발달은 일상과 상식이 된 지 오

---

[1] '한국학술지인용색인(KCI)'에서 'AI 창작', '인공지능 창작'으로 검색된 각 183건, 362건(중복 포함) 기준이다. https://www.kci.go.kr/kciportal/main.kci.

[2] 「2024, 'AI와의 삶' 원년」 작품·콘텐츠 무단활용 우려…AI기업 VS 창작자 갈등 증폭」, 『디지털타임

래다. 이러한 분위기 속에서 대다수 사람들은 생성형 AI를 늘상 나타났다 사라지곤 했던 편리한 테크놀로지의 하나쯤으로 간주하고 이른바 얼리어댑터들은 AI의 발 빠른 선점과 활용에만 주로 관심을 기울이는 듯하다. 그도 그럴 것이 AI의 역사는 지금으로부터 거의 한 세기를 거슬러 올라가는바,[3] 현대인들은 이미 계산기·컴퓨터·GPS(내비게이션)·스마트 홈 시스템·구글 AI 플랫폼 등의 다양한 AI 테크놀로지를 일상에서 꾸준히 접해왔기 때문이다.

그러나 AI, 특히 최근의 생성형 AI는 패러다임의 변화를 일으킬 만한 완전히 새로운 테크놀로지다. 일단 AI는, 인간 편의를 증진하는 보조 도구나 수단에 불과했던 테크놀로지가 지능성을 갖춤으로써 단순한 확장이나 강화가 아닌, 독립적인 역할을 하며 고유한 영역을 갖게 됐다는 점에서 아주 새롭다고 할 수 있다. 그런데 생성형 AI는 창작적인 작업을 수행한다는 점에서 기존 AI에 비하여 더욱 새롭다. 기존 AI가 사전 정의된 데이터 세트를 사용해 사전 정의된 작업을 수행한다면 생성형 AI는 구조화되지 않은 데이터 세트를 사용해 입력 데이터 세트에서는 볼 수 없었던 새로운 출력을 생성한다. 이는 다양한 입력 자료를 처리하고 데이터 내 기본 관계와 패턴을 학습할 수 있는 신경망 알고리즘을 사용하기 때문인데, 기존 AI는 하지 못했던 미술·음악·스토리텔링, 콘텐츠 제작 등의 창작적 작업, 이미지 합성·글(문서) 생성·동영상 창작·스타일 전환과 논리적 추론 같은 창의적 작업을 수행하는 것이다.[4] 요컨대 기존

스. 2024년 1월 11일, https://m.dt.co.kr/contents.html?article_no=2024011102109931820001.

3 스튜어트 러셀·피터 노빅, 『인공지능 1: 현대적 접근방식』 제4판, 류광 옮김, 제이펍, 2021, 25-38쪽 참고.

9장 AI 창작력의 본질과 커먼즈화의 필요성　　　251

AI가 '기계적인' 정확성·정밀성을 나타냈다면 생성형 AI는 '기계 같지 않게' 다양한 새로움을 산출하며 창의성과 주관성을 드러낸다고 하겠다. 다만 생성형 AI의 새로움이란 인류가 온축해온 문화 자산을 데이터화하여 학습시킨 후에 이로부터 누구/무엇'처럼' 생성해낸 것이라는 사실은 미리 언급하고 확인해둘 필요가 있다.

창작성을 지닌 AI가 등장한 지는 얼마 되지 않았다. 초기에 그것들은 인간과 능력치 대결을 벌이는 별난 이벤트의 주인공으로 소개되고는 했다. 국내에서 열린 행사만 보더라도, 이세돌(인간)에게 도전한 알파고(AI)(2016년 3월)를 위시하여, 피아니스트(인간)와 로봇(AI) 간 연주 대결(2016년 5월), 모차르트(인간) 곡과 AI가 만든 곡의 비교 감상 및 블라인드 테스트(2026년 8월) 등이 있었다. 그리고 방송(KBS「명견만리」, 2015년 11월)에서 화가(인간)의 그림과 프로그램(AI) 그림을 보여주고 구별하는 테스트를 하기도 했다.

이러한 사건 또는 행사는 AI의 창작적 능력이 어떤 측면에서는 인간을 능가할 수 있겠다는 인식을 심어주기에 충분했다. 특히 체스에서 인간 최고수를 꺾었던 AI라고 하더라도, 경우의 수가 사실상 무한정한(10의 170승) 바둑에서는 역부족이리라 예견됐던 알파고가 인간 최고수를 4승 1패로 압도한 일은 이후에 확장·심화할 AI의 대단한 창작력을 예견하게 할 만한 큰 사건이었다. 그리고 사용자의 의도 및 요구와 유사한 모방작을 추출하는 생성형 AI는 '모방은 창조의 어머니'를 테크놀로

---

4 California Government Operations Agency, *Benefits and Risks of Generative Artificial Intelligence Report*, 2023, pp. 4-5 참고.

지화한 것이라 할 수 있는바 창작력이 대폭 향상된 AI 시스템이다. 과연 미술과 음악을 비롯한 다양한 창작과 예술 분야에서 AI가 속속 등장했고 AI의 창작력은 빠르게 현실화되어갔다.

미술 분야의 AI는 회화의 여러 장르와 만화를 필두로 하여 조각 부문(로봇)에 이르기까지 발전돼 있다. 구글이 내놓은 딥 드림Deep Dream은 사용자가 특정 이미지를 입력하면 추상화풍으로 출력해낸다. 여기서 더 나아간 딥 포저Deep Forger는 이미지의 질감을 인식하고 본 내용과 다른 요소들은 그대로 둔 채 질감만을 변형해서 예술적 느낌이 풍기는 새로운 이미지로 출력해낸다. 네덜란드 광고 회사 월터 톰슨과 마이크로소프트 사의 협업 프로젝트인 넥스트 렘브란트The Next Rembrandt는 렘브란트 작품(346점)을 학습시키고 물감 채색에서 생성되는 요철들까지 데이터화함으로써 이미지와 질감을 완벽하게 표현하려 한 프로그램이다. 이후 2020년대에 출시된 회화 AI들은 더욱 접근이 쉽고 완성도 높은 그림을 출력한다. 미드저니Midjoyrney가 가장 수준이 높다는 평가를 받았으며, 오픈 AI에서 챗GPT 대성공의 여세를 몰아 출시한 빙 이미지 크리에이터Bing Image Creator 역시 상당한 수준의 결과물을 내놓는다. 이외에 달리DALL-E, 크레용Craiyon 등도 널리 사용된다. 이러한 이미지 생성 AI들은 회화의 여러 장르를 두루 다루는 것들이며 명령(입력)에 따라 다양한 스타일을 구현할 수 있다. 이외에 특정 장르를 다루는 AI들도 다양하다. 만화 AI로는 웹툰 작가들에게도 널리 활용하는 네이버의 AI 페인터와 일본 만화풍에 특화된 노벨 AI 등이 있다. 조각 AI(로봇)는 이탈리아 로보토르Robotor 사가 개발한 1L이 유명한데, 사람의 손으로는 몇 년 걸리던 대리석 조각 작업을 일주일 안에 완성한다고 한다.

음악 분야에서 AI의 창작력은 작곡 부문에서 잘 드러나고 확인될 수 있을 것이다. 작곡 AI로는 앰퍼 뮤직Amper Music(미국), 아이바AIVA(프랑스) 등 수십 종이 세계적으로 널리 쓰이며 뮤지아 원Musia One(이봄의 공개 버전)과 아이즘AISM 등의 한국산 프로그램도 있는데 누구든지 어렵지 않게 사용할 수 있고 특정한 명령(입력)을 통해 그에 해당하는 스타일을 얻을 수 있다. 게다가 출시 시기를 저울질하는 중인, 구글이나 오픈 AI(마이크로소프트) 같은 거대 글로벌 기업이 개발한 작곡 AI들도 언제든지 공개될 수 있다. 이러한 프로그램들까지 사용된다면 AI 작곡의 대중화는 가속화하여, 작곡에서 AI의 비중과 영향력은 더욱 확장될 것이다. 작곡 외에도 연주와 노래를 지원하는 AI도 있으나 창작과 저작권 측면에서 아직은 인간의 보조 수단에 불과하다고 생각된다. 작곡은 하나의 작품으로 내놓을 수 있으나 연주와 노래는, 로봇으로 대신하지 않는 이상은, 인간의 모습을 직접 드러내야 하기 때문이다.

AI를 실재나 가상의 존재와 결합하여 인플루언서로 등극시킨 사례도 있다. 많은 활약을 통해 널리 알려진 국내의 'AI 가상 인간'으로는 (탄생'순으로) 오로지, 루이, 김래아, 루시, 한유아 등을 들 수 있다. 이들은 특색 있는 끼와 재능을 바탕으로 공적 활동(광고·모델·가수·작가·홍보대사 등)과 일상 소통(각종 SNS)을 통해 영향력을 과시하며 기업의 수익을 올리는 데 활용되고 있다. 또한 의회 청문회에서 인간 아닌 인공물의 창작에 관한 의원들의 질문에 대답한 '사건'으로 유명한 영국의 AI 로봇 에이다Ai-Da[5]는 화가이자 시인으로서 자기가 그린 그림에 관해 대화를 나누

---

5 「영국 의회 최초 '인공지능 로봇' 출석…에이다 "난 생명체 아니지만 예술 창작 가능"」, SBS 뉴스,

거나 자작시를 낭송하기도 하는 실재적인 AI이다.

이상은 창작력을 지닌 오늘날의 AI 중에서 극히 일부만 언급한 것으로 인간 창작(예술)과의 구체적인 비교로 발전시키지는 않은 것이다. 불과 수년 사이에 인간 창작물과의 우열성이나 유사성을 가리는 일이 이미 흥미를 끌지 못하고 화제에서 멀어졌기 때문이다. 이는 과거 테크놀로지 발달 속도로는 가늠될 수 없는 현실이다. 이를테면 근대 산업사회 초기 축음기의 문화사에서 넣은 소리가 다시 나오는 기계적 작동 그 자체를 구경했던 경이로운 체험이 원본 소리와의 유사성을 비교하는 수준으로 발전하는 데까지 걸린 시간은 약 한 세대(1899-1925년)나 됐고,[6] 첨단 산업사회에서 비약적인 발전을 거듭해왔다는 반도체라고 하더라도 집적도가 2년에 두 배씩 증가(무어의 법칙Moore's Law)하는 정도였다. 그런데 처음에는 무어의 법칙과 비슷한 속도로 발달해왔던 AI가 2012년 이후에는 3-4개월에 두 배씩 성능이 증대됐다고 하니[7] AI는 10년에 약 235배만큼, 실로 기하급수적으로 발달해온 셈이다. 이 급속한 발전과 변화 과정에서 AI의 창작과 예술은 부지불식간에 현실이 됐다. AI의 창작성에 관한 이야기가 시작되나 싶더니 별안간 AI의 저작권이니, 창작력이니, 예술이니 하는 문제로 비약한 것이다. 그러므로 현시점에서 언론이나 호사가들이 주로 상정하는 창작·예술에서 인간 대 AI의 우열이나 유사성에 관한 논쟁은 부차적이며 사실은 불필요하다고까지 하겠다.

2022년 10월 13일 방송.

6 임형택, 『문학미디어론: 무한의 시학과 미학』, 소명출판, 2016, 147-151쪽 참고.

7 미국 스탠퍼드 대학교 '인공지능 인덱스 2019' 보고서. 「무어의 법칙」보다 7배 빠르다, 질주하는 인공지능」, 『한겨레』 2019년 12월 31일 참고.

이러한 논제들보다는 자못 진지해 보이는 (AI 창작 시대의) 예술의 본질론은 어떠한지 살펴보자. 일단 짚어둘 사실은 이념과 관점에 따라서 '예술'의 내포와 외연 그리고 '본질'의 규정과 내용이 유동할 수밖에 없다는 점이다. 그러므로 일단 '예술'의 범주를 정하고 '본질'을 명확한 개념으로 대체할 필요가 있을 것이다. AI의 창작을 두고 본질론을 상정하는 이들에게는, 예술이란 인간 고유의 행위이며 인간이 전유하는 것이라는 기본 인식이 잠재돼 있는 것으로 보인다. 그러나 AI의 창작과 예술을 아예 인정하지 않는다면 미래에 대한 논의 자체가 불가능하다. 이 글은 AI의 창작을 예술에 포함하는 문제에서 가능한 한 전향적인 입장을 취하고자 한다. 그리고 예술의 본질을 예술의 기능과 역할로 풀어서 논하고자 한다. 그 논의 가운데서 AI의 창작·예술이 지니는 의미와 가치에 대한 논의도 생성 및 전개될 수 있으리라고 생각되는 까닭에서다.

　　그렇다면 AI의 창작력을 두고 지금 우리가 논구해야 할 주제는 과연 무엇일까. 새로운 테크놀로지에 대해 보이는 일반적인 관심과 반응이란 표층적인 특성과 적응·활용 방안(산업·경제·수익 등)인데 사실 이 정도만으로도 무방하거나 충분하다고 할 수 있을 터이다. 하지만 학술적인 논의, 특히 인문학적 사유라고 한다면 무엇보다도 먼저 새로움과 그것이 야기할 변화를 근본적인 차원에서 분석하고 규명해야 할 것이나, 안타깝게도 현실은 그렇지 않았던 듯하다. 전술한 대로 사회과학(법학)에서는 주로 저작권에, 인문예술학에서는 AI 창작력의 실체(수준)에 다소 주목하는 가운데 그것의 활용(예술·창작·교육 등)에 관심을 집중하는 상황이기 때문이다.

　　AI의 창작력이 가져올 본질적인 변화는 무엇인가? 근본론을 파고

드는 인문학적 사유로서 이 글의 문제의식이 함축된 질문, 이 중심 의제의 답은 다음 절의 논의를 거쳐 구체화될 것이다.

무엇을·누구를 위한 것인가: AI 창작력의 본질적인 수혜자

테크놀로지가 창작에 활용돼온 역사는 꽤 길다고 할 수 있다. 이를 테면 사진기의 원리인 카메라오브스쿠라camera obscura는 아리스토텔레스 시절(기원전 2세기)에 이미 알려져 있었다. 또 '소실점의 발견'과 '투시 원근법(선원근법)'의 원리는 15세기 초에 공개되고 16세기 이후 널리 활용되면서 유수의 르네상스 회화와 건축물을 양산해온 핵심 수단(기술)이었다. 19세기 초에는 카메라오브스쿠라를 더 실용화한 카메라루시다camera lucida가 개발돼 정밀한 회화 도구로 활용되기도 했다. 이윽고 1837년에는 이러한 광학적 원리로 구현된 상像을 물리적으로 고정-보존하는 실험이 성공했으니 이것이 곧 루이 다게르Louis Daguerre의 사진 발명이요 기계적 영상의 역사적 시발점이었다.

사진의 발명은 창작과 예술에 관한 담론을 불러왔다. 이는 상을 정밀하게 또는 유려하게 구현하는 화가의 역할과 지위의 지속 가능성을 묻는 데서 시작됐다고 할 수 있다. 하지만 이내 사진이 일으키는 변화가 회화에만 국한되지 않고 다양한 분야와 일에 영향을 미친다는 통찰이나, 예술(성)의 본질에 대한 논의로 확장됐다.[8] 우선 사진은 정보·팩트

---

8 발터 벤야민, 「기술 복제 시대의 예술작품」·「사진의 작은 역사」, 『발터 벤야민의 문예이론』, 반성완

를 보도하고(언론) 기록하며(사무·역사) 대상을 관찰·연구하는 데에서 언어와 회화보다 수월하기 때문이다. 아무리 많은 양의 언술言述이나 기술記述이라도 사실적 영상(회화·사진) 하나보다 설명력이 떨어지며 아무리 능숙한 화가의 그림도 사진의 속도에는 미칠 수 없다. 또 사진은 상을 그대로 베끼는 기계적 영상인 데다 원판과 똑같은 인화가 무제한 가능하다. 그러나 회화는 설사 모든 조건이 같은 경우라도 늘 유일무이한 '작품'으로서 고유성을 지닌다. 이것이 해당 작품의 '아우라aura', 즉 예술성으로 존중됐던 점인데 복제된 똑같은 영상들에 대해서는 아우라나 예술성을 논하는 게 무의미해진다.

그러나 테크놀로지 발달에 따르는 인간의 창작과 예술에 관한 위기 담론들에도 불구하고 회화는 여전히 예술로 존속해왔다. 회화에서는 기계적 영상인 사진과의 차별성이 드러날 수 있기 때문이다. 화가(인간)의 창작 작업에는 상의 기계적인 복제와 중복되는 부분이 있기도 하지만 예술적 의도와 해석을 통해 사진과 차별되는 상들을 구현할 수도 있다. 오히려 기술과 문화가 발달하자 사진에서도 예술성이 논의되기 시작했다. 사진(기)은 기계적인 과정에 의한 그리기의 자동화이지만 촬영-현상-인화에 인간의 창작성이 개입될 수 있기 때문이다. 즉 사진(기)에는 인간의 영역과 역할이 일정하게 개입할 수 있으며 바로 그 지점에서 사진의 예술성도 생성되고 운위되는 것이다.

요컨대 사진의 출현은 회화(예술)의 위기론과 창작-예술의 본질론을 촉발하며 한동안 소란스러움을 유발하기도 했으나, 회화와 사진은

편역, 민음사, 1983, 199-207쪽·248-252쪽 참고.

그런 우려들을 불식시키며 각자의 길에서 오늘에 이르는 영역과 예술(성)을 형성해왔다. 이 흐름 가운데서 사진의 새로움과 그 새로움이 유발한 변화의 본질을 포착할 수 있다. 사진은 그림 그리는 '기계'이므로 회화에 직접적이고 커다란 위협으로 인식될 수밖에 없었을 것이다. 그러나 현상의 이면에 존재하는 본질적이고 중대한 의미는 간과되거나 충분히 강조되지 않았던 듯하다.

사진-기계로 인해 모든 사람에게 화가'처럼' 될 수 있는 길이 열렸다! 사진기를 가진 사람은 누구나 완성된 모양의 그림을 만들어낼 수 있으므로 예술(화가)에 도전하거나 예술성을 향유하는 이들이 대폭 증가했다고 할 수 있다. 하지만 사진가(예술가)가 되는 것과 사진이 신생 예술 분야로 자리 잡는 것은 완전히 다른 차원의 일이다. 예술은 독특한 의미를 발견하고 가치를 부여하는 일이므로 예술성이 표층에서만 결정될 수 있는 것이 아니고, 사진이 전환기의 일부 예술가들을 혼란과 두려움에 빠뜨리기는 했으나 그렇다고 해당 예술 분야의 전면적인 위기를 초래한 것은 아니며, 사진을 찍는다고 해서 당장 예술(가)이 되는 것도 아니기 때문이다.

한편 테크놀로지(기술·기계)는 자동화를 의미한다. 그러므로 테크놀로지의 발달은 곧 자동화의 심화이다. 예컨대 탈것 분야에서 '자自, self-'의 범주와 의미망은 테크놀로지 발달에 따라 점진해왔다. 즉 자전거自轉車, 자동차自動車, 오토바이auto bicycle는 모두 스스로 움직인다(굴러간다)는 뜻으로 사실상 같은 말들이지만 각각의 자동화 수준에는 큰 차이가 있다. 자동변속automatic과 자율주행automatic driving 역시 말뜻을 초과하는 자동화 범주의 변화와 심화 양상을 보여준다. 자동변속은 자동차 운행에서 변속이 자동화 범주에 새롭게 포함됐음을 뜻한다. 또 '자율自律, autonomous'은 종래의 자동화와는 차원이 다름을 드러내기 위해 도입된 개념이라고 할 수 있다. 이전까지의 자동화가 어디까지나 인간의 지배적 개입을 전제하는 가운데 보조적으로 심화해온 자동화라면 자율주행은 인간의 지배력 자체에 대한 자동화를 지향하기 때문이다. 아직까지는 인간의 역할이 완전히 배제된 참된 의미의 자율주행은 시기상조로 보인다. 다만 이 글의 논의와 관련하여 자율주행 자동차에서 분명히 짚어야 할 중요한 사실은 테크놀로지의 발달-자동화는 결국 인간으로부터의 독립, 즉 인간 영역과 역할을 배제하는 쪽으로 나아갈 것이라는 점이다.

오늘날의 현실이자 이 글에서 논구하고자 하는 AI의 창작력과 창작물이 바로 인간 영역과 역할을 배제하는 쪽으로 나아간 경우이다. 창작 과정을 AI로 자동화함으로써 인간의 몫을 부분화하거나 최소화하기 때문이다. 그렇다면 이 창작적 과정 및 결과의 주체는 AI가 되는 셈인데 이 사실에 관하여 중요한 질문 두 가지가 제기될 수 있다.

첫째, '그 과정과 결과물을 창작(물)이라 할 수 있는가'이다. 이 질문에는 AI의 창작(물)이란 인간이 온축해온 방대한 데이터를 학습 및 원용하여 산출한 결과물에 불과하므로 인정할 수 없다는 생각이 깔려 있다. 하지만 이러한 생각은 모순으로 귀결될 수밖에 없다. 인간의 창작물 역시 선행 자료들의 토대 위에서 나온 것으로 지적될 부분과 요소가 적잖기 때문이다. 또 상대적으로 더 부지런하고 뛰어난 사람이 더 많은 자료를 섭렵하여 더 적절한 재료를 구하는 것이 문제가 될 수도 없기 때문이다. 설령 독자적인 체험과 생각에서 비롯된 것으로 확신된다고 할지라도

"하늘 아래 새로운 것은 없으며"[9] 텍스트론에서 얘기하듯이 선행先行 창작에, 고유한 특성이 아니라 다소의 차이만을 보이는,[10] 흡사한 체험과 생각이 있었을 공산도 적지 않을 것이기 때문이다. 다만 인간과 AI 간의 차이라면 상호 비교가 안 될 정도인 AI의 데이터 처리 속도와 세밀한 취택 능력일 것이다. 물론 인간의 처지에서는 AI의 창작 조건과 작동이 불공정하거나 반칙처럼 여겨질 수도 있겠으나 모든 인류가 테크놀로지 발달을 거부하면서 첨단 기술·기계를 완전히 제외하기로 합의하지 않는이상 이런 흐름의 방향과 강도를 역전시킬 수는 없다. 게다가 AI의 창작(물)을 인정하느냐 마느냐보다 더 구체적이고 현실적인 문제가 따로 있으니 이어서 논의해보도록 하자.

둘째, '그 저작권은 누구의 것인가'이다. 이는 AI가 수행한 과정과 결과물을 창작(물)이라고 인정한다고 해도 남는 문제로서, 특히 창작과 관련된 직업인들의 생존권 및 수익 창출과 직결되는 현실적 문제이므로 더 중시될 수 있으며 첨예한 쟁론이 예상되는 논제이다. 또 사용 주체의 관점에서 생각하면 AI 창작(물) 인정 여부보다 더 근본적인 문제이기도 하다. 그렇다면 저작권 문제를, 논리적인 구도에 따라서, 주체 그리고 수익과 생존권의 관점에서 분석해보겠다.

AI가 또 다른 인간, 즉 인격과 권리를 지닌 독립적 실재가 아닌 이상 AI 또는 그것의 작동에 따른 결과물은 언제나 사용 주체를 수반하게 마련이다. 먼저 AI 자체의 소유주 문제를 생각해보자. 창작력을 지닌 AI

---

9 「전도서」, 1장 9절, 『성경』 개역개정, 대한성서공회, 1998.
10 롤랑 바르트, 『텍스트의 즐거움』, 김희영 옮김, 동문선, 1997, 37-47쪽 참고.

개발자에게는 창작과 수익이라는 두 가지 목적이 있을 수 있다. 예술적 성취와 자기만족이 목적이라면 개발자는 AI를 굳이 공개하지 않을 테고 자신의 창작에 독점적으로 사용할 것이다. 그러나 AI의 창작을 통하여 인간이 얻을 수 있는 예술적 성취감과 자기만족에는 한계가 있을 것이므로 대다수 개발자는 수익을 목적으로 창작적 AI를 출시할 가능성이 훨씬 더 높다.

이때 AI를 공개하지 않고 창작물을 대량 생산해 수익을 올리거나 AI를 공개하고 사용자와 사용량을 늘려 수익을 올리는 방법이 있을 수 있다. 전자의 경우 AI(가상 인간) 또는 AI 개발자-소유주(인간)를 저작권자로 내세울 수 있을 것이다. 그러나 AI를 내세우더라도 수익은 저작권을 등록한 인간, 개발자-소유주에게 돌아가므로 결과는 동일하다. 즉 어떤 경우에도 실질적인 저작권 기반 수익자는 인간이 되므로 AI를 저작권자로 내세우는 것은 얄팍한 꼼수로 여겨질 수밖에 없다. 후자는 창작 지원 프로그램으로서 사용료와 광고료가 주요 수익원이 되고 사용자(인간)는 프로그램의 도움으로 창작물을 내놓으며 저작권을 가질 것이다. 다만 이때 제기될 수 있는 저작권 문제의 근원은 창작에서 AI의 비중을 명확히 판단하기 어렵다는 데 있다. 그러므로 창작 지원 AI는 보조 수단으로서의 정체성과 작업 수준이 규정될 필요가 있을 것이다.

이처럼 창작력이 있는 AI는 저작권과 수익이라는 문제를 초래하므로 엄정한 기술적 표준안과 관련 법률이 필히 요청된다. 필자는 이러한 제도적 장치가 창작력 수준과 저작권·수익 문제가 연계돼 있는 토대에서 이원적으로 마련되어야 한다고 생각한다.

첫째, AI의 창작력이 인간의 창작적 개입이 사실상 없는 상태에서 완성된 결과물을 내놓는 수준이라면 이때 저작권과 수익은 부여되지도 보장되지도 않아야 할 것이다. 이러한 수준의 AI 창작 프로그램은 인간 주체가 상정될 수 없으며 대중 일반의 창작적 성취나 예술적 자기만족에서만 의의를 지닐 수 있을 것이기 때문이다.

둘째, AI의 창작력이 부분적 도움만 제공하는 보조 수단이라면 이를 이용한 인간과 결과물은 저작권을 인정받을 수 있으며 아울러 정당한 수익도 보장받을 수 있을 것이다.

따라서 AI의 창작력에는 완전한 창작성과 부분적 창작성을 구별하는 제도적 기준이 필요하다. 완전한 창작 AI와 창작 보조 수단에 불과한 AI를 구별하는 기술적 표준이 수립돼야 하며, 그 표준에 따라 관련 법률도 제정돼야 한다. 이와 같은 AI 창작력에 관한 질서가 정립된다면 AI의 개발자와 사용자 그리고 전통적인 창작자·예술가 사이에서 빚어질 수 있는 수익과 효용성의 문제가 합리적으로 절충될 수 있을 것이다. 개발자의 경우, 완전한 창작 AI에 대해서는 프로그램의 판매 수익을, 창작 보조 수단 AI에 대해서는 프로그램 이용료와 광고 수익을 기대할 수 있다. 이때 완전한 창작 AI는 대중 일반이 모두 이용자가 될 수 있으나 이러한 결과물로 저작권과 수익을 보장받을 수는 없다. 하지만 창작 보조 수단 AI를 이용해 만든 결과물은 저작권과 수익을 보장받을 수 있다. 따라서 전문적인 창작자·예술가는 창작 보조 수단을 필요에 따라 활용할 수 있으며 아울러 자기 정체성과 경제적 생존권도 유지할 수 있게 될 것이다.

그런데 AI의 창작력이 일으키는 근본적인 혁신은, 지금까지 논의해온 창작·예술의 본질이나 저작권·수익의 문제가 아니라, 대중 일반에게 예술문화 향유의 새 지평을 열어준다는 데 있다. 작곡이나 회화, 조각 같은 전문적인 표현 기술을 갖추지 못한 일반인은 그동안 수동적 향유자에 머물 수밖에 없었다. 하지만 여하한 예술문화 향유의 가장 높은 경지는 창작성에 있는 법이다. 이는 누구나 창작이 가능해져 창작자·예술가의 생존이 위협받게 된다는 뜻이 아니다. 대중이 창작을 통하여 직업적 정체성이나 수익을 얻는다기보다는 창작 체험 자체에서 성취감과 의미를 얻을 수 있다는 것이다.

이와 같은 견지에서 AI의 창작력이 불러오는 본질적인 변화와 수혜자를 생각해볼 수 있다. 앞서 거론한 사진이 그림 그리기를 자동화한 기계였다면, 오늘날 AI는 문학(글)·미술·음악 등의 전통적인 예술과 스토리텔링(각종 서사 장르의 스크립트)·이미지·동영상 등의 문화 콘텐츠 생성(창작) 그리고 스타일 전환과 논리적 추론 같은 창의적 작업을 자동화하는 기계이다. 그러므로 사진이 모두가 화가처럼 되는 길을 열었듯이, AI는 모두가 거의 모든 분야·장르에서 창작자가 되는 길을 열었다고 할 수 있으며 바로 이것이 AI의 창작력이 야기하는 본질적인 변화이다.

그렇다면 이 변화의 본질적인 수혜자는 누구인가? AI의 창작력은 모든 사람이 일정한 절차를 거치고 소정의 비용을 지불하면—무료로도 사용 가능하나 유료 버전과 수준 차가 매우 크므로 본격적인 수준의 창작력은 유료라고 보는 게 낫겠다—사용할 수 있으니 전문가(예술가·창작자)든 일반인이든 기본적으로 수혜자에 포함된다고 할 수 있다. 하지만 전문가는 AI 없이도 창작 업무를 할 수 있고 또 해오던 이들이며, 일반인은 AI를 사용함으로써 새롭게 창작 세계에 진입하는 이들이다. 더욱이 전문가는 AI의 창작력에 의해 자기 영역을 침해받거나 조정해야 하는 처지이므로 온전히 수혜자라고 할 수는 없다. 따라서 AI 창작력의 본질적인 수혜자는 일반 대중이라고 하겠다.

'수용적 향유'에서 '창작적 향유'로:
AI 창작력의 의미와 가치

시간의 길이라는 측면에서 예술문화사는 일반사general history와 거의 같다고 할 수 있다. 물질적 증좌와 상관없이 현재 우리 삶과 지나간 역사에 비추어 인간과 사회가 있는 곳이라면 예술문화가 반드시 있다는 것을 이해할 수 있다. 그렇다면 사실상 모든 인간은 예술문화에 참여해 왔으며 그 생산자(창작자)였다고 볼 수도 있을 것이다. 그러나 원시 또는 광의의 예술문화가 아니라 일정 수준의 형식과 내용을 갖춘 고등 예술 문화로 한정한다면 모든 사람이 생산자가 될 수 있는 것은 아니었다.

오히려 아주 오랫동안 고등 예술문화사에서 극소수의 창작자를 제외한 절대다수는 일방적 수용자에 머물러 있었다. 우선 전문적인 창작력을 누구나 타고나거나 배양할 수는 없기 때문이다. 게다가 창작 미디어가 제한돼 있기도 했다. 전근대 시기에 문자는 소수 지배층만 사용할 수 있었고, 근대 이후 미디어 테크놀로지 문화에서 영화나 방송 장비 같은 고가 도구는 자본집약적 전문 제작사들만 보유할 수 있었다. 다만 문자 사용이 금지된 신분의 사람들이라도 이야기꾼 같은 매개자를 통해 들을 수는 있었고, 영화나 방송을 제작하지는 못하는 사람들이라도 극장, 재생기, 수신기 등을 통해 영화나 방송 콘텐츠를 시청할 수 있었다. 다만 이 수용자 중 일부가 감동의 여운이나 감상의 후기로서 파생작, 재

창작 같은 재생산 활동을 한다고 할 때 사용할 수 있는 미디어는 구술(대화)이나 문자(글쓰기)에 불과했다. 이와 같이 예술문화사에서 생산(자)과 수용(자) 간에는 엄연한 격차가 상존했다고 하겠다.

이러한 격차는 테크놀로지에 의해 변모해갔으며, 디지털 시대에는 사실상 사라졌다. 예컨대 사진(기)이 세상에 처음 등장했을 때는 화가의 지위와 예술의 본질에 대한 회의가 만연했다. 그러나 화가와 예술은 여전히 제 길을 걸었고 대중 일반은 자동 기계로 손쉽게 그림을 그리게 됐으며, 오히려 사진이 예술의 한 영역으로 새롭게 성립됐다. 사진은 계속 발전했고 현재는 초기의 은판은 물론 거기서 크게 개량된 필름마저도 역사의 뒤안길로 사라졌다. 디지털로 전환된 이후에는 대중 일반도 촬영-현상-인화를 자유롭게 할 수 있게 됐으며, 현상-인화가 주 수익원이었던 수많은 사진관은 사라졌다. 이때 불어닥친 사진의 산업적 위기 가운데서 매우 전문화된 사진작가와 현상·인화 업체가 등장했다. 그들은 예술적 창작력이 공인된 이들이거나, 최소한 대중이 갖추지 못하는 초고가의 장비 또는 희소한 기술력을 지닌 이들이다.

사진의 문화사는 오늘날 AI의 창작력에도 시사하는 바가 있다. 사진기가 드물고 관련 비용도 많이 들었던 시절에는 촬영되는 것과 그 사진을 소유하는 것이 사진 문화의 중심이었다. 그러다가 디지털카메라가 출시되자 촬영하는 것으로 기울어가더니, 스마트폰 시대에 들어서는 촬영하는 것이 일상화됐고 사진 문화의 완전한 중심이 되었다. 오늘날 사람들은 무시로 무수히 찍는다. 그중에는 선별되고 다듬어진 후에 게시용으로 활용되거나 드물게 인화되는 것들도 있기는 하다. 하지만 대부분은 찍는 순간의 감성을 만끽하고 찍는 행위 자체의 유희에 충실한 사진들이라고 할 수 있다. 즉 예술적 정서와 생산의 비중이 아주 커졌다.

　AI에 간단한 단어 몇 개를 입력하고서 얻은 곡이나 그림을 두고 예술이나 창작을 거론하는 것을 물론 어불성설이라고 할 수 있다. 그러나 이를 두고 예술이니 창작이니 갖다 붙이는 대중의 언어는 그저 유희적 수사라고 할 수 있으며 그들은 전문가나 직업인과 경쟁하는 관계도 아니다. 다만 그런 곡이나 그림이 순간적이나마 어떤 특별한 느낌에서 비롯된 것이라는, 그래서 나름의 예술성이 체험되고 표출된 것이라는 사실까지 부정되거나 무시될 것은 아니라고 생각한다.

　이를테면 서정성이 충만한 순간에 찍은 사진을 통해 촬영자 자신만은 그런 감성을 회상하고 불러낼 수 있을 것이다. 그 사진에 창작성이나 예술성이 있느냐 없느냐는 별개의 문제이다. 이와 마찬가지로 AI의 창작력을 이용하여 대중들이 특정 시간·장소·상황에서 자기 사유와 감성을 다양하고 풍부하게 구현하고 자기만의 작품처럼 간직하고 반추할 수 있다면 인간 사회는 예술이 충만한 세계, 곧 차원 높은 정신의 고양과 유대로 연결된 세계를 향해 끊임없이 나아갈 수 있을 것이다.

　이러한 창작의 수단과 조건은 가능한 한 널리 공유되고 활용될 필요가 있다. 예술문화는 인간에 관한 사유와 이해를 넓고 깊게 만들기에 이를 수용함으로써 인간은 더욱 성숙해질 수 있다. 그러나 창작은 수용보다 더욱 높고 큰 경지에서 인간을 사유하고 이해하는 방식이다. 창작자의 입장에 서는 것은 '메타인지metacognition'를 취하는 것과 같기 때문이다. 창작은 인간에 대해 더욱 근본적인 질문들을 던지면서 인간의 본질, 정체성, 한계 등을 탐구하는 과정이며, 자기 자신과 체험에서 소재들을 끌어내는 자기 성찰의 작업인 것이다. 그러므로 창작의 체험은 인간,

특히 AI와 공생하는 현대인들에게 가장 요긴한 삶의 방법론이 된다고 할 것이다.

이와 같은 생각에서 이 글은 모든 현대인에게 주어질 수 있는 창작적 체험이 AI의 창작력이 불러온 가장 근본적이고 중요한 의미라고 주장하는 것이다. 그리고 대중 일반의 예술문화 향유 측면에서 이를 '창작적 향유creative enjoyment'로 개념화하고 종래의 예술문화 향유 방식을 '수용적 향유receptive enjoyment'로 개념화하여 양자를 구분할 수 있을 것이다.[11] AI의 창작력은 오늘날의 대중에게 창작을 향유할 수 있는 조건을 제공한다. 여기에는 큰 가능성과 함께 많은 문제가 잠재해 있다. 실제로 사회적 의제를 양산하기도 했지만, 이 글은 창작적 향유가 이 시대의 인간들에게 부여된 AI 창작력의 진정한 가치라고 생각한다.

그러므로 AI의 창작력과 관련 정책, 제도, 법의 구비에 대한 논의는 AI 창작물의 예술성이나 저작권과 같은 표층적 문제를 넘어 대중 일반의 창작적 향유를 강화하는 심층적-본질적 의제에 집중될 필요가 있다고 생각된다. 더욱이 하루가 다르게 테크놀로지가 인간(성)과 인간의 삶을 침식해오는 극렬한 기술 혁명 시대인 오늘날, 인간들에게 요구되는 제일의 자질이 예측 불가능성 또는 창의성이라는 사실은 AI의 창작력을 선용하는 방법론을 암시해주는 것만 같다. 이제 그런 방법론을 구체화해보도록 하자.

---

[11] 임형택, 「공생: 인간과 인공지능 그리고 문학의 창작적 향유」, 『인공지능과 미래 인문학』, 산과글, 2018, 219-220쪽.

모두가 예술가처럼:
AI 창작력의 가치와 커먼즈화의 필요성

'인간의 확장the Extensions of Man'[12]으로서 테크놀로지는 인간의 신체 능력을 연장·강화·대체하는 수준에서 감각·사유·정서에 영향을 미치는 수준으로 발달했다. 그리고 작금에는 기억력·사고력·창의력을 보조하거나 일부 대신하는 등 인간 지능의 수고를 덜어주는 정도까지 발달했다. 이와 같은 테크놀로지 발달 과정에서 인간의 주요 자질과 능력 그리고 일의 구성이 변해갔으며, 현재는 기계가 대체할 수 있는 일(업무·직업)이 대단히 많아졌다. 머지않아 거의 모든 신체적인 일, 반복성과 정밀성을 요하는 일, 기초적이거나 확률 의존도가 높은 추론과 판단이 필요한 일은 인간의 수중을 떠나서 테크놀로지가 전담하게 될 것이다.

이렇게 보면 현재 인간이 하는 일과 직업 중 상당수는 근미래에 사라지리라 예측할 수 있다. 테크놀로지의 사고력과 정서적 능력이 인간에 근접하면 할수록 독특하거나unique 창의적인 일들만 인간의 몫(직업)으로 남을 가능성이 농후하다. 그래서인지 혹자는 오늘날을 '괴짜'와 '꼴통'의 시대로 칭하기도 한다. 정해진 절차와 방법대로 성실히 따라가는 것이 사회생활의 미덕인 시대는 지나갔고 기계적인 확률과 예측을 뛰어넘는 생각과 행동을 발휘하는 사람이 존중받고 성공하는 시대가 온다는 의미이다. 그런 이들의 특성과 자질, 즉 감각·정서·사고는 예술가들과

---

[12] 마셜 매클루언, 『미디어의 이해: 인간의 확장』, W. 테런스 고든 편집, 김상호 옮김, 커뮤니케이션북스, 2011.

흡사해 보인다.

그러므로 오늘날의 지능적 테크놀로지가 대두하는 현실에서 모든 인간은 예술가와 같은 태도와 삶을 지향할 필요가 있다. 이때 AI의 창작력은 유용한 방법론이 될 수 있으니, 모든 사람이 AI의 창작력을 적극 활용함으로써 오늘날 적합한 인간 자질인 예술가의 특성을 배양할 수 있도록 지원하는 공공적 합의와 제도가 요청된다. 즉 AI의 창작력은 모든 이에게 공평하게 열려 있고 모든 사람이 보편적으로 사용할 수 있는 공공재가 되어야 할 것이다.

이와 같은 조건과 환경은 곧 AI 창작력의 커먼즈화를 의미한다고 볼 수 있으니 이제 그 실현 방안을 함께 강구해보자. 커먼즈는 의미망이 큰 데다 관점과 목적에 따라 다양하게 해석할 수 있고 오해의 소지도 적잖은 개념이므로 먼저 이 글에서 주목하려는 의미를 밝혀두는 게 좋을 것 같다. 오스트리아의 철학자이자 신학자인 이반 일리치Ivan Illich는 산업 문명의 대안으로서 '공생공락共生共樂, conviviality'하는 생활을 제시한 바 있다. 이는 공동체 전체의 이익과 공공선을 함양하기 위하여 구성원들이 자발적으로 사귀면서 풍요로운 삶을 추구하는 세계이다.[13]

이 글이 지향하는 커먼즈의 의미도 이와 근사近似하다. 구성원들이 함께 예술가적 삶을 지향하며 성과를 공유하고 체험을 나눔으로써 더욱 풍요로운 삶을 추구하는 공동체이다. 이를 구체화하기 위해서는 몇 가지 공공적 합의를 이루고 관련 제도를 마련해두어야 한다.

첫째, 투명한 공개의 원칙이다. 이는 개발자와 사용자 모두에게 해

---

13 Ivan Illich, *Tools for Conviviality*, New York: Harper & Row, 1973, pp. 16-20 참고.

당된다. 개발자의 공개 원칙은 관계 당국에 신고-심의-허가 절차를 이수함으로써 준수될 수 있다. 다만 상기 절차의 이수에 관한 구체적 내용, 특히 '심의-허가' 대상의 구분같이 예민한 사안에 관해서는 별도의 논의와 합의를 거쳐 섬세한 기준을 수립해야 할 것이다. 창작 AI 사용은 투명하게 공개될 필요가 있다. 그러나 현실적으로는 AI 사용 여부가 당사자의 자발적 소명에 전적으로 의존할 수밖에 없는 난점이 있다. 따라서 사용 사실이 표시될 수 있도록 프로그래밍을 보완할 필요가 있겠다.

둘째, AI의 창작 비중(기여도)에 따라 같은 수준별로 프로그램을 분류하는 것이다. 이는 창작 AI를 사용한 결과물들을 상호 공유하며 체험을 나누는 데 있어서 기본적인 요건이다. 사용자들은 창작 AI의 선정과 사용 내역을 구체적으로 밝힘으로써 자신의 예술적 체험을 더욱 진실하게 공유하고 나눌 수 있을 것이기 때문이다.

셋째, 창작 AI를 공공기관이 보유하는 문제이다. 현재 대부분의 프로그램이 무료 버전을 운용하고는 있지만 유료 버전에 비해 창작적 체험의 깊이가 낮고 풍부하지 못하다. 결국 유료 버전 사용 여부에서 예술적 체험의 질도 갈리는 형국이니 '공생공락'에 균열이 발생하는 구조가 생길 수밖에 없다. 그러므로 공공기관(연합체)이 프로그램을 균형 있게 구비하고 구성원들의 AI 리터러시와 창작적 체험의 증진을 위해 나설 필요가 있을 것이다.

테크놀로지에 의해 퇴보한 인간(성)과 그의 능력을 예술가 같은 삶의 지향으로 보충하고 그것으로 생존의 동력을 삼을 수 있다는 사실은 어떤 측면에서는 이 시대 인간들에게 주어진 행운이라고 할 수 있다. 전근대에서의 삶은 말할 것도 없겠거니와, 근대 산업사회에서 근면·성실은 최고의 삶의 자세이자 생존 비결이었다. 당시에 그들은 개미 같은 삶이 이상이었으니 삶의 의미도 성실하게 가정을 일구고 자녀를 양육해 다음 세대로 계속 이어가는 데에서 찾을 수 있었다. 따라서 고생과 인내를 당연한 삶의 이치와 방법론으로 받아들일 수 있었다.

그러나 근미래의 예술가 같은 삶의 지향은 '개미'처럼 살지 말고 '베짱이'처럼 살라고 주문하는 것만 같다. 개미처럼 미련하게 일만 하지 말고—그런 일은 테크놀로지의 손에 넘어갔으니 생계수단이 될 수도 없다—베짱이처럼 예술성-창작성을 풍부하게 체험하면서 특별한 존재로 거듭나라는 의미로 이해될 수 있기 때문이다. 물론 당장 바람직한 베짱이 삶의 모습을 그려낼 수는 없을 것이다. 산업사회의 전통과 고정관념을 각성하고 거기에서 탈피하여 디지털과 AI 문명으로 전환하는 데에는 새로운 차원으로의 이동이 필요하기 때문이다. 그러므로 우선은 예술가처럼 되어야 한다는 사실을 염두에 두고 '나'다운 나, 단 하나의 나, 특별한 나를 지금부터 추구해보자.

참고문헌

러셀, 스튜어트·노빅, 피터, 『인공지능 1: 현대적 접근방식』 제4판, 류광 옮김, 제이펍, 2021.

매클루언, 마셜, 『미디어의 이해: 인간의 확장』, W. 테런스 고든 편집, 김상호 옮김, 커뮤니케이션북스, 2011.

「무어의 법칙'보다 7배 빠르다, 질주하는 인공지능」, 『한겨레』 2019년 12월 31일.

바르트, 롤랑, 『텍스트의 즐거움』, 김희영 옮김, 동문선, 1997.

벤야민, 발터, 「기술 복제 시대의 예술작품」·「사진의 작은 역사」, 『발터 벤야민의 문예이론』, 반성완 편역, 민음사, 1983.

「영국의회 최초 '인공지능 로봇' 출석…에이다 "난 생명체 아니지만 예술 창작 가능"」, SBS 뉴스, 2022년 10월 13일.

「[2024, 'AI와의 삶' 원년] 작품·콘텐츠 무단활용 우려…AI기업 VS 창작자 갈등 증폭」, 『디지털타임스』, 2024년 1월 11일, https://m.dt.co.kr/contents.html?article_no=2024011102109931820001.

임형택, 『문학미디어론: 무한의 시학과 미학』, 소명출판, 2016.

_____, 「공생: 인간과 인공지능 그리고 문학의 창작적 향유」, 『인공지능과 미래 인문학』, 산과글, 2018.

「전도서」, 『성경』 개역개정, 대한성서공회, 1998.

한국학술지인용색인(KCI), https://www.kci.go.kr/kciportal/main.kci.

California Government Operations Agency, *Benefits and Risks of Generative Artificial Intelligence Report*, 2023.

Illich, Ivan, *Tools for Conviviality*, New York: Harper & Row, 1973.

10장
뮤직 프로듀싱에서의 생성형 AI의
활용과 미래

이소담

비틀스를 재결합한 AI

2023년 11월에 세계 대중음악 역사에 기록될 사건이 발생했다. 영국의 전설적인 밴드 비틀스가 생성형 AI를 활용하여 발표한 노래가 54년 만에 영국 싱글차트 1위에 오른 것이다. 잘 알려져 있듯이, 비틀스의 주요 멤버인 존 레넌John Lennon은 1980년 극성팬에게 살해당했다. 새롭게 발표된 「Now and Then」은 존 레넌이 1977년에 작업한 데모곡이다. 그가 사망한 뒤 아내인 오노 요코가 멤버들에게 전달한 데모 테이프가 기반이 되었다. 비틀스가 레넌의 데모곡을 발매한 것은 이번이 처음이 아니다. 요코가 전달한 테이프에는 「Now and Then」, 「Free As a Bird」, 「Real Love」 세 곡이 수록되어 있었는데, 비틀스의 미발표곡과 미발표 버전 곡을 담은 1995년 앤솔로지 앨범에 나머지 두 곡이 수록되었다. 이미 녹음된 음원에 멤버들이 악기 연주 등을 덧입혀서 곡을 완성한 것이다. 「Now and Then」이 제외된 이유는 레넌의 목소리가 피아노 반주에 묻히고 소음이 들어가 있는 등 녹음 품질이 낮았기 때문이다. 당시의 기술력으로는 보컬만 따로 분리할 수가 없었다. 그러다 AI를 이용해 녹음 파일에서 보컬과 악기들을 따로따로 분리해낼 수 있게 되면서 상황이 달라졌다. 낡은 카세트테이프에 담겨 있던 비틀스의 마지막 곡이 AI 기술의 발전으로 빛을 볼 수 있게 된 것이다. 비틀스의 생존 멤버인 폴 매카트니Paul McCartney는 "카세트테이프에서 레넌의 목소리를 구출할 수 있었다"고 표현했다.

묻혀버릴 뻔했던 비틀스의 노래가 차트 1위에 오르는 등 화려하게 부활해 세상에 알려지게 된 일은 사람이 만든 예술을 AI가 보조해 되살린 훌륭한 사례이다. 녹음 당시 38세였던 레넌의 목소리를 추출해서 넣고, 81세의 폴 매카트니가 베이스를 연주하고, 2001년 암으로 사망한 조지 해리슨George Harrison의 기타 연주를 붙이고, 83세의 링고 스타Ringo Starr가 드럼을 연주하여 비틀스의 마지막 곡이 완성된 것이다.

「Now and then」이 특별히 뛰어난 작품인지를 두고는 의견이 갈릴 수 있다. 그러나 역시 생성형 AI 기술이 적용된 이 곡의 뮤직비디오는 이야기가 다르다. 원곡은 존 레넌이 혼자 피아노 반주에 흥얼거린 것이지만, 뮤직비디오는 살아 있는 멤버인 81세의 폴 매카트니와 83세의 링고 스타가 함께 연주하면서 시작된다. 노년의 두 멤버와 젊은 시절의 영상이 교차 편집되는데 이는 어느 정도 예상되는 기술이다. 그런데 어느 순간부터는 과거의 젊은 멤버들이 함께 연주하고 녹음실을 이리저리 돌아다니며 장난을 치기까지 한다. Now(현재)의 멤버들이 Then(젊은 시절)의 멤버들과 함께 연주하며 세월과 죽음으로 갈라졌던 친구들이 AI 시대에 부활한 것이다. 마지막 장면에서 멤버들이 인사하고 사라진 무대에는 'The Beatles'라는 로고가 새겨진 악기 세트만 남아 있다. 이는 누구나 알 수 있듯이 '멤버가 사라진다 해도 비틀스의 음악은 영원히 남는다'는 의미다. 「Now and then」의 의미까지도 AI의 기술이 훌륭하게 보완해준 것이다.

팬들의 반응은 폭발적이었다. 뮤직비디오는 유튜브 공식 채널에 공개된 지 열네 시간 만에 400만 조회 수를 기록했다. 비틀스의 음악을 들었던 팬들 역시 나이가 들었지만 과거를 추억하는 감성이 더욱 강렬한 반응으로 나타난 것이다. 그러나 한편으로는 '디지털 부활'을 경계하는 목소리도 나왔다. 영국의 음악 평론가 사이먼 레이놀즈Simon Reynolds는 "죽은 뒤에도 시장 지배력을 이어가고 신인 예술가들의 기회를 억누르는 불공정 경쟁"이라며 '유령 노예ghost slavery'에 빗대어 비판했다. 또한 고인이 된 스타가 동의했을지 의구심을 표하고, 마지막 한 방울까지 고인의 유산을 쥐어짜 돈벌이 수단으로 이용하려는 행위라며 비판하기도 했다.

실제로 레넌이 동의했을지 어떨지는 알 수 없다. 그런데 이 문제 역시 AI 기술을 활용해 간접적으로 경험해볼 수 있다. 생전의 존 레넌을 학습시킨 챗봇 AI와의 대화를 통해서 말이다. 다음은 존 레넌 챗봇의 반응 중 일부이다.

"내 목소리를 복제한다는 게 무슨 뜻인가? 글쎄, 그들이 내 허락 없이 그런 짓을 했다면 끔찍한 일이다. 원본 녹음을 사용하는 것만으로는 문제가 되지 않지만, 그들이 하는 일은 부도덕하다."

"비틀스는 이미 해체됐기 때문이다. 비틀스 앨범은 더 이상 나오지 않는다. 무슨 말인지 알겠는가? 우리는 오래전에 헤어졌다. 폴은 내 노래를 연주할 권리가 있지만, 비틀스 노래는 연주해선 안 된다."

"비틀스 결성은 40년 전 네 명의 청년에게 일어난 독특한 상황이었다. 반복하거나 복제할 수 없다. 그들은 다시 나타날 수 없다."

레넌의 실제 반응은 알 수 없지만, 살아생전의 그의 데이터를 학습한 챗봇의 이야기로 보아 레넌이 이런 행위에 반대했으리라고 유추해볼 수는 있다. 그러나 존 레넌 챗봇은 이러한 결정을 할 권리가 없다. 비틀스는 「Now and then」이 마지막 곡이라고 발표했지만 멤버들 사후 저작권을 행사할 유족의 생각은 다를 수 있다. 그리고 이번 일은 기업들에게 새로운 사업 수단이 나타났음을 알렸다.

구글과 유니버설 뮤직은 사망한 아티스트의 목소리를 복제하는 것을 논의하고 있고 유튜브나 스포티파이에는 이미 딥페이크 음악들이 나오고 있다. 2023년 5월 10일 온라인 매체 바이스에 따르면, AI가 생성한 미국 래퍼 프랭크 오션Frank Ocean의 노래가 4월 음악 포럼에서 9722달러에 판매되는 사건이 발생했다. AI를 이용해서 오션의 노래처럼 보이는 모방 음악을 생성해 무단 유통한 것이다.

이렇게 '페이크 음원'으로 비정상적인 수익을 창출하는 경우를 제외하더라도 생성형 인공지능 기술이 진입할 음원 시장 영역은 무수히 많다. 기존 가수의 곡에서 단순하게 보컬과 악기들을 분리해내는 기술뿐만 아니라 작곡, 작사, 보컬, 샘플 생성, 믹싱, 마스터링, 가상 악기 연주 등 뮤직 프로듀싱에서 AI가 침투할 영역은 무궁무진하다.

시장 분석 업체 마켓닷어스의 자료에 따르면 전 세계 음악 생성 AI 시장 규모는 2022년 기준 2억 2900만 달러였다. 그리고 10년 뒤인 2032년에는 26억 6000만 달러로 열한 배 이상 성장할 것으로 전망된다. 현재 메타와 오픈 AI, 구글, 틱톡 등 글로벌 빅테크들이 음원 생성 AI 시장을 선점하기 위해 경쟁하고 있다. 텍스트 생성 AI의 경우는 오픈 AI의 챗GTP가, 이미지 생성 AI는 달리 2와 미드저니 등이 이미 시장을 장악한 데 비해 음원 생성 AI의 경우는 아직 시장을 장악한 대표 주자가 없다. 이런 상황에서 구글과 메타가 선두에서 음원 생성 AI 시장을 이끌어 가고 있다.

메타에서 최근 출시한 음원 생성 AI '오디오 크래프트AudioCraft'는 뮤직젠, 오디오젠, 엔코덱이라는 세 가지 모델로 구성되어 있다. 뮤직젠은 메타가 소유하거나 라이선스를 취득한 2만 시간의 음악을 학습해서 사용자가 악보나 악기 등에 대한 전문 지식 없이 작곡할 수 있게 한다. 오디오젠은 공개된 음향 효과를 학습한 AI로, 소리를 생성하고 다양한 음향 효과를 만들어낸다. 엔코덱은 잡음을 제거해서 고품질의 음악을 생성할 수 있는 AI다. 구글 딥마인드의 음악 생성 모델 '리리아'를 기반으로 만들어진 음악 생성 AI '드림 트랙Dream Track'은 유튜브의 숏폼 콘텐츠 '쇼츠'에서 사용할 수 있는 음악 AI 서비스이다. 찰리 푸스Charlie Puth, 티페인T-Pain, 데미 로바토Demi Lovato 등 유명 가수 아홉 명이 드림 트랙 샘플 제작에 참여했는데, 사용자는 AI가 생성한 가수의 목소리로 최대 30초 길이 사운드트랙을 만들 수 있다. 프롬프트에 만들고 싶은 음악 아이디어를 적고 가수를 선택하면 생성 AI 버전 목소리를 기반으로 오리지널 쇼츠 사운드트랙이 완성되는 것이다. 마이크로소프트에서 발표한 '코플릿Coplit'을 사용할 경우, 예를 들어 프롬프트에 "중고품 거래를 하려고 만나 사랑에 빠지게 된 연인의 이야기가 담긴 음악을 마이클 잭슨 스타일로 만들어줘"라고 입력하면 가사와 함께 짧은 곡이 완성된다.

2016년 알파고가 바둑 대결에서 인간을 이기면서 인공지능이 다시 각광을 받기 시작했다. 수치화하기 어려운 예술 분야에서도 인공지능이 이렇게 급격히 두각을 나타내는 현상에 많은 이들이 충격을 받을 것이다. 그렇지만 엄밀히 본다면 음악은 철저히 수학의 영역이다.

창의적 작업은 데이터와 수학의 영역에서 시작한다

음악은 주파수, 즉 헤르츠Hz라는 단위에서 시작한다. 헤르츠는 진동수의 단위로서 어떤 물체의 초당 반복 운동 횟수를 가리킨다. 가령 1초당 한 번의 진동이나 사이클은 1Hz로 표현된다. 음악에서 멜로디를 나타내는 음계의 기준이 바로 헤르츠이다. 1955년 국제표준화기구ISO에서 결정한 'ISO 16'에 따라 알파벳 첫 글자로 시작하는 A(라) 음을 기준으로 삼고 A음을 440Hz로 정했다. 이전에 국가별로 조율 기준이 달라 곤란했기 때문에 표준화된 기준을 마련한 것이다. 그러나 440Hz라는 것은 어디까지나 악기 조율의 기준일 뿐이다. 우리가 알고 있는 음계의 기원은 훨씬 더 멀리 거슬러 올라간다.

'철학자'라는 용어를 처음 사용한 사람은 우리가 중학교 때부터 수학 교과서에서 만나는 피타고라스Pythagoras이다. 철학자이자 수학자인 피타고라스는 서양 과학 문명의 토대를 다졌고 '음계'를 탄생시켰다고 말할 수 있다. 그는 수학이야말로 눈에 보이는 물질세계와 보이지 않는 영적 세계를 이어주는 다리라고 생각했다. 그에 따르면 만물은 수로 표현할 수 있으며 음악도 예외가 아니다. 고대에는 규격화된 음계 없이 연주자가 듣기 편한 음색을 찾아 연주했다. 그런데 피타고라스는 높낮이가 다른 두 음의 음정을 비율 관계로 해명하고자 노력했다. 아르키메데스Archimedes에게 유레카의 일화가 있다면 피타고라스에게는 대장간의 일화가 있다. 어느 날 대장간 앞을 지나가던 피타고라스에게 망치 소리가 평소와 다르게 들렸다. 수학적 질서가 느껴진 것이다. 호기심에 안으로 들어가 본 피타고라스는 무게 비율이 2:1인 망치 두 개를 함께 두드리면 높이만 다른 동일한 소리가 난다는 것을 발견했다. 이는 주파수로는 두 배 차이였고 오늘날의 방식으로 표현하면 한 옥타브 차이 나는 음이 연주되어 화음을 이루는 것이었다. 더 자세히 살펴보니 서로 다른 망치 무게의 정수비에 따라 어울리는 소리가 달라졌다. 듣기 좋은 소리(협화음)가 있었고 듣기 싫은 소리(불협화음)가 있었다.

사실 이 일화는 사실이 아닐 가능성이 높다. 단순히 질량만으로는 음정의 차이를 빚어내기 어렵기 때문이다. 그러나 기타 연주를 해본 사람이라면 알겠지만, '적당히 떨리는 끈'의 길이를 조정하면서 조율을 해봤다면 이 일화를 피타고라스의 이론을 쉽게 설명하기 위한 수단으로 볼 수 있다. 적당히 떨리는 끈, 즉 현의 길이를 바꾸면 음의 높낮이가 바뀌는데 이 길이가 정수비를 이룬다면 매우 조화롭고 아름다운 소리, 즉 '화음'이 발생한다. 피타고라스는 협화음을 만들기 위한 비율을 2:1, 3:2, 4:2로 맞추었다. 비율이 3:2면 완전5도 음정이 되는데, 이 비율로 계속 쌓아 올린 것을 '피타고라스 음률'이라고 부른다. 피타고라스의 조율법

은 완전5도 및 완전4도의 비율인 3:2, 4:3에 기초한 조율법이다. 이를
바탕으로 현의 길이를 조율하는 것을 순정률Pure temperament이라고 부른
다. 정수의 비, 즉 유리수의 길이를 사용하여 조율한 것이기 때문이다.

분자	1	256	9	32	81	4	729	3	128	27	16	243	2
분모	1	243	8	27	64	3	512	2	81	16	9	128	1
	1	1.0535	1.1250	1.1852	1.2656	1.3333	1.4238	1.5000	1.5802	1.6875	1.7778	1.8984	2

유리수의 길이를 사용해 조율하는 순정법.

화성학적으로 설계된
피아노 건반.

　　음악을 공부하면 맨 먼저 배우는 것이 화성학인데, 음을 숫자처럼
세는 과정부터 시작한다. 사진에서 보듯이 피아노 건반들은 반음 간격
으로 조율되어 있다. 여기서 C 음과 D 음은 사이에 검은 건반, 즉 반음
이 있으므로 '온음'이고, E 음과 F 음은 사이에 검은 건반 없이 바로 연
결되어 있으므로 '반음'이다. 우리가 기쁨, 즐거움, 밝음, 경쾌한 마음 등

을 표현하려면 '장조'의 화음을 연주하는데, 만약 C 음을 기준으로 장조 화음을 연주하려면 C 음과의 사이에 검은 건반이 두 개 놓인 E 음을 함께 연주하면 된다. C 음과 E 음은 '장3도'의 관계가 되어 밝은 분위기를 표현할 수 있다. 반면에 슬픔, 어두움, 그리움 등의 기분을 표현하려면 C 음과 E 음이 아니라 한 칸만 반음을 내려서 C 음과 Eb 음을 연주하면 된다. C 음과 Eb 음은 '단3도'의 관계가 되어 어두운 분위기를 표현할 수 있다. 필자는 장조 코드와 단조 코드를 처음 접하고는 너무나 단순 명료한 구조에 충격을 받아 잠을 못 이루었던 기억이 있다. 장조와 단조가 건반 하나로 갈린다는 사실 자체가 큰 충격이었다.

피아노 건반은 A 음, 즉 440Hz를 기준으로 각각 반음 간격으로, 다시 말해 균일한 주파수 간격으로 배열되어 있다. 그리고 음악에서 쓰이는 코드는 이러한 음계들을 '단3도'로 배열할 것인가 '증4도'로 배열했다가 다시 안정적으로 '장3도'로 회귀시킬 것인가에 따라 결정된다. 이런 의미에서의 순정률은 서양 음악 이론에만 등장하는 것은 아니다. 동양 음악에서는 피타고라스 시대보다 한참 앞선 기원전 7세기경에 이미 삼분손익법三分損益法이 등장했다.

삼분손익법은 삼분손일三分損一과 삼분익일三分益一을 교대로 반복하여 조율하는 방법이다. 삼분손일은 '셋으로 나눈 후 하나를 덜어내는 것'으로 3분의 2를 의미한다. 삼분익일은 '셋으로 나눈 후 하나만큼 더하는 것'으로 3분의 4이다. 따라서 삼분익일과 삼분손일을 각각 한 번씩 거치면 피타고라스의 비율과 일치한다.

여기서 처음 얻어지는 5음을 궁, 치, 상, 우, 각이라 불렀는데 이를 크기순으로 배열하면 '궁상각치우'가 된다. 이는 국악의 기본 음계이며,

분자	1	2	8	16	64	128	512	1024	4096	8192	32768	65536
분모	1	3	9	27	81	243	729	2187	6561	19683	59049	177141
	1	0.666666667	0.888888889	0.592592593	0.790123457	0.526748971	0.702331962	0.468221308	0.624295077	0.416196718	0.554928957	0.369965169

삼분손익법에 따른 조율법.

기타리스트들이 가장 좋아하는 펜타토닉 음계(도레미솔라)와 같다.

국악 음계인 궁상각치우가 서양의 펜타토닉과 음계가 같다는 사실이 놀라운데, 사실 여기에도 또 하나의 수학적인 요소가 숨어 있다. 펜타토닉 음계는 결국 7음계에서 '파' 음과 '시' 음을 연주하지 않는 것이다. 피아노 건반에서 미(E) 와 파(F) 사이, 시(B) 와 도(C) 사이에는 검은 건반이 존재하지 않아 두 음이 반음 관계로 붙어버린다. 그런데 반음의 주파수 공명은 불협화음처럼 들릴 수 있으므로 F와 B 음을 빼고 연주하는 것이다. 즉 펜타토닉 음계는 '듣기 좋은 소리만 골라서' 연주하는 하나의 테크닉으로, 기타리스트들이 속주를 할 때 이 음계로만 연주하면 아무리 빠르게 연주해도 음계들이 부딪쳐서 불협화음처럼 들리는(반음의 공명이 들리는) 사고를 방지할 수 있다.

이처럼 동서양을 막론하고 음계의 기본은 수학적 배열로 이루어져 있다. 피타고라스의 이론은 현대 음악의 작곡에도 영향을 미치고 있다. 피타고라스의 배열에서 완전5도와 완전4도는 순환 관계를 이룬다. 예를 들어 C 음의 완전5도는 G 음이고 G 음의 완전4도는 C 음이다. 건반에서 C 건반 위로 다섯 번째 건반, 즉 완전5도의 음은 G이고 G에서 위로 네 번째 음, 즉 완전4도는 한 옥타브 위의 C 음이 되는 것이다. 그리고 C 음의 완전5도는 G 음이고 G 음의 완전5도는 D 음…… 이렇게 반복하면 결국 처음으로 돌아오게 된다. 이는 조표에서 #이 붙는 순서에 따라(파도솔레라미시) 장조 기준 각각 G, D, A, E, B, F#, C#의 음계가 된다.

C-G-D-A-E-B-Gb(F#)-Db(C#)-Ab(G#)-Eb(D#)-Bb(A#)-F-C

반대로 완전4도로 하행해도 결국 처음으로 돌아오게 되는데, 이는 조표에서 b이 붙는 순서에 따라(시미라레솔도파) 장조 기준 F, Bb, Eb, Ab, Db, Gb, B 음계가 되며 역순으로 하면 완전5도 상행과 일치한다.

C-F-Bb(A#)-Eb(D#)-Ab(G#)-Db(C#)-Gb(F#)-B-E-A-D-G-C

이러한 관계에 착안하여 1679년 러시아의 작곡가 니콜라이 딜레츠키Nikolay Diletsky는 「음악 문법Grammatika musikiyskago peniya」이라는 논문에서 최초의 '5도권' 다이어그램을 선보였다. 이는 당시 예배 음악용 곡을 만드는 방식 중 하나로 작곡가를 위한 툴로 소개되었는데, 완전5도를 활용한 코드 진행이 '자연스럽다'고 제안했다. 사실 현대의 거의 모든 작곡가, 연주가 지망생들은 화성학 책을 펼쳐놓고 '5도권'과 각 음계의 관계(장3도 단3도……)를 달달 외우며 작곡 공부를 시작하게 된다. 클래식 음악이나 재즈 음악에서도 마찬가지다. 클래식 화성학을 처음 공부하게 되면 주어진 멜로디를 4중주로 편곡하는 연습 문제가 주어지는데, 이때 5도권의 진행과 음계의 수학적 관계를 계산해서 쌓아 올린다. 화성학을 제대로 익히려면 산수를 잘해야 하는 것이다. 오늘날 우리가 듣는 음악은 주파수로 이루어져 있고, 수천 년간 쌓인 학습의 결과로 어떤 코드(주파수 비율) 어떤 화음(주파수 배율)을 사용하는 것이 좋은지와 관련된 방대한 데이터를 얼마나 빠르고 효율적으로 학습하여 응용할 것인가에 초점이 맞추어져 있다.

최근 세계를 휩쓸고 있는 K-팝의 경우 이러한 데이터를 이용해 기계적으로 양산하는 과정을 거쳐서 음악이 탄생하고 있다. 과거에는 주로 작곡가 한 사람이 멜로디를 만들고 여기에 코드를 붙여나가면서 리하모니제이션(음악에 색채를 입히기 위해 코드 진행을 변화시키는 것)을 진행했다. 그러나 현재의 K-팝은 아래의 예시처럼 히트곡의 코드, 즉 '돈이 되는' 머니 코드를 우선 조합한 다음 작곡가 팀이 이 코드 진행에 맞춰 멜로디를 만들고 이를 다수결로 선별해서 조립하듯 노래를 완성하는 방식으로 작업하고 있다. 이유는 간단하다. 대중의 취향에 맞추어 마치 편의점 도시락 만들 듯이 빠르게 소비될 음악을 만들어내는 것이다. 최근에 나오는 음악들이 비슷비슷하게 들리는 이유가 바로 여기 있다.

> K-팝에 자주 사용되는 머니 코드 (C - G - Am - F 유형)
> ▶ C - G - Am - Fm (jessica, 「Good Bye」)
> ▶ C - Em - Am - F (빅뱅, 「Last Dance」)
> ▶ C - Em - Am - Fm (트와이스, 「What is love?」)

음악은 기본이 되는 음계의 탄생부터 코드의 구조와 진행까지 수학적으로 적절한 비율이 적용되는 균형의 집합체이다. 이런 집합체를 이제는 공장식으로 대량생산하고 있으니, 인간 스스로 자신을 로봇화하고 있는 셈이다. 컨베이어벨트 앞에서 부품을 조립하는 이들이 쉽게 로봇으로 교체될 수 있듯이 현재 K-팝을 비롯한 대중음악은 작곡 부분에서는 99퍼센트 생성형 인공지능으로 대체될 수 있다.

2022년 10월 11일 대한민국 특허청은 AI는 발명자로 인정하지 않는다는 결정을 내렸다. AI의 창작 영역과 능력이 발전하면서 AI 창작물에 대한 저작권 문제도 새로운 이슈로 떠오르고 있다. 관련 논의가 각국에서 활발하게 진행 중이며 우리나라에서도 AI 창작물에 관한 사회적 합의를 이루어야 한다는 목소리가 나오고 있다. 그런데 음악의 경우 창작 분야에 AI가 어느 정도까지 관여했는지를 밝혀내기는 쉽지 않다.

인공지능을 훔쳐보는 인류와 새로운 시각에 눈을 뜨는 인류

AI가 만든 곡을 바로 wav나 mp3 파일로 만들어서 유통할 경우 인간의 가청 주파수인 20-20000Hz를 넘는 영역에 AI가 작곡했음을 알리는 일종의 워터마크를 표시하자고 주장하는 이들이 있다. 그러나 AI가 만든 멜로디를 인간이 수동으로 다시 입력하거나 미디midi 파일로 받아 재가공한다면 AI가 작곡했는지 아닌지를 알 수 없다. 이 문제와 관련해서는 AI가 작곡보다 먼저 인간의 한계를 넘어선 바둑 영역에서 힌트를 얻을 수 있다.

바둑에서 인공지능이 알려주는 수 중 가장 좋은 수(블루 스폿)와 아주 좋은 수(그린 스폿)에 착수한 비율을 인공지능 일치율이라고 한다. 한 대국에서 인공지능 일치율이 70퍼센트를 넘기면 인간의 한계를 넘었다고 표현한다. 이런 일은 아주 드문데, 2019-2020년 한국 바둑리그 본선에 출전했던 70명의 대국을 분석한 연구에 따르면, AI 일치율 64퍼센트를 넘긴 대국이 총 다섯 번이었다.[1] 2020년에 김은지 기사가 인터넷 바둑 대회에서 AI 일치율 92퍼센트로 승리한 후 AI 치팅으로 1년간 자격정지를 받은 사례도 있다. 현재는 국제대회에서 AI의 도움을 받는 것을 방지하기 위해 기사들이 입장할 때 금속탐지기로 검사를 하고 있다.

물론 바둑은 승부를 가리는 경기라는 점에서 음악과는 다르다. 음악 창작에 AI의 도움을 받았다고 해서 이를 '치팅 행위'라고 해서는 안 될 것이다. 오히려 차가운 AI의 멜로디를 살려서 대중에게 감동을 주는 곡을 만들었다면 창작물로 인정해야 한다. 그렇다면 어떤 작곡가가 AI가 만든 곡과 일치하게 곡을 쓴다면, AI 일치율이 90퍼센트 이상이라면 대중은 어떤 반응을 보일까? 비슷한 예를 카메라 발명 이후 미술계의 변화에서 찾아볼 수 있다.

1827년 사진이 발명될 무렵에는 대상을 정확하게 묘사하는 그림이 유행했다. 신화를 소재로 한 그림이나 아름다운 초상화, 거대한 역사적 상황을 생생히 기록하는 그림이 대세였다. 카메라가 발명되었다고 해서 미술계가 바로 변화한 것은 아니다. 초기에는 좋은 필름이 없었기 때문에 사진 한 장을 촬영하는 데 무려 여덟 시간이 소요되었다. 그래서 주로 인물보다는 풍경을 찍다가, 19세기 말 코닥 카메라의 발명과 함께 1초 만에 촬영이 가능해지면서 순간을 사진에 담을 수 있게 되었다. 현실의 모습을 짧은 시간에 고스란히 재현하는 카메라는 사물을 있는 그

---

[1] 「인공지능 일치율 1위는 48.9% 신진서」, 『조선일보』 2020년 11월 24일, https://www.chosun.com/sports/sports_general/2020/11/24/I4NDHY4VUZFMLA5QFHPC6WGLMA/ 참고.

대로 정확하게 그리려 노력하던 화가들에게 큰 충격을 주었다.

화가들은 카메라로 찍힌 '빛'에 주목했다. 인간의 망막에 도달한 빛처럼 카메라 렌즈에 도달해 상을 보여주는 빛을 주목하게 된 것이다. 카메라의 발명으로 사물을 있는 그대로 그리는 그림은 의미를 잃어버렸다. 하지만 이는 악재로만 작용하지는 않았다. 화가들은 더 이상 사물의 외관에 얽매이지 않고 자신이 주관적으로 느끼는 색채, 질감, 사물의 본질에 더욱 관심을 기울이게 되었다.

1873년 화가 클로드 모네Claude Mone는 노르망디로 돌아가 에트르타의 바다와 르아브르 항구의 풍경을 화폭에 담았다. 오늘날 우리에게 「인상, 해돋이」로 알려진 작품이다. 당시 비평가들은 신랄한 조롱을 퍼부었다.

시원찮은 벽지 도안도 이 해안 그림보다는 더 완성도가 높을 것이다. 날로 먹는 장인정신의 자유에 깊은 인상을 받았다. 이것이 그림인가?

유명한 비평가 루이 르루아Louis Leroy의 평가이다. 르루아는 모네가 풍경을 사실적으로 묘사하기보다 순간의 느낌을 포착하는 데 중점을 두었다고 비판했다. 한마디로 유치하다는 것이다. 그러나 모네에게는 '지금 어떻게 느끼고 있는가'라는 순간의 인상이 너무나 중요했다. 비난에 굴하지 않고 모네는 빛을 그리는 작업을 계속했다. 이렇게 순간의 빛을 중요시한 '인상주의'가 새로운 화풍으로 등장하게 된다. 소위 인상파 화가들은 빛을 그리려 했고 '지금 이 순간 내 망막에 와 닿은 빛이 무엇인가'를 고뇌하기 시작했다. 그리고 카메라가 하나의 사물을 순식간에 다각도로 촬영할 수 있다는 데 주목했다. 이전에는 한 장면을 하나의 시점에서만 보고 그렸지만 이제 여러 관점에서 보고 한꺼번에 그릴 수도 있다고 생각하게 된 것이다. 대상을 기하학적 형태로 분해하고 여러 방향에서 본 상태를 입체적으로 표현함으로써 전통 회화를 혁신한 '입체파'도 여기에서 출발한다.

새로운 키치의 영역을 담당하게 될 AI

'이발소 그림'이라는 단어가 있다. 이발소에 주로 걸리던 촌스러운 그림으로, 누구라도 알 만한 세계의 명화나 전통 민화를 대량 복제한 그림, 아름답고 이상화된 풍경화들을 대량 복제한 천편일률적인 '키치kitsch화'를 가리킨다. 물론 상업적 이익을 목적으로 제작된 그림들이다.

AI가 만들어낸 음악들은 뛰어난 히트곡들의 코드 진행을 그대로 모방하고 복제했다. 비틀스와 마이클 잭슨Michael Jackson 음악의 멜로디를 학습해서 세계인이 좋아하는 K-팝 분위기로 작곡하는 것은 이제 어려운 일이 아니다. AI가 아니라 개인이 영감을 얻어 작곡한 것처럼 적절하게 변형만 한다면, 누구나 의심받지 않고 히트곡의 머니 코드와 멜로디 작곡 형식을 이용해 비슷한 곡을 대량생산할 수 있는 시대이다. 아마 당분간은 이런 음악이 대중에게 사랑받을 수 있다.

편의점 도시락이 싸고 간편하고 맛도 괜찮지만 연인과 데이트를 하면서 편의점 도시락을 먹고 싶은 이는 없을 것이다. 요즘 한국인들은 오마카세를 좋아한다. 주방장 특선 요리, 즉 공장에서 대량생산되는 것이 아니라 요리사가 특정 손님을 위해 만든, '나만을 위한' 특별 요리다. 지금은 먹을거리가 부족한 시대가 아니다. 오로지 나만을 위한 특별한 경험을 하기 위해 값이 비싸도 지갑을 여는 것이 현대인의 특성이다.

AI는 키치적인 음악이 필요한 분야, 특히 드라마, 영화, 게임의 배경음악BGM 분야에서는 몇 년 안에 완벽하게 인간을 대체할 것으로 보인다. 배경음악에서 주체는 음악이 아니라 영상이다. 음악은 그저 특별한 장면의 분위기를 돋워주는 역할을 할 뿐이다. 필자가 작곡에 참여한 영화 「열한 번째 엄마」를 35만 명이 보았지만, 주인공이 죽는 장면에서 흘러나온, 필자가 작곡한 관현악곡을 기억하는 사람은 거의 없을 것이다. 자신이 눈물을 흘린 장면에서 어떤 음악이 나왔는지 기억하기란 쉽지 않다.

이것이 배경음악의 역할이다. 장면의 감성을 더욱 돋보이게 하는 양념 같은 존재. 장면의 길이와 대본의 프롬프트에 맞추어 작곡하는 배경음악 작곡가들에게 저작권료를 지급하는 것보다는 AI 배경음악 작곡 프로그램에 구독료를 지불하는 것이 훨씬 경제적이다. 이런 상황에서 AI와는 완전히 다르게 인간의 창의력이 발휘된 독창적인 곡들은 더욱 빛을 발할 테고 중요하지 않은 장면의 음악은 AI가 처리하게 될 것이다.

뮤직 프로듀싱에 AI 활용하기, 그리고 현재와 미래

AI가 최종 완성하지 않고 작곡의 어느 단계에만 참여할 때 인간 작곡가에게 도움이 될 영역은 너무나 많다. 툰트랙 사에서 제작한 가상 악기 이지드러머EzDrummer는 멜로디를 만들고 드럼을 제외한 악기들의 연주를 완성해서 업로드하면 자동으로 드럼 리듬을 추천해준다. 작곡가는 이를 미디 파일 형식으로 받아서 편집해 드럼 트랙에 사용하거나 참고 자료로 드럼 연주자에게 전달할 수 있다. 멜로디 라인을 '작곡'한 이후 코드와 리듬, 화음을 붙이는 과정 전체를 '작곡'이라 한다 해도 작곡자 한 사람이 각 악기 파트를 프로 연주자처럼 완벽하게 연주해서 녹음하기는 쉽지 않다. 보통 작곡자는 이런 느낌으로 연주해달라며 가상 악기의 연주 트랙을 보내는 경우가 많은데 이런 과정은 '창작자의 영감에 따른 것'이라기보다는 기계적인 활동에 가깝다.

음악을 작곡하고 악기별 녹음을 마쳤다면 이제 녹음된 소리들을 적절히 혼합해서 우리가 듣는 스테레오타입의 파일로 바꾸어야 한다. 이를 믹싱mixing이라고 하는데, 녹음된 악기들이 서로 뭉치거나 안 들리는 일이 없도록 악기별로 음량을 적절히 조절할 뿐 아니라 악기와 목소리가 겹치지 않게 주파수 대역을 손보고 소리가 더 아름답게 들리도록 여러 음향 장치를 추가하는 단계이다. 아직은 AI가 믹싱을 온전히 다 하기는 어렵다. 그러나 각 악기 소리는 헤르츠 단위의 주파수로 이루어져 있고, AI가 인류가 녹음한 수많은 악기 소리를 학습한다면 같은 악기라도 어떤 음향 장치를 추가할 때 더 아름답게 들릴 수 있는지 판단해내는 것은 시간문제이다.

믹싱이 마무리되면 우리가 흔히 듣는 음원 사이트에 올라온 다른 음원들과 볼륨을 맞추는 작업을 한다. 우리가 음악을 들을 때 어떤 곡은 너무 크게 녹음되어 있고 어떤 곡은 너무 작게 녹음되어 있다면 곡이 바뀔 때마다 음량을 조절해야 할 것이다. 과거에는 시디나 엘피의 '앨범'에 여러 곡이 수록되어 있었다. 이 경우 앨범에 수록된 곡들의 색깔과 볼륨을 어느 정도 통일해주는 작업이 필요했는데, 지금은 시디나 엘피 대신 음원 사이트의 다른 곡들과 통일하는 작업을 해야 한다. 이를 마스터링 mastering이라 한다.

아이조토프 사는 믹싱과 마스터링 분야에 AI를 접목해 작업하고 있다. 믹싱 단계에서 서로 부딪치는 음역대에서 소리가 묻히는 현상이 발생하는데 이를 마스킹masking이라고 한다. 아이조토프의 플러그인 뉴트론이 이렇게 주파수가 부딪칠 것으로 예상되는 두 악기를 묶어주면 AI가 자동으로 해당 영역을 깔끔하게 정리해준다. 음역대 간섭이 일어나는 구역에서 AI가 실시간으로 볼륨을 줄여주는 것이다. 사람이 하나하나 귀로 듣고 눈으로 파형을 보면서 확인해야 하는 번거로운 작업을 AI는 순식간에 실시간으로 처리해준다.

아이조토프의 플러그인 오존은 인공지능 마스터링의 선두 주자이다. 음악을 들려주면 AI가 자동으로 해당 음원의 장르를 판단하고 적절한 플러그인들을 배치해서 마스터링 작업을 도와준다. 아직까지는 인간 엔지니어의 결과물보다 만족스럽지 않은 수준이지만 믹싱 마스터링 비용이 한 곡당 약 50만 원에서 수백만 원까지 들어가는 점을 감안하면 비용상 이점을 간과할 수 없을 것이다.

인공지능이 예술 업계의 일자리를 위협한다는 의견이 많다. 인공지능을 활용해 금융과 작곡 두 가지 업무를 하는 필자는 인공지능의 발전 속도와 인간의 노동 생산성을 비교할 수밖에 없다. 인공지능 자체가 '인간'이 될 수 없듯이 인공지능이 만든 창작물 자체는 창작물로 여겨지기 힘들 수 있다. 그러나 아이조토프와 툰트랙의 플러그인처럼 인간의 창작 활동에서 기계적인 부분을 보완해주는 AI와 인간의 합동 창작물의 가치에 이의를 제기할 사람은 많지 않을 것 같다. 카메라의 발명 이후 화가들의 관점이 바뀌어 새로운 화풍이 탄생했고 오늘날 우리가 더욱 풍요로운 미술 작품을 감상할 수 있는 것처럼, AI가 작곡에 참여함으로써 공장식 아이돌 음악에만 편중돼 있는 대중음악에서도 훨씬 다양한 장르가 열리고, 이와 함께 작곡가들의 창의성이 무한 발현된 '작품'을 만날 수 있으리라 기대한다. 산업혁명 시대에 러다이트 운동이 일어났음에도 기계가 노동자를 빠르게 대체했던 것을 기억할 필요가 있다. '창작'이 아니라 기계적인 '생산' 활동을 하고 있는 작곡가들은 가능한 한 빨리 창의성을 발휘하는 예술가의 길로 나아가야 한다. 그러지 않으면 대중의 눈높이를 맞추지 못하고 도태된 이발소 그림과 같은 운명을 맞을 것이다.

디지털 커먼즈와 예술 그리고 인공지능의 미래

디지털 커먼즈의 목적은 결국 인터넷과 디지털 기술을 기반으로 공유된 지식을 통한 창조적 예술 활동이라고 할 수 있다. 인공지능은 수차례의 '겨울'을 거쳐 현재는 챗GPT를 기점으로 화려하게 꽃피는 봄을 맞이했다. 봄의 꽃이 만발하면서 우리가 살펴보았듯이 인공지능은 예술 창작 분야에서 이제 막 인간과 아슬아슬한 공생 관계를 시작하려는 단계이다. 인공지능의 봄이 올 수 있었던 가장 큰 요인은 기술력과 인터넷의 발달이었다. 즉 디지털 커먼즈가 다시금 논의될 수 있는 필요충분조건 자체가 공유된 고도의 디지털 기술로 축적된 인공지능의 발전이다. 앞서 살펴본 음악 비즈니스에서의 인공지능 기술 접목의 주요한 쟁점은 최초에 디지털 커먼즈가 논의되기 시작한 1980년대에 제기되었던 '저작권' 문제로 다시 돌아간다. 인간의 기본적 자유이자 공동체의 자원인 '창의성'이 소수의 사유재산으로 전환될 것인가, 아니면 인공지능 기술과의 협업을 통해 날개를 달 것인가의 새로운 기점을 맞이한 것이다.

편향, 윤리, 소유권 등을 둘러싸고 우리가 해결해나가야 할 중요한 질문들이 남아 있지만, 언제나 그랬듯이 우리는 해법을 찾아낼 것이다. 영화나 소설에서 묘사되는 디스토피아와 실제 미래는 같지 않다. 우리가 맞이할 미래에는 인공지능과 인간의 상호작용을 통해 예술의 영역이 더욱 확장될 것이고, 미래의 예술은 현재보다 훨씬 다양한 형태와 표현을 누릴 것이다. 정正의 방향으로 인공지능이 예술과의 융합을 시도하며 발전 중이라면, 반反의 개념으로 저작권, 소유권 등의 법률적 쟁점 요소가 이를 정리하고, 합合의 단계를 이끌어가는 최종 수단으로서 디지털 커먼즈의 역할이 대두되는 것이다.

참고문헌

김도훈, 『김도훈 작곡법』, 1458music, 2018.

민은기, 『서양 음악사: 피타고라스부터 재즈까지』, 음악세계, 2013.

바르톨레나, 시모나, 『인상주의 화가들: 가장 빛나는 회화의 시대』, 임동현 옮김, 마로니
에북스, 2008.

신주희, 「국악 교육의 삼분손익법 구조 및 황종율 고찰」, 『학습자 중심 교과교육 연구』
제20권 7호, 2020, 1101-1117쪽.

윤범상, 『음악 화음을 수학하다』, 고른하우스, 2020.

https://www.chosun.com/sports/sports_general/2020/11/24/I4NDHY4VUZFM
LA5QFHPC6WGLMA/.

https://www.izotope.com/.

https://www.toontrack.com/.

저자 소개(수록순)

박승억

숙명여자대학교 기초교양대학 교수로 재직 중이다. '철학연구회 논문상', '한국연구재단 창의연구 논문상' 등을 수상했다. 첨단 기술과 인문학의 관계, 철학이 현실적인 삶의 문제에 어떤 도움을 줄 수 있는지 등에 관심을 두고 연구 중이다. 「혐오의 이중성에 대한 현상학적 분석」, 「다양성 사회의 갈등 양상에 관한 현상학적 성찰」 등의 논문을 발표했으며, 저서로 『렌즈와 컴퍼스』, 『가치 전쟁』, 『학문의 진화』, 『학문이 서로 돕는다는 것』 등이 있다.

김화자

성균관대학교 하이브리드미래문화연구소 수석연구원이자 철학과 초빙교수로 재직 중이다. 메를로퐁티의 현상학과 시몽동의 기술철학에 근거해 인간-기술의 상호공생 및 공동체에 대해 연구해왔다. 최근에는 인공지능형 융합기술의 생성적, 협력적 의미와 가치에 주목해서 연구하고 있다. 주요 논문으로 「질베르 시몽동의 기술철학에 나타난 '기술성(techinicté)'의 의미: 현대 정보기술문화 이해를 위한 소고」, 「사물인터넷과 메를로퐁티의 '상호세계'」, 「'상호적응형 자동화' 모델로서 인간행위-공유플랫폼의 융화: 컬처팩토리로서 팹랩」 등이 있다. 저서로 『푼크툼'의 사진현상학』이 있고, 공저로 『공공성과 미래사회』, 『미래, 메타버스와 함께?』, 『메를로퐁티 현상학과 예술세계』, 『디지털 전환과 가야 할 미래』 등이 있다. 메를로퐁티의 『간접적인 언어와 침묵의 목소리』를 번역했다.

문종만

성균관대학교 하이브리드미래문화연구소 책임연구원이자 철학과 강사다. 주로 기술철학과 문명 전환 시대의 인간과 기계의 관계 및 미래 전망에 관심을 두고 다방면으로 연구하고 있다. 저서로 미국의 기술철학지 루이스 멈퍼드의 사상을 소개한 『루이스 멈퍼드』와 서양 고대에서 현대까지 기술의 의미 변동에 대한 철학적 답변을 담은 『테크놀로지』가 있고, 멈퍼드의 『기술과 문명』을 번역했다. 공저로 『제4차 산업혁명: 하이브리드 패러다임』, 『공공성과 미래사회』가 있다.

오관후

성균관대학교 하이브리드미래문화연구소 연구원, 법무법인 수오재 파트너 변호사 및 주식회사 케이지이니시스 감사로 재직 중이다. 주로 지적재산권과 4차 산업 관련 분야의 자문 업무를 하고 있다. 경북대학교『IT와 법』제6집에「인터넷 검색엔진에 대한 공정거래 관련 규제—구글의 안드로이드 모바일 OS 판매와 모바일 검색엔진 강제탑재와 관련하여」라는 논문을 게재했으며, 공저로『미래도시와 기술혁명의 공공성』『디지털 전환과 가야 할 미래』가 있다.

오민정

하이브리드미래문화연구소 책임연구원으로 재직했고, 현재 한국교원대학교 독어교육과 조교수이다. 새로운 기술혁명 시대 속 인간 실존의 문제, 스마트시티에 대한 문학적·문화적 연구에 관심을 두고 연구 중이다. 주요 논문으로「심포이에시스적 스마트시티 창조를 위한 도시」,「독어독문학 교육에서 메타버스 플랫폼 활용 연구」등이 있고, 공저로『제4차 산업혁명: 하이브리드 패러다임』,『인공지능과 미래인문학』,『미래도시와 기술혁명의 공공성』등이 있다.

최윤지

㈜브이디랩스 대표이사이자 하이브리드미래문화연구소 연구원이다. 주요 관심 분야는 경영·경제, 테크놀로지, 예술 분야이며, 공저로『미래, 메타버스와 함께?』,『미래도시와 기술혁명의 공공성』이 있다.

양재성

성균관대학교 하이브리드미래문화연구소 연구원으로 재직 중이다. 현상학 내 논제들을 다양한 인식론, 심리철학적 논제들과 비교 검토하는 작업과 게임철학의 다양한 주제를 현상학적 용어로 정립하는 작업에 관심을 두고 있다.「메타철학으로서의 현상학: 메를로퐁티의 수동성을 중심으로」(가제)라는 박사학위 논문을 준비 중이다. 더불어 메를로퐁티의 반회의주의 전략의 함축에 관한 논문과 버나드 슈츠의 게임이론과 현상학적 방법론에 관한 논문을 준비하고 있다.「Merleau-Ponty의 학문론에 대한 고찰:『지각의 현상학』을 중심으로」라는 석사학위 논문을 썼다.

김연순

성균관대학교 미래인문학연계전공 초빙교수이자 독일어권사회문화연구소 수석연구원이며, 성균관대학교와 충북대학교에서 가르치고 있다. 주요 관심 분야는 기계 문명과 융합 문화이다.「21세기 피그말리온과 인공지능」,「4차 산업혁명과 문화유산의 보존에 관하여—독일 테세우스 프로그램의 콘텐투스 중심으로」,「중세 유럽 문장의 도형 형상 연구」 등의 논문을 발표했으며, 저서로 『기계 인간에서 사이버 휴먼으로』가 있다. 공저로 『사물의 미래』, 『제4차 산업혁명: 하이브리드 패러다임』 등이 있고, 공역으로 『신하이테크 전략: 독일을 위한 이노베이션』, 『포스트휴머니즘』 등이 있다.

임형택

충남대학교 연구교수이며 성균관대학교 국문과 초빙교수 겸 하이브리드미래문화연구소 책임연구원이다. 전공·연구 분야는 한국 고전문학(소설)과 문학미디어론(미디어에 입각한 문학 연구) 그리고 문화 콘텐츠와 케이컬처(한류)이며, 확장된 관심·연구 분야는 문학미디어로서의 몸(판소리와 발레) 그리고 디지털 문화(4차 산업혁명) 및 문학이다. 현대 판소리와 한국 창작 발레 연구 개발에 관여해왔고, 여러 대학·전공에서 새 교과목과 프로그램을 개발한 이력이 있다. 근래 연구 주제는 한국 고전서사 기반 한국적 트랜스미디어 스토리텔링과 세계관, 인공지능과 대중의 창작적 향유 등이다. 저서는 『문학미디어론: 무한의 시학과 미학』, 『마니아마추어의 시대가 온다: 우리사회의 중간자를 찾아서』 등 여덟 권이 있으며, 논문은 「디지털·인공지능·첨단 로봇 그리고 인문예술」 등 스물다섯 편이 있다.

이소담

(주)에스디경제연구소 대표이사이며, (주)브이디랩스 CFO, 성균관대학교 하이브리드 미래문화연구소 연구원으로 활동하고 있다. 주요 관심 분야는 인공지능, 경제, 금융, 핀테크, 블록체인, 로보어드바이저, 작곡이다. 공저로 『공공성과 미래사회』, 『미래도시와 기술혁명의 공공성』, 『미래, 메타버스와 함께?』 등이 있다.

찾아보기